스무 살의
마음 연습

숨과 함께하는 온전함으로의 여행

스무 살의
마음 연습

에릭 B. 룩스

지음

김완두
박용표
김경희
김윤희

옮김

불광출판사

추천의 말

—

"지금 이 순간을 위한 완벽한 책. 저자가 가르치는 것은 젊은이들이 본질적으로 치유되고 해방되며, 성숙한 성인이 되기 위해 가파른 오르막을 효과적으로 탐색하는 법이다. 이는 인류세(Anthropocene) 시대의 매우 파괴적이고 위험한 에너지 속에서 자신뿐만 아니라 인류와 지구의 미래를 위해서도 필요한 일이다. 이처럼 모든 연령대의 사람은 매우 실용적이고 지혜를 길러 주는 마음챙김 수행 중 몇 가지라도 자신의 삶에 초대함으로써 엄청난 혜택을 누릴 수 있다."

— **존 카밧진** 마음챙김에 기반한 스트레스 완화(MBSR) 창시자, 『왜 마음챙김 명상인가?』 『처음 만나는 마음챙김 명상』의 저자

"대학생들 사이에서 스트레스와 불안에 대한 우려가 커지고 있는 시기에 이 책은 마음챙김을 통해 청년과 모든 연령대의 독자가 일상적인 어려움을 잘 다루도록 강력한 안내를 제공한다. 건강, 웰빙, 성과를 개선해 삶에 활력을 불어넣는 통찰력 있는 기술을 갖춘 이 중요한 책은 캠퍼스 안팎에서 계속해서 주고받아야 할 선물 같은 책이다."

— **팀 라이언** 미국 오하이오주 하원의원, 『마음챙김 국가(A Mindful Nation)』 『미국 치유하기(Healing America)』의 저자

"이 책은 전통적인 불교의 마음챙김 기법을 창의적으로 적용할 수 있는 방법을 제시한다. 직접 마음챙김을 가르쳐 온 저자의 깊은 경험을 바탕으로 균형 잡히고 친근하게 마음챙김을 설명한다. 훌륭한 실생활 이야기는 '중도(中道)'의 유쾌한 균형을 강조한다. 내가 어렸을 때 이런 책이 있었다면 얼마나 좋았을까. 아마도 많은 대학생이 이 책을 통해 새로운 삶을 만들어 갈 수 있을 것이다."

— **사라 쇼** 옥스퍼드대학교 교사, '옥스퍼드 불교 연구센터' 연구원, 『마음챙김(Mindfulness: Where It Comes From and What It Means)』의 저자

"마음챙김이 격동적인 성인기로의 전환을 어떻게 도와줄 수 있는지에 대한 영감을 주는 탐구이다. 이 책은 마음챙김을 작은 일상의 미시적 순간과 이 시기의 특별한 더 큰 딜레마와 통합하는 체계적인 로드맵을 제공한다. 젊은이들은 평생 혜택을 누릴 것이다. 이 접근 방식에 참여함으로써 자신의 고유한 강점과 열정에 맞는 삶의 방향을 자유롭게 추구할 수 있으며, 이는 의심할 여지 없이 모든 존재에게 이익이 될 것이다."

— **레베카 크레인** '마음챙김 연구센터' 소장, 『마음챙김에 기반한 인지치료』의 저자

"내가 대학에 다닐 때 이 책이 있었다면 정말 많은 도움이 되었을 것이다. 이 포괄적인 작업에서 저자는 우리 삶의 모든 측면에 영향을 미치는 마음챙김 훈련 프로그램을 제시한다. 자기 탐구적인 질문으로 독자를 참여시키고, 이해를 심화하기 위한 많은 실제적인 연습을 제공한다. 대학생과 우리 모두의 복지에 크게 이바지하고 있다."

— **조셉 골드스타인** 『마인드풀니스』의 저자

"대학은 새로운 기회, 건강 위험, 스트레스로 가득 찬 흥미진진한 시간이며 깊은 개인적 변화와 자기 인식의 잠재력이 무르익는 시간이다. 전문 과학자이자 숙련된 마음챙김 교사인 저자는 독자들이 조금 더 마음챙김하면서 대학 생활을 누리도록 돕는다. 고대의 수행, 개인적인 경험, 현대적인 지혜를 능숙하게 결합해 학생들이 대학 생활과 그 이후의 삶을 더 잘 통제할 수 있도록 자기 규제의 길을 제시한다. 대학이나 대학원을 가기 위해 짐을 꾸릴 때, 함께 챙긴 것을 기뻐할 만한 한 권의 책이다."

— **제프 슈만 올리비에** 의학박사, '마음챙김과 공감센터' 소장, '케임브리지 건강 연합' 중독 연구 이사, 하버드 의과대학 정신의학과 조교수

"대학은 발달의 시기이다. 이 시기에 우리는 다른 사람들과 관계 맺는 법을 배우고, 일하는 습관을 기르고, 건강에 대한 책임을 지고, 성적 특질을 탐구하고, 졸업 이후의 열망을 발전시킨다. 고대의 지혜와 현대 심리학을 바탕으로 한 이 책은 대학생들을 위한 나침반이자 지도로서 초기 성년 시기를 거치는 데 도움이 되는 기술을 제공한다. 뿐만 아니라 저마다의 가치에 어울리는 삶을 찾는 법을 가르치고, 호기심·친절·보살핌을 특성으로 하는 알아차림으로 세계에 긍정적인 영향을 미치는 법을 가르친다. 대학생들이 학교생활뿐만 아니라 일생에서 사용할 수 있는 깊은 이해, 과학적 증거, 광범위한 경험이 훌륭하게 정제되어 있다. 저자의 명확한 비전, 작가·교사·과학자로서의 모범적인 경력, 마음챙김에 대한 길고 깊은 훈련을 감안하면 이는 놀랄 만한 일이 아니다."

— **윌렘 쿠이켄** 옥스퍼드대학교 마음챙김 및 심리과학 석좌교수

"이 책은 청년들이 어려운 대학생 시기에 잘 성장할 수 있도록 돕는 훌륭한 자료이다. 산만함을 줄이고 집중력을 높이며 가치를 명확히 할 수 있는, 간단하고 짧고 실용적인 명상 연습으로 가득 차 있다. 또한 증거 기반 과학의 정보가 곳곳에 흩어져 있다. 이 책은 성공적인 인생을 꿈꾸는 모든 대학생이 반드시 읽어야 할 필독서이며 다른 모든 사람에게도 유용할 것이다."

— **리처드 데이비드슨**『명상하는 뇌』의 공동 저자, 위스콘신-매디슨대학교 '건강한 마음센터' 설립자 및 이사

"누군가가 도구 상자를 건네주면서 그 안에 고통을 더는 방법이 들어 있다고 말한다면 어떨까? 이 책은 공유된 경험, 마음챙김 실천의 과학, 붓다의 지혜로운 말씀을 자기 성찰적으로 엮었다. 삶에서 어떤 상황에 마주치더라도 앞으로 나아갈 수 있는 길을 찾는 법을 설명한다."

— **샤론 샐즈버그**『행복을 위한 혁명적 기술, 자애』『참된 변화(Real Change)』의 저자

북아메리카 원주민 연합인 하우데노사우니(이로쿼이)는 오늘날 우리 행동이 미래의 7세대에 어떤 영향을 미칠지 생각해 보는 일을 매우 중요하게 여긴다. 이 책을 나의 자녀 스텔라와 모니카, 그리고 지금 이 순간을 살아가는 모든 청년을 포함한 1세대부터 다음 7세대에게 바친다.

일러두기

- 이 책에 언급된 도서 가운데 우리말로 번역·출간된 책은 한국어판 제목을 적고, 그렇지 않은 경우 번역한 제목 옆에 원서명을 함께 적었습니다.

- 이 책에 나오는 명상 안내문의 음성 파일(영어)을 원서 웹사이트(www.newharbinger.com/49135)에서 확인할 수 있습니다.

차례

1장
몸 열기
잠재력을 완전하게 일깨우는 법

2장
가슴 열기
감정을 이해하고 다루는 법

3장
마음 열기
진짜로 원하는 것을 찾는 법

4장
온전함에 깨어 있기
언제나 깨어 있는 법

5장
일과 삶에서 한 단계 도약하기

6장
더 나은 주변 환경 만들기

7장
지혜의 조각 모으기

나는 정신과 의사로서 환자가 중독에서 불안에 이르기까지 정신적 어려움을 극복하고 치료할 수 있도록 돕는 최고의 방법을 찾고 있다. 또한 신경과학자로서 마음이 어떻게 작동하는지 밝혀 내고, 새로운 발견을 임상 실습에 적용하는 데 끝없이 흥미를 느낀다. 그리고 브라운대학교의 공중보건학교 교수로서 대학생들과 함께 이러한 모든 개념을 탐구하며, 학생들이 일상생활에서 지속적인 효과를 보도록 하는 것을 목표로 삼고 있다.

내가 진료실에서 환자와 함께 있을 때나 교실에서 학생들과 함께할 때 '이것이 당신의 두뇌가 작동하는 방식입니다. 그리고 이것이 당신의 두뇌를 연구하는 방법입니다'라는 이름의 삶을 위한 입문 과정이 없다는 사실에 놀라곤 했다. 내가 대학에서 그런 과정을 알게 된 것은 평범한 이름의 'Brain 101'이라는 수업에서였다. 아직도 그 소재에 매료되었던 기억이 선명한데, 돌이켜 보면 굉장히 객관적이었다. 나는 쥐, 비둘기, 인간을 대상으로 한 과학적 실험에서 그럴듯한 개념을 많이 배웠다. 그러나 그 수업이 그러한 개념들을 현실에 적용하는 데는 별 도움이 되지 않았다.

의과대학에서 명상을 시작하면서, 내 마음에 대한 명상적 접근을 시도하면서 그것이 이론과 실제의 삶을 연결하는 데 도움이 되었다. 문자 그대로 내 인생을 바꿔 놓았다. 명상을 통해 끊임없이 움직이는 세상 한가운데서도 T. S. 엘리엇이 말한 '고요한 상태'를 얻을 수 있었다. 끊임없이 흔들리거나 동요되지 않는 유리한 상태에서, 나는 내 마음이 어떻게 작동하는지 볼 수 있었고 거기에서 작업을 시작했다. 명상을 배우는 일이 너무 효과적이고 유익해서 연구 활동의 중심을 명상 공부로 옮기고 정신과 의사가 되었다. 의사가 된 다음에는 사람들에게 도움이 되기를 희망하면서 명상을 적용할 수 있었다. 그러나 이것은 내가 학교 밖에서, 인생의 선택 과정에서 한 일이었다.

'마음챙김에 기반한 대학 생활(Mindfulness-Based College, MBC)' 프로그램은 학생으로서 배우고 싶었던 과목이자, 에릭 룩스 교수로부터 배우고 싶었던 것이다. 에릭과 나는 10여 년 동안 친구로 지냈다. 우리는 공동 연구 동아리에서 처음 만났고, 협회의 답답한 이야기 대신 수영장에서 시간을 보내면서 명상 수행에 관해 이야기를 나누었다. 어떻게 명상을 연구할 것인지, 어떻게 명상의 근본적인 요소를 기반으로 새로운 치료법을 개발해 실제 삶에 적용할 것인지에 관한 것이었다. 몇 년 전 에릭은 혹할 만한 미끼를 던졌다. "연구실을 브라운대학교로 옮기고 마음챙김센터에 합류하면 서핑하는 법을 가르쳐 줄게요. 오세요!" 그런 달콤한 제안을 거절할 수 있는 사람이 어디 있을까? 물론 브라운대학교로 이적

하면서 만든 분야와 팀에 대해 신경 써야 할 일들이 있었다. 그렇긴 해도 우리가 해변에 처음 차를 세웠을 때의 행복한 흥분을 아직도 잊을 수 없다. 에릭은 나에게 서핑보드에 어떻게 올라타는지를 기초부터 알려 주었다. 그는 연구실에서 바닷가에 도착할 때까지 지속적인 마음챙김으로 생긴 자연스러운 편안함과 고요함을 유지하고 있었다. 에릭은 내게 파도 타는 법을 가르치거나 학생이 어려운 개념을 이해하도록 도울 때, 마음챙김으로 끊임없이 호기심을 불러일으키면서 가르쳤다.

마음챙김은 개념적 이해만으로는 완벽히 이해하기 어렵다. 개념은 어떤 현상을 이해하는 데 유용하고 필요한 틀을 제공하지만, 여전히 우리는 그 길을 스스로 걸어 나가야 한다. 체험을 통해서만 자신의 삶을 탐색하는 지혜를 키울 수 있다. 에릭은 오랫동안 이 길을 걸어왔기 때문에 (마음챙김의 효과성과 관련된 유용한 연구를 꾸준히 해 옴) 대학생을 위한 매우 의미 있는 과정을 개발할 수 있었다. 그는 청년들이 차분함, 명료함, 우호적 관계로 향하는 스스로의 길을 찾아가도록 강의 내용 중에서 꼭 필요한 부분만 뽑아내 기본서를 만들었다.

나는 매일 새로운 불확실성이 싹트는 것처럼 보이는 세상에서 진료소, 교실, 연구 수행으로부터 벗어나 산만해지거나 주변 환경으로부터 자신을 닫아 버리는 자연스러운 경향이 있음을 알았다. 이것은 생존에 도움이 되는 자연스러운 방어기제이다. 그러나 아이러니하게도 이 폐쇄적이고 위축된 반응 방식은 매 순간 우리가 다른 사람과 상호작용하고 미래를 계획하는 것을 더욱 어렵게 만든다. 이것은 지나친 음주, 소셜 미디어 탐닉, 좋아하는 TV 프로그램 시청하기 같은 불안하고 건강하지 않은 대체 메커니즘으로 이어진다.

이 책은 무언가 다른 것을 제공한다. 그것은 자기 자신과 세상을 향해 마음을 여는 법이다. 이 책은 우리 모두가 실천할 수 있는 이야기, 사례, 실용적인 도구를 통해 몸, 가슴, 마음을 열고 온전함에 깨어 있는 법에 대한 단계별 지침을 제공한다. 더불어 사회적, 정치적, 물리적 환경에서 주변 환경을 능숙하고 창의적으로 탐색하면서 자신의 경력과 인생 경로를 그려볼 수 있게 한다.

이 책을 쓴 에릭의 의도는 분명하다. 그것은 책을 읽는 모든 사람이 평생 자신과 타인의 삶을 행복하게 가꿀 수 있는 기술과 도구를 갖추도록 일관된 틀을 제공하는 것이다. 그는 과학, 고대의 가르침, 자신의 개인적이고 직업적인 경험을 한데 모아 인생을 살아가며 내면과 외면을 탐색하고자 하는 모든 젊은 성인들을 위한 필수적인 안내서를 썼다.

저드슨 브루어 박사
브라운대학교 정신의학과 부교수
마음챙김센터 연구·혁신 담당 이사

역자 서문

현대 사회는 끊임없이 변화하고 있다. 그 속에서 우리는 스스로의 정체성을 찾고 개인적인 성장을 추구해야 하는 도전에 직면한다. 특히 스무 살 초반의 대학생과 젊은 성인들은 이러한 변화의 소용돌이 속에서 자신의 길을 찾으려 애쓰며 다양한 스트레스와 압박감을 경험한다. 이십 대는 이러한 역동적인 경험들을 통해서 한 명의 성인으로 우뚝 서게 되는 독립의 시기이다. 스스로 생각하고 판단하여 선택하고 행동해야 한다. 자신의 몸을 어떻게 돌보고 어떻게 다루어야 할지, 타인과는 어떤 관계를 맺으며 살아가야 할지, 자신은 어떤 존재이며 앞으로 무엇을 하며 살아야 할지, 세상과 자신에 대해 수많은 질문을 던지면서 혼란과 스트레스, 실패와 좌절, 희망과 분투 속에서 삶의 활로를 탐색해 가야 한다.

이 책은 바로 이러한 시기를 겪고 있는 이들에게 마음챙김을 통한 내적 평화와 성장의 길을 제시한다. 하지만 단순한 자기계발서는 아니다. 이 책에서 활용하고 있는 마음챙김 실천법은 내면의 평화를 찾는 것을 넘어서, 우리가 매일 마주하는 삶의 다양한 상황들 속에서 어떠한 일이 펼쳐지고 있는지를 더 깊이 알아차리게 한다. 삶 속에서 자신을 보다 잘 돌보는 방법을 배울 수 있도록 고전의 지혜에 기반한 뿌리 깊은 마음챙김 명상의 세계로 우리를 안전하게 안내한다.

브라운대학교의 명상과학 연구팀들이 수년간 대학생과 젊은 성인을 대상으로 임상 연구를 통해서 검증한 '마음챙김에 기반한 대학 생활(Mindfulness-Based College, MBC)' 프로그램이 이 책의 기반이다. 몸, 가슴, 마음, 온전함이라는 네 가지 영역에서 청년들이 직면하는 심리적·정서적 문제들을 해결하기 위한 마음챙김 실천법을 소개하며, 이러한 실천이 어떻게 개인의 자기 인식을 증진하고 삶의 질을 개선할 수 있는지를 과학적 근거에 기반한 연구와 자신의 경험을 통해서 설명한다. 다양한 실제 사례들을 소개하면서 학업 성취, 사회적 교류, 일상생활의 질을 향상시키는 호흡을 통한 마음챙김 방법을 안내한다.

이 책은 KAIST 명상과학연구소의 '마인드풀니스, 지금 여기 있는 그대로'라는 마음챙김 입문 프로그램 개발자들이 함께 번역했다. 대학생들에게 명상과학의 핵심을 전달해 삶에서 유용하게 활용할 수 있도록 하는 매뉴얼을 찾던 중에 이 책을 발견하게 되었다. 한 가지 인상적인 것은 대학생을 위한 증거 기반 마음챙김 프로그램의 핵심 구조에 2,600여 년 전 고대의 지혜 전통에서 전승된 『호흡마음챙김경』의 16단계 호흡관법을 적극적으로 활용하고 있다는 점이다. 신수심법(身受心法) 4가지 염처(念處) 수행마다 각각 4단계가 있어 모두 16단계이다.

신념처(身念處)는 숨에 대한 알아차림으로서 들숨과 날숨을 통해 몸을 관찰하는 4단계 수행이다. 수념처(受念處)는 감각기관을 통해서 감지된 모든 감각과 느낌에 대한 관찰이다. 이것 역시 들숨과 날숨을 통해서 정서적 현상들을 4단계로 관찰한다. 심념처(心念處)는 마음, 즉 마음에서 일어나는 다양한 생각과 감정들을 들숨과 날숨을 배경에 두고 4단계로 관찰하는 것이다. 법념처(法念處) 역시 들숨과 날숨을 배경에 두고 모든 현상에 내재된 법칙성을 4단계로 명확하게 보는 것이다. 저자는 이 네 가지 영역을 몸, 가슴, 마음, 온전함으로 일반화·보편화·과학화해서 MBC 프로그램 전반에 걸쳐 핵심 기법들을 반영해 놓았다.

이 책은 불교의 명상법에 기반을 두고 있지만, 저자는 명확히 어떠한 종교적 신념을 권하는 것이 아니라는 점을 강조한다. 마음챙김은 종교적 또는 영적 신념을 초월해 모든 사람에게 적용될 수 있는 보편적인 실천법이다. 이런 점에서 호흡은 아주 좋은 수행 도구이다. 누구나 항상 하는 것이기에 매우 일반적이며, 호흡을 하지 않으면 죽기 때문에 참으로 특별한 것도 아니다. 호흡에는 불교니 기독교니 하는 종교적 구분도, 백인이니 흑인이니 하는 인종적 구분도 없다. 모두가 숨을 쉬고, 숨은 우리가 어디를 가든지 따라다닌다. 마치 맑은 공기와 오염되지 않은 신선한 물처럼 누구에게나 필요한 삶의 요소이다.

점차 한국 사회에서도 정신 건강과 웰빙에 대한 인식이 높아지고 있다. 불안과 갈등으로 인해 스트레스와 압박이 많은 현대

생활에서, 이를 효과적으로 조율하고 관리할 수 있는 방법으로 마음챙김 명상을 사회 전반에서 받아들이기 시작한 것이다. 부디 이 책을 통해 대학생은 물론이고 더 많은 사람이 일상에서 마음챙김을 실천함으로써 자기 내면의 평화를 찾고, 삶의 질을 높여 주는 마음 습관을 길러 가길 바란다.

　끝으로 책이 나오기까지 도움을 준 많은 분들, 그리고 불광출판사 편집부에 고마움과 함께 기쁜 마음을 전한다.

2024년 3월

KAIST 명상과학연구소
'마인드풀니스, 지금 여기 있는 그대로'
마음챙김 입문 프로그램 개발자 일동

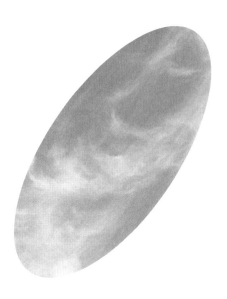

지금이
마음챙김과 명상을 하기에
좋은 때인가?

명상은 우리를 생각, 감정, 신체적 감각에 더 가까이 다가가도록 한다. 이는 때때로 불편할 수 있다. 트라우마, 외상 후 스트레스 장애(PTSD), 정신병, 우울증, 불안, 양극성 장애와 같은 정신적 문제가 있는 경우 마음챙김과 명상을 배우기 어려울 수 있다. 마음챙김 훈련이 이러한 모든 건강 문제에 도움이 된다는 증거가 있지만, 때로는 질환에 맞게 특별히 조정된 방식으로 진행하는 것이 도움이 된다(Treleaven 2018; Kuyken et al. 2016; de Vibe et al. 2017; Gaudiano et al. 2020). 지금이 마음챙김과 명상 훈련에 참여하기 좋은 시간인지, 만약 그렇다면 권장 사항이 있는지 의사나 정신건강 전문가와 이야기 나누고 싶을 것이다. 이 책을 읽으면서 마음챙김과 명상 수련이 당신에게 어떤 느낌인지 알아차려 보라. 도움이 된다면 계속하고 그렇지 않으면 그만두어라. 건강과 행복에 이르는 길은 많다.

들어가며

만약 이 책을 집어 들었다면, 당신은 아마도 청년일 것이다. 학부생이나 대학원생일 것이다. 물론 그렇지 않아도 괜찮다. 젊은이가 아니어도 괜찮다. 이 책의 연구와 교훈은 모든 사람의 일생에 걸쳐 적용된다. 그럼에도 이 책이 청년들을 대상으로 삼은 이유는 그때가 인생에서 마음챙김을 배우기에 가장 효과적인 시기 중 하나라고 믿기 때문이다. 이 책의 바탕이 된 청년들에 대한 나의 마음챙김 연구, 이 책을 가득 채운 청년들의 이야기들은 삶의 이 순간이 마음챙김을 배우고 적용할 수 있는 놀라운 시간임을 밝혀 준다. 나는 마음챙김 훈련으로 삶을 바꾼 수많은 대학생과 젊은이를 보았다. 나 또한 그들 중 한 명이었다. 그런 행운을 미래 세대에게도 전해 주고 싶다는 마음으로 이 책을 쓰게 되었다.

청년기는 흥미로운 시기이다. 이 책을 쓰는 동안 수백 명의 청년이 내가 만든 '마음챙김에 기반한 대학 생활(MBC)' 프로그램을 이수했고, 그 과정에서 나는 많은 사람과 대화를 나누었다. 내가 한 질문 가운데 하나는 "지금 청년들이 직면하고 있는 가장 큰 어려움이나 문제는 무엇인가?"였다. 가장 일반적인 답변은 소셜 미디어, 기술, 몸매에 관한 것이었다. 또 다른 일반적인 문제는 무의미함이었다. 한 학생은 이렇게 말했다. "솔직히 저는 조직화된 종교를 지지하는 사람은 아니에요. 종교는 사회 저변에 깔린 문제들을 들춰내긴 했지만 해결하지는 못한 느낌이거든요. 마음챙김과 과학은 내가 세상을 이해하고, 지금 여기에서 아름다움을 이해하면서, 그 안에서 내 위치를 이해하는 데 도움을 주었어요. 너무고마워요." 또 다른 누군가는 말했다. "경제는 우리 세대에게 엄청난 문제입니다. 우리는 직장에 들어가기도 전에 교육으로 인한 막대한 부채에 시달리고 있어요. 생활비는 말할 것도 없이 많이 올랐고요. 재정적 안정을 이루는 데 많은 걸림돌이 있고, 그것들이 생활의 안정에 영향을 미칩니다." 만약 당신이 이와 같은 문제로 스트레스를 받고 있다면, 당신 혼자만 그런 것이 아니다.

미국 심리학협회의 조사에 따르면, 현재 미국 청소년의 스트레스 수준은 관련 데이터가 기록된 이후 처음으로 성인보다 높게 나타났다(Anderson et al. 2014). 불안과 우울증을 포함한 젊은 성인의 정신질환은 1940년대 이후 꾸준히 증가해 왔다(Twenge et al. 2010; Center for Collegiate Mental Health 2021). 비만, 장시간의 의자생활, 수면 문제, 중독의 증가는 말할 것도 없고 이 모든 것이 육체적·정신적 웰빙에 영향을 미친다. 그 이유는 별로 놀랍지 않다.

우리는 이전 세대와 동일한 유전자 풀(pool)을 가지고 있어서 환경의 변화가 정신적, 육체적 질병 문제를 악화시키는 요인이 되고 있다. 우리는 소득 불안정, 임시고용 경제, 높은 대학교 등록금,

들어가며

인플레이션을 능가하는 주택 가격과 같은 경제적 스트레스 요인이 증가하는 것을 보아 왔다. 미디어는 가공식품을 먹고 비디오 스트리밍 및 소셜 미디어와 같이 앉아서 하는 일에 매달리도록 끊임없이 장려한다. 앉아서 일하는 직업의 비율이 증가하고 있다. 최근 세대에 동호회와 종교 신자 수가 감소함에 따라 사교 모임의 규범이 극적으로 바뀌었다. 우리는 디지털 방식으로 더 편리하게 관계를 맺으려 하는 동시에 사회적으로 점점 더 고립되고 외로워지고 있다. 그 가운데 쓸 만한 것을 발견한 적이 있는가? 그렇지 않다면 이 책이 답이 될 것이다. 이 책은 이렇듯 증가하는 문제들에 대해 과학적으로 검증된 해결책을 제시한다.

지금은 청년들이 겪고 있는 어려움에도 불구하고 놀라운 기회의 시기이기도 하다. 지난 100년 동안 성인의 수명은 두 배로 늘어났다. 따라서 지금 인생을 엉망으로 만들고 있더라도 그 어느 때보다 회복할 수 있는 시간이 많다. '원격근무'로 인해 많은 사람이 원하는 곳에서 원하는 방식으로 살 수 있는 더 많은 자유를 누리고 있다. 나의 경우에는 서핑을 마치고 뉴잉글랜드의 등대에 있는 차 안에서 글을 쓰고 있다는 사실에 감사하고 있다. 이제 청년들은 친구, 가족, 영감을 주는 사람 등 전 세계 사람들과 나노 초 단위로 연결될 수 있다.

우리는 평생 배우고 성장하는 신경 가소성을 발견했다. 마음챙김과 같은 명상 훈련 기술은 건강과 행복을 촉진할 뿐만 아니라 열정을 갖는 분야에서 성과를 올리도록 지혜롭고 의미 있는 변화를 지원한다. 글자 그대로 뇌의 연결을 재구성해 준다. 심지어 마음챙김은 자기 알아차림을 강화함으로써 우리가 아직 모르고 있는 열정의 분야를 깨닫도록 도와줄 수 있다. 우리는 수 세대 동안 이어온 과학과 명상 수행 전통에 기반을 두고 있다. 건강과 행복의 중요한 조건들을 꽤 명확하게 알 수 있고, 많은 조건을 우리의 영향권 안에 둘 수 있다. 몇 가지 예를 들면 다이어트, 신체활동, 수면, 사회적 연결, 목적의식이다. 이 책에 나오는 명상 기술을 통해 우리가 원하는 모든 분야에서 행동을 취할 수 있고, 자기 자신뿐만 아니라 우리가 봉사하는 지역사회에서 건강 및 행복을 극대화할 수 있다.

마음챙김 훈련을 받은 젊은이들에게 "마음챙김이 젊은이들에게 어떤 면에서 도움이 될까?" 하고 물었다. 트래비스는 이렇게 말했다. "젊은이들이 종잡을 수 없는 생각에서 벗어나게 해 줍니다. 제 경우엔 '박사학위를 받고 싶은가 아니면 아이들을 가르치고 예술작품을 만들고 싶은가?'와 같은 질문이었죠." 트래비스는 마음챙김을 통해 무엇이 자신에게 건전하다고 느끼는지, 무엇이 자신을 행복하게 만들고 지역사회에 봉사할 수 있게 하는지 깨달았다. 마음챙김은 그가 사회적 압력 앞에서 용감할 수 있게 해 주었고 좋아하고 잘하는 일, 즉 아이들을 가르치고 예술을 창작하도록 도와주었다.

반면 폴은 이렇게 답했다. "선함, 악함, 추함에 대응하는 멋진 방법이자 지금 여기, 실재하는 것에 다가가는 방법이라고 생각해요. 마음챙김은 자율적 선택에 도움이 되었어요. 마음을 어디에 둘 것인지 선택할 수 있다면 전반적으로 에너지를 어디에 둘 것인지 훨씬 더 잘 알게 됩니다. 나는 물질적인 것에 휘둘리지 않아요. 암울할 때도 선택의 여지가 있죠." 사브리나는 말했다. "붓다의 최종 단계에 도달하거나 열반 또는 깨달음에 도달하려고 애쓸 필요 없어요. 단지 일상의 단순한 것들, '건강하게 먹기', '운동하기', '인간관계에서 감사하기'에 현존하면 됩니다."

이제 마음챙김이 실제로 무엇인지 알아보자.

마음챙김이란 무엇인가?

마음챙김은 생각, 감정, 육체적 감각에 대한 현재 순간의 알아차림으로서 판단하지 않음, 부드러움, 호기심, 수용으로 실행된다. 이는 자기 알아차림, 주의 조절, 감정 조절을 향상하는 기술을 통해 자신을 친밀하게 알아가는 수단이다(Tang et al. 2015). 일단 숙달되면 이 세 가지 자기 조절 기술은 삶의 모든 영역, 특히 웰빙에 영향을 미치는 영역에 적용될 수 있다. 우리는 몸, 가슴, 마음, 정신이 보내는 미묘한 메시지를 열린 마음으로 맞이할 수 있다.

마음챙김의 한 요소는 기억하거나 명료하게 아는 것이다(Gethin 2015). 나는 최근에 붓다다사 스님(Buddhadāsa Bikkhu 1987)의 설명을 접했는데, 그는 마음챙김에 대한 빠알리 단어(Sati, 사띠)가 화살에 대한 빠알리 단어(Sara, 사라)와 어떻게 같은 어원을 갖게 되었는지 설명했다. 마음챙김은 화살처럼 재빠르게 지금 이 순간에 지혜를 가져다준다. 지금 바로 여기에, 내면의 지혜로 통하는 통로가 있어서 일어나는 모든 일에 우리는 능숙하게 대응할 수 있다.

내 기억으로 나의 마음챙김 선생님인 조앤 프라이데이는 사람들이 직업이 무엇이냐고 묻는 말에 '삶에 능숙하게 대응하는 것'이라고 답했다고 한다. 때때로 능숙하게 대응한다는 것은 감정적, 신체적 한계를 존중하면서 불편한 감정과 감각에서 달아나기보다 그것에 더 다가가는 것을 의미한다. 어려울 수 있지만 생각보다 접근하기 쉬우며, 이렇게 다가감으로써 불편함의 뿌리를 분명히 찾아내 가치 있고 정확한 통찰력 또는 풍부한 진실에 도달할수 있게 된다. 우리가 늘 하듯 힘든 감정, 생각, 신체적 감각을 피하거나 보고 싶은 것만 찾는 것이 아니라 모든 데이터를 받아들이고 진실을 보는 과학자처럼 된다. 결과적으로 우리는 성공하고, 웰빙을 증진하고, 원하는 삶을 구축하는 데 도움이 되는 현명한 방침을 만들어 낸다.

마음챙김을 잘할수록 삶이 더 유연해지고 매 순간 적절하게 반응하게 된다. 초코칩 과자 한 봉지를 모조리 먹어 치우기보다 잠시 휴식을 취하면서 야외 나무 아래에서 차를 마시는 것과 같은 건강한 대체 전략을 더 쉽게 선택할 수 있다. 또한 누구나 경험하기 마련인 스트레스에서 빠르게 회복할 수 있다. 정기적으로 마음챙김을 연습하다 보면 세계보건기구에서 정의한 '단순히 질병이나 허약함이 없는 상태가 아니라 신체적, 정신적, 사회적으로 온전한 웰빙 상태(World Health Organization 1948)'에 가까운 이상적인 의미의 건강을 위한 능력을 기를 수 있다.

이 책에서 나는 과학, 마음챙김 수행, 마음챙김 훈련을 받은 청년들의 이야기, 건강과 행복의 개념이라는 네 가지 요소를 모든 장에 걸쳐 엮었다. 더불어 삶을 변화시킬 두 가지 주요 단계로 당신을 초대한다. 첫 번째 단계에서는 몸(1장), 가슴(2장), 마음(3장), 온전함에 깨어 있기(4장)의 지혜와 이를 여는 수행에 대해 배울 수 있다. 당신은 몸(신체적 감각), 가슴(정서), 마음(생각·의식), 온전함(실재의 본질)의 경험을 부드럽고 정중하게 알아차리는 법을 찾을 수 있다. 이 네 가지 영역은 틀림없이 인간 경험의 전부일 것이다. 숙련된 자전거 정비사가 자전거의 모든 부분과 최고 성능을 위한 조립 방법을 깊이 알고 있는 것처럼, 이 영역을 열 때 자기 자신은 물론 깊게 내재되어 있는 자연스러운 욕망들을 알게 되고, 더 행복하고 건강하기 위해 해야 할 일들을 알게 된다. 이러한 자기 알아차림을 주의 조절을 향상하는 명상 훈련에 사용함으로써 몸, 가슴, 마음, 온전함이 우리에게 주는 메시지에 대응할 수 있도록 한다.

이 책은 약 2,500년 전 붓다가 개발한 시스템을 활용하며, 이 시스템은 『호흡마음챙김경(Discourse on Breathing Mindfulness)』(Shaw 2006)에 있는 16단계 호흡관법을 포함한다. 이 경전은 가장 오래된 불교 가르침 중 하나이며 고대 빠알리어에서 『아나빠나사띠 숫따(Ānāpānasati Sutta)』로 알려져 있다. '아나빠나사띠'라는 단어는 그 의미가 상당히 광범위한데 주로 '숨을 들이쉬고 내쉬면서 마음챙김으로 무엇이든 기억하는 것'으로 번역된다(Buddhadāsa Bikkhu 1988). 붓다 자신은 아나빠나사띠 수행을 통해 자기 각성을 실현했다고 선언했다(Buddhadāsa Bikkhu 1988). 선사이자 학자이며 평화운동가인 틱낫한 스님(Nhat Hanh 2008)은 "이 경전을 발견한 날 너무 기뻤습니다. 나는 지구상에서 가장 큰 보물을 발견했다고 생각했습니다"라고 말했다.

나는 개인적으로 약 20년 동안 이 경전을 연구해 왔으며 이보다 더 많은 행복, 건강, 지혜를 가져다준 가르침은 없었다. 경전은 네 부분으로 나뉘며 각 부분에 네 단계 명상이 있다. 대략 처음 네 단계는 마음챙김과 호흡을 사용해 몸을 여는 것(1장), 두 번째 네 단계는 가슴을 여는 것(감정, 2장), 세 번째 네 단계는 마음을 여는 것(생각과 같은 마음의 형성, 3장), 마지막 네 단계는 온전함에 깨어있는 것(자연이나 진리의 실재를 분명히 보기, 4장)에 관한 내용이다. 이 책 끝에 나오는 '부록 2'에서 이 16단계 호흡관법을 모두 찾을 수 있다. 나는 이 책을 쓰기 위해 '아나빠나사띠' 경전을 채택하고 관련된 가르침을 추가했다. 주로 옥스퍼드대학교의 불교학자, 베트남의 선승(禪僧), 태국불교 스님과 스승이 해설한 빠알리어 또는 중국어 번역본을 참고했다(Buddhadāsa Bhikkhu 1988; Shaw 2006; Nhat Hanh 2008).

이 명상들이 불교에 뿌리를 두고 있다고 해서 당신을 개종하려는 의도는 없다. 사실 나는 당신의 영적 뿌리가 무엇이든 그것을 유지하고 자신의 뿌리를 잘라내지 말 것을 권한다. 붓다는 자신의 가르침을 종교로 여기지 않았다. 그것들은 종종 더 나은 행복과 건강으로 이어지도록 하는 몇 가지 명상일 뿐이다. 이 명상들은 지혜 전통을 존중하면서도 종교적 또는 영적 믿음을 지니거나 그러지 않은 상태로 활용할 수 있다.

『호흡마음챙김경』이 유기적으로 사용되지만, 이 책은 경전을 주석하기 위해 쓰인 것은 아니다. 주석에 관해서는 따로 적당한 책들이 있다(Buddhadāsa Bhikkhu 1988; Rosenberg 1998; Shaw 2006; Nhat Hanh 2008; Anālayo 2019). 이 책은 청년들에 대한 임상연구와 경전에 기초한 마음챙김 훈련을 제공함으로써 성공과 웰빙을 증진하도록 한다. 또한 당신이 원하는 삶을 살아가는 데 도움이 되는, 증거에 기반한 기술을 개발할 수 있도록 설계되었다.

두 번째 단계(5장과 6장)에서는 방석에 앉아서 명상하는 행복한 순간뿐만 아니라 명상을 진로, 삶의 과정, 관심 분야(예술·운동·학업 등)에서의 성과, 소셜 미디어 및 스크린 사용, 사회적 환경(친구·가족·연인·직장 또는 학교 동료)과의 관계, 정치적 환경, 물리적 환경(특히 집과 자연환경)에 적용할 수 있도록 안내할 것이다.

마음챙김 신경과학 분야의 연구에 따르면 마음챙김을 정기적으로 수행하면 뇌 생리기능이 변화하고, 좀 더 깨어 있고, 뇌의 다른 영역을 더 능숙하게 사용할 수 있게 된다(Gotink et al. 2016; Tang et al. 2015). 많은 사람이 '깨달음'이나 '깨어남'이라는 개념에 겁을 먹고 그것을 마치 다른 생애에서나 얻을 수 있는 것처럼 여기지만, 이 책은 당신이 실제로 타고난 권리로서 명상의 이익을 지혜, 판단하지 않음, 기쁨, 번영과 같은 고상한 개념들과 함께 선물할 것이다.

7장은 당신의 능력과 관심 분야를 세상과 사회에서 가장 필요한 것들과 일치시키도록 도와준다. 또한 그러한 통찰력을 스스로 찾아볼 수 있도록 마음챙김을 한 단계 더 발전시킨다. 당신은 이렇게 중요한 작업을 수행하면서 완전하게 자기 자신을 표현할 수 있다.

마음챙김은 만병통치약이 아니다. 이 책을 통해 나는 다음 질문을 포함해 마음챙김과 관련된 논쟁 중 일부를 제기함으로써 비판적인 생각을 유도한다. 마음챙김에 기반한 프로그램이 발작적 공격 및 정신병적 변화 같은 불리한 일들을 일으키는가? 마음챙김이 인간적, 사회적, 환경적 권리에 대한 잔학 행위에 대해 이를 어쩔 수 없는 것으로 받아들이도록 우리를 둔감하게 하는가? 한 발짝 물러서기보다 열린 마음과 호기심으로 논쟁에 다가섬으로써 우리는 진실과 통찰을 얻을 수 있다.

브라운대학교 학생들이 선택한 명상 클래스 '마음챙김에 기반한 대학 생활'

'마음챙김에 기반한 대학 생활(MBC)' 프로그램은 이제 막 성인이 되어서 여러 가지 어려움으로 인해 고통받고 있는 브라운대학교 학생들의 요청으로 2015년 시작되었다. 처음에 나는 '명상, 마음챙김, 건강'이라는 학점 이수 과정을 개발했는데, 이 과정은 브라운대학교에서 매우 인기를 얻었고 학생들의 스트레스를 줄이는 것으로 나타났다.

나는 이미 알고 있던 지식과 청년들의 필요를 바탕으로 MBC를 거주지, 대학, 학점 취득과 관계없는 프로그램으로 개발했다. MBC는 수백 건의 무작위 대조 실험(de Vibe et al. 2017)을 거친 증거 기반 프로그램인 존 카밧진(Kabat-Zinn 2013) 박사의 MBSR(Mindfulness-Based Stress Reduction)에 기초하고 있다. 공인된 MBSR 강사로서 나는 특히 청년들을 우선적으로 고려해 MBC를 개발했고(Loucks et al. 2021), MBC가 삶을 바꾼다는 과학적 연구 결과를 얻었다. 예를 들어 MBC 프로그램을 수강한 학생들이 그러지 않은 학생들에 비해 전반적인 건강, 우울 증상, 수면의 질, 앉아서 하는 활동 및 외로움을 의미 있게 개선한 것으로 나타났다 (Loucks et al. 2021).

이 책은 청년들을 대상으로 하고 있지만 모든 세대의 독자, 특히 증거 기반 접근 방식을 사용해 건강, 웰빙, 실적을 향상하려는 독자들에게 혜택을 줄 수 있다.

변화를 위한 사전 작업

나는 숙련된 방식으로 배운다면 모든 사람의 삶에 마음챙김이 자리 잡을 수 있다고 믿는다. 마음챙김은 낮이든 밤이든 언제든지 시도할 수 있으며 어느 분야에서든 응용할 수 있다. 마음챙김 수행은 어려운 상황에서도 지금 중요한 것에 집중할 수 있도록 하고, 가족과 사회 그리고 주변을 돌보는 동시에 몸, 가슴, 마음, 온전함에 깨어 있음에 닻을 내리는 때와 방법을 스스로 알아차리도록 도와준다. 마음챙김은 삶의 모든 측면에 적용될 수 있다.

이 책과 프로그램에서 당신이 자기 자신과 관련해 집중하고 싶은 것을 찾게 되면 거기에서 최선의 결과를 얻게 될 것이다. 또한 앞으로 당신이 다루어야 할 다른 요소들이 나타나면, 당신이 계발하고 싶은 새로운 영역을 위해 다시 이 책을 읽게 될 것이다.

자기 성찰 연습: 웰빙 기준 평가하기

아래의 질문들은 현재의 웰빙 기준치를 평가하고, 한발 물러서서 현재 상태와 원하는 상태를 확인하기 위한 것이다. 이 책의 끝부분에서 다시 한번 이 질문에 답하면서 변화된 사항이 있는지 확인하게 될 것이다. 따라서 이 질문을 곰곰이 생각해 보고 언제든 다시 들여다볼 수 있도록 답을 적어 두는 것이 좋다.

1. 당신은 하루에 보통 몇 인분의 채소를 섭취하는가? 1인분은 $\frac{1}{2}$컵이다.[1]

2. 당신은 하루에 보통 몇 인분의 과일을 섭취하는가? 1인분은 신선한 과일 $\frac{1}{2}$컵 또는 말린 과일 $\frac{1}{4}$컵이다.[2]

3. 당신은 직장, 학교, 집 등에서 하루에 얼마나 많은 신체활동을 하는가?[3]

    a. 격렬한 신체활동에는 무거운 짐 나르기, 땅 파기, 축구, 빠르게 자전거 타기가 포함된다(몇 시간 또는 몇 분 동안으로 응답).

    b. 적당한 신체활동에는 가벼운 짐 나르기, 규칙적인 속도로 자전거 타기, 잔디 깎기, 빠르게 걷기가 포함된다(몇 시간 또는 몇 분 동안으로 응답).

4. 당신은 하루에 얼마나 오래 스크린(스마트폰, 태블릿, 게임, 컴퓨터, 텔레비전)을 사용하는가? 단, 운동과 같은 다른 활동을 할 때 배경에서 실행되는 경우는 계산하지 않는다. 많은 스마트폰과 태블릿에서 이를 측정한다는 점에 주목하라.[4]

5. 밤에 잠자는 시간은 보통 몇 시간인가? (아마도 이는 당신이 침대에 그냥 누워 있는 시간과 다를 것이다.)[5]

6. 얼마나 스트레스를 느끼는가? 예를 들어 지난 한 달 동안 극복할 수 없는 어려움이 많다고 느낀 적이 얼마나 자주 있었는가?[6]

    (ⓐ 전혀 없음, ⓑ 거의 없음, ⓒ 가끔, ⓓ 꽤 자주, ⓔ 매우 자주)

7. 지난 한 달 동안 다음 항목을 얼마나 자주 접했는가?<7>

(ⓐ 전혀 없음, ⓑ 한두 번, ⓒ 매주, ⓓ 매일)

폭음(남성은 하루 5잔 이상, 여성은 하루 4잔 이상)

담배 제품(전자 담배, 궐련, 씹는 담배)

비의학적 이유로 복용하는 기분 전환 약물

8. 이제 방향을 조금 바꿔 보자. 당신의 열정과 집중 분야를 알아보고자 한다. 특정 연구 분야, 일의 유형, 사랑하는 사람과의 관계일 수 있다. 스포츠나 악기일 수도 있다. 탐구하고 싶은 문제나 열정의 분야는 무엇인가? 두 가지로 작성해 본다.

분야 1(이름 지정).

당신의 타고난 잠재력에 비추어 볼 때 당신이 집중하는 분야에서의 성과는 어떠한가? (ⓐ 훨씬 낮음, ⓑ 꽤 낮음, ⓒ 약간 낮음, ⓓ 일치함)

분야 2(이름 지정).

당신의 타고난 잠재력에 비추어 볼 때 당신이 집중하는 분야에서의 성과는 어떠한가? (ⓐ 훨씬 낮음, ⓑ 꽤 낮음, ⓒ 약간 낮음, ⓓ 일치함)

9. 위의 질문(사회관계, 자연 속에서의 시간 등)에 언급되지 않은 것 중 건강과 행복에 중대한 영향을 미치는 다른 것은 무

엇이라고 생각하는가?

분야 1 (이름 지정).

이 분야에서 당신의 수준은 이상적이라고 느끼는 것과 비
교해 어떠한가? (ⓐ 매우 다름, ⓑ 꽤 다름, ⓒ 약간 다름, ⓓ 일치함)

분야 2 (이름 지정).

이 분야에서 당신의 수준은 이상적이라고 느끼는 것과 비
교해 어떠한가? (ⓐ 매우 다름, ⓑ 꽤 다름, ⓒ 약간 다름, ⓓ 일치함)

이 책을 읽을 때 한발 물러서서 자기 자신을 성찰하면서 지금
집중하고 싶은 것과 하고 싶은 일을 생각해 볼 수 있을 것이다. 전
문가의 조언과 비교하고 싶다면 '부록 1'에서 이들 요소에 관한 권
장 사항을 볼 수 있다.

이제 위의 모든 질문에 대한 답변을 살펴보고 이들 분야에서
얼마나 만족하는지 살펴보길 바란다. 스스로 물어보라. 나의 건강
과 행복을 제약하는 것 중 내가 바꿀 수 있는 일은 무엇이고, 진심
으로 집중하고 싶은 것은 무엇인가? 다시 말해 당신은 왜 여기에
있는가? 당신이 정말로 원하는 것은 무엇인가?

이 책의 나머지 부분에서는 어떻게 그것이 가능한지 알아볼
것이다. 이 책은 대략 7주에서 14주 프로그램으로 구성되어 있다.
각 장을 읽고 실천하는 데 1~2주가 걸리며, 학생이라도 학기 중
에 실천할 수 있도록 구성했다. 물론 그렇게 하지 않아도 된다. 일
상에서 마음챙김을 하고 있다면 그것이 곧 훈련이다. 다만 이 책

에서 알려 주는 규칙적인 방식으로 수행하면 보다 몸과 마음을 건강한 방식으로 바꿀 수 있을 것이다.

이 책이 원하는 삶을 꾸리고 웰빙을 높이기 위한 필수적인 기술을 습득하는 데 도움이 되기를 기대한다. 나는 당신 곁에 없지만 당신과 함께 있기도 하다. 나는 당신을 염두에 두고 이 책을 썼다. 이 책을 읽는 동안 우리는 함께하고 있다. 모든 것이 서로 연결되어 있다. 결과적으로 이 책이 당신에게 미치는 영향이 언젠가 어떤 식으로든 나에게 영향을 미칠 것이다. 이 책이 당신에게 좋은 도움이 되길 바란다. 시작해 보자.

1장

몸 열기
잠재력을 완전하게
일깨우는 법

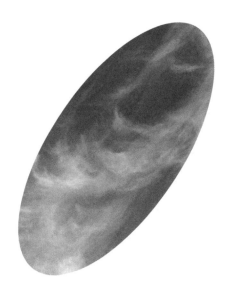

'명상, 마음챙김, 건강' 과정을 들은 학생 사브리나는 자신의 경험을 이렇게 나누었다. "저는 고등학교를 졸업하고 섭식장애를 겪었어요. 혼자 있게 되자 명상을 시작했죠. 호주에서 막 돌아왔을 때, 영양 상태는 내리막이었고 정신적으로도 힘든 상태였어요. 집으로 돌아와 시작한 명상은 오래지 않아 일상이 되었어요. 이전에는 겉모습과 열량 소모를 위해 운동을 했지만, 이전보다 더 많이 알아차릴 수 있게 되자 운동을 하면 기분이 좋아지고 그래서 내가 운동을 하고 싶어 한다는 것을 알게 되었어요. 예전에는 러닝 머신을 할 때 음악을 듣거나 TV를 보는 등 산만했는데, 지금은 오롯이 몸과 호흡에 집중해요. 이제 저는 더 오래 달리고 그게 훨씬 더 즐거워요. 사람들은 '운동을 하면 머리가 맑아지고 기분이 좋아진다'라고 말하잖아요. 지금 그 말에 충분히 동의해요. 또한 예전에는 외모를 생각하면서 먹었다면 지금은 건강한 음식을 먹는 것이 기분이 좋아서 그렇게 해요. 내 에너지가 맑고 좋아졌다고 느껴요. 마음챙김은 건강을 나아지게 해 주었어요. 아마 명상을 그만

두면 옛날 상태로 곧바로 돌아갈 거예요. 명상은 이제 내 삶에 꼭 필요한 것이 되었어요."

우리는 무엇을 먹고 어떤 방식으로 보이면 행복할 거라고 이야기하는 디지털미디어와 광고의 시대에 살고 있다. 우리 대부분은 앉아서 여가를 즐기고 앉아서 출퇴근할 뿐 아니라, 신체활동이 거의 없는 앉아서 일하는 직업을 가지고 있다. 우리는 알코올, 대마초, 설탕, 카페인이 함유된 에너지 음료처럼 상태를 변화시키는 물질을 아주 쉽게 경험한다. 이러한 물질은 그것들이 생겨난 이후 고도비만, 체력저하, 중독, 정신적으로 병든 사회 등을 만들어 내는 주요 원인이 되고 있다.

만약 다이어트, 신체활동, 중독, 스트레스, 불안, 수면 문제로 어려움을 겪고 있다면 당신 혼자만 그런 것이 아니다. 그리고 그것들은 당신의 잘못이 아니다. 우리의 게놈(genomes)은 늘어나는 비만, 장시간의 의자생활, 수면 문제에 유전적 변화를 가져올 만큼 빠르게 변화하지 않았다. 곧 이는 환경과 유전자의 상호작용임이 틀림없다. 주의와 알아차림으로 몸을 들여다보는 일은 건강을 해치는 문제들을 해결하거나 애초에 일어나지 않도록 예방하는 방법이다. 몸은 놀라운 유기체이다. 몸은 감정, 감각, 통증, 고통, 심지어 생각을 통해 당신에게 무엇이 필요한지 알려 준다. 몸을 들여다보면 가장 정확한 정보가 있는 곳으로 곧바로 가게 된다. 그렇게 하다 보면 생각지도 못했던 높은 수준의 웰빙과 자신이 할 수 있으리라 생각지 못했던 성과를 얻을 수 있다.

당시에는 몰랐지만, 마음챙김이 무엇인지 알기 전 10대 시절에 나는 마음챙김 세계에 입문했다. 브리티시 컬럼비아주 빅토리아에 있는 고등학교에 다닐 때 나는 수영, 자전거, 51.5킬로미터를 달리는 장거리 철인 3종 경기에 정기적으로 출전했다. 이 고된 경주 동안 나는 경기력을 극대화하기 위해 생각과 몸을 관찰했다. 예를 들어 숨 쉬는 것이 힘들어지기 시작하고 쓸데없이 근육이 타들어 가는 느낌이 들면 무산소 영역으로 넘어갔음을 알아차리고 속도를 줄여 페이스를 되찾았다.

철인 3종 경기 경험은 또한 나에게 몸과 마음이 얼마나 밀접하게 연결되어 있는지를 가르쳐 주었다. 마음이 다른 곳에 가 있을 때, 나는 너무 느리게 가고 있음을 알아차렸고 속도를 높였다. 반대의 경우도 있었다. 한번은 경주 중 자전거를 타는 구간에서, 여자 친구에게 성가시게 접근하는 한 남자 때문에 마음챙김 상태에서 벗어나게 되었다. 갑자기 그를 주먹으로 때릴 준비를 하면서 언덕을 악착같이 오르는 나 자신을 발견했다. 그러다 그것이 단지 생각일 뿐이라는 것을 깨달았다. 나중에 상황을 돌아보기 위해 마음속에 메모를 해 두긴 했지만, 경주에서 중요한 것은 그 생각이 불필요하게 나를 지치게 만들었다는 점이다.

잠재력을 완전하게 일깨우는 한 가지 방법은 몸을 깨우는 것이다. 집중된 주의를 신체에 두고 몸이 당신에게 알려 주는 것을 지켜보면 때때로 미세한 감각과 자극뿐만 아니라 고통과 통증을 분명하게 알아차리게 된다. 몸의 메시지에 귀 기울이면서 반응하면 경기력이 향상될 뿐만 아니라 부상을 예방하고 몸을 치유하며 전반적인 건강을 증진할 수 있다. 우리 몸은 항상 무엇이 필요한지 또는 필요하지 않은지에 관한 중요한 메시지를 보낸다. 이 장에서는 성공적인 삶을 살고, 행복을 증진하고, 바라는 대로 살기 위해서 어떻게 몸을 들여다보고, 신체가 들려주는 메시지를 듣고, 이에 능숙하게 반응할지를 알려 줄 것이다.

이 장은 『호흡마음챙김경』에 나오는 총 16단계 호흡관법 중에서 처음 네 단계 명상을 중심으로 구성되어 있다. 여기서는 주로 호흡을 알아차리게 하는데, 특히 몸에 대한 자기 알아차림과 자기 돌봄을 촉진함으로써 주의 조절 능력을 계발하는 데 주안점을 둔다. 아래에 처음 네 단계 호흡 명상이 소개되어 있으며 이어서 각각에 대해 자세히 살펴보겠다. 16단계 호흡관법의 모든 명상이 '부록 2'에 수록되어 있다.

『호흡마음챙김경』
첫 번째 네 단계 명상

1. 숨이 들어오면, 숨이 들어온다고 알아차린다.
   숨이 나가면, 숨이 나간다고 알아차린다.

2. 들숨이 길면 길다고 알아차린다.

들숨이 짧으면 짧다고 알아차린다.

날숨이 길면 길다고 알아차린다.

날숨이 짧으면 짧다고 알아차린다.

3. 숨이 들어올 때, 온몸을 알아차린다.

숨이 나갈 때, 온몸을 알아차린다.

4. 숨이 들어올 때, 몸을 고요하게 한다.

숨이 나갈 때, 몸을 편안히 한다.

몸에 주의 집중하기

명상 훈련은 두 가지로 분류할 수 있는데, 하나는 주의 집중이고 다른 하나는 열린 관찰이다. 아래의 〈그림1〉에서 볼 수 있듯이 MBC 및 기타 명상 프로그램은 웰빙 증진을 위해 주의 조절 훈련과 자각 훈련이라는 두 가지 주요 메커니즘을 기반으로 하고 있다. 대부분의 명상 전통과 과학계에서는 마음을 다룰 때 주의 집중부터 시작한다. 이것이 스트레스를 감소시킨다는 과학적인 증거가 있다(Cullen et al. 2021).

또한 〈그림1〉은 마음챙김과 명상이 자기 알아차림(신체적 감각·감정·생각에 대한 인식), 주의 조절(원하는 곳에 마음을 집중하는 능력), 감정 조절 훈련에 특히 중점을 둠으로써 자기 조절 능력을 향상하는 데 도움이 될 수 있음을 보여 준다(Loucks et al. 2019; Loucks et al. 2021; Tang et al. 2015). 이러한 자기 조절 기술을 우리의 웰빙에 큰 영향을 미치는 요소들에 적용할 수 있다. 예를 들어 식이, 신체활동, 사회적 관계, 디지털미디어와의 관계 같은 것들이다.

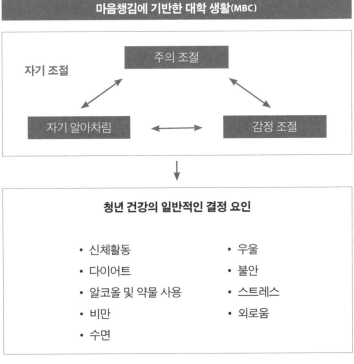

그림 1. MBC 프로그램이 청년들의 웰빙과 성과에 어떤 영향을 미치는지에 관한 이론적 틀.

앞서 작성했던 자기 성찰 질문은 이 책을 읽으면서 집중하고 싶은 요인(그림1의 아래 상자)을 고르는 데 도움이 되도록 고안되었다. 그러나 마음챙김 훈련에서는 호흡 명상처럼 자기 알아차림에도 어느 정도 중점을 두면서 주의 집중에 대한 훈련부터 시작한다(Cullen et al. 2021). 이것이 『호흡마음챙김경』의 첫 두 단계이다.

『호흡마음챙김경』
첫 번째와 두 번째 단계

1. 숨이 들어오면, 숨이 들어온다고 알아차린다.
   숨이 나가면, 숨이 나간다고 알아차린다.

2. 들숨이 길면 길다고 알아차린다.
   들숨이 짧으면 짧다고 알아차린다.
   날숨이 길면 길다고 알아차린다.
   날숨이 짧으면 짧다고 알아차린다.

이 명상은 주의를 원하는 곳에 두면서 기본적인 주의 조절 훈련을 하도록 한다. 이 경우는 호흡에 주의를 두고, 호흡이 길거나 짧을 때 몸과 마음이 어떻게 느끼는지를 포함해 호흡에 대한 알

아차림과 자기 알아차림을 훈련하도록 한다. 생리적으로 폐와 뇌는 미주신경을 통해 부분적으로 연결되어 있는데 길게 호흡할 때 미주신경이 활성화된다. 미주신경의 활성화는 부분적으로 진정 작용을 하는 부교감신경계 활동을 통해 들뜬 기분을 안정시켜 기분에 긍정적인 영향을 미치는 것으로 나타났다(Gerritsen and Band 2018). 원한다면 지금 길고 깊게 숨을 세 번 쉬어 보라.

명상에서 긴 호흡이 짧은 호흡보다 반드시 더 나은 것은 아니다. 우리는 단지 호흡의 특징을 알아차릴 뿐이다. 예를 들어 얼마나 호흡이 깊은지, 얕은지, 빠른지, 느린지, 긴지, 짧은지를 알아차리고 그러한 호흡이 우리에게 어떤 느낌을 주는지 잘 알게 될 뿐이다. 그렇게 하면 집중력이 생기고, 자기 알아차림이 커지며, 기쁨과 행복을 누릴 수 있다. 호흡이 집중하기에 편안하다면, 우선 이 명상으로 호흡에 집중하면서 의식적인 알아차림으로 나아갈 수 있다.

마음챙김 명상과학은 모든 사람이 호흡에 닻을 내리는 것을 편안하게 느끼지는 않는다는 걸 보여 준다. 예를 들어 어떤 사람은 천식이 있어서 호흡이 고요하고 안전한 곳처럼 느껴지지 않는다. 브라운대학교의 마음챙김명상센터에서는 다른 여러 마음챙김 기반 프로그램이 그렇듯이 호흡뿐 아니라 손바닥, 발바닥, 소리와 같은 다른 곳에 닻을 내리는 법을 알려 준다(Treleaven 2018). 닻을 내리는 지점으로 호흡 외에 추천되는 곳은 몸의 중심 위치인 배꼽보다 2~4센티미터 아래이다. 중요한 것은 항상 당신과 함께하고 당신이 명상의 대상으로 편안하게 사용할 수 있는 지점을 찾는 것이다.

호흡은 항상 변화하고, 공기가 입과 코를 통해 몸(가슴)으로 들어와 신체를 순환하기에 머리와 신체를 연결한다는 점에서 장점이 있다. 하지만 신체나 소리의 또 다른 부분도 좋은 닻이 될 수 있다. 다만 호흡 명상의 이로움을 보여 주는 연구가 많으므로, 호흡이 편하다면 되도록 그것을 이용하길 바란다.

닻을 내리기 전에 해야 할 일이 있다. 편안하면서도 깨어 있기 쉬운 자세를 잡는 것이다. 명상을 한다고 하면 가부좌 자세로 방석 위에 앉아 있는 모습을 상상하게 된다. 개인적으로 가부좌는 가장 좋아하는 자세이지만, 반드시 그 자세여야 하는 것은 아니다. 나는 강압적이지 않은 방법을 가치 있게 여기며 이것이 우리 자신에게도 적용되어야 한다고 생각한다. 따라서 만약 가부좌 자세가 고통스럽다면, 자신에게 편안한 자세를 선택하길 바란다. 명상 자세에 어느 정도 편안해지면, 예를 들어 다리의 불편함에 집중하는 대신 지금 이 순간에 깨어 있기 가장 적절한 곳에 마음을 집중하는 것이 도움이 된다. 그러나 너무 편안함만을 극대화하면(예를 들어 부드러운 베개를 베고 침대에 누워 있는 경우), 우선해야 할 요소인 깨어 있음에 영향을 미칠 수 있다. 내가 가부좌를 좋아하는 이유는 그 자세에 상당히 익숙해졌기 때문이고, (넘어지지 않으려면 코어 근육을 사용해야 하므로) 깨어 있음에 도움이 되기 때문이다. 어쨌든 당신에게 가장 좋은 자세를 찾아보라. 무릎을 꿇거나 등받이에 기대지 않은 채 척추를 똑바로 세우고 앉아 보라. 우리는 각자 다른 신체를 가지고 있고 통증이 있는 사람도 없는 사람도 있으므로, 현재 편안함과 깨어 있음을 극대화할 수 있는 각자만의 자세를 찾길 바란다.

그런 다음 눈은 어떻게 해야 할까? 시야에 보이는 것을 차단할 수 있도록 거의 감는다. 그러면 덜 산만하게 내면으로 향할 수 있을 것이다. 그러나 사람에 따라 빛이 통과할 수 있도록 눈꺼풀을 약간 열어 둔 채 눈의 광수용체를 활성화해 각성을 유지하는 것을 더 좋아할 수도 있다.

좋다. 그럼 이제 바로 시도해 보자.

집중 명상

이 명상의 주된 의도는 마음이 우리가 원하는 곳, 여기서는 호흡·몸의 일부·소리와 같은 명상의 대상에 머물도록 훈련하는 것이다. 호흡을 명상의 대상으로 삼는 것이 편하다면 그렇게 해도 좋다. 만약 손바닥이나 발바닥 같은 신체의 다른 부분이나 소리가 더 안전하다고 느낀다면 그 또한 괜찮다. 요점은 하루의 매 순간 당신과 함께할 명상의 대상을 찾는 것이다. 이러한 대상은 당신이 필요로 할 때 중심을 잡아 주는 닻이 될 수 있고, 원하는 곳에 마음을 두는 능력을 계발하는 데 도움이 되는 도구가 될 수 있다.

마음이 방황하고 있음을 알아차릴 때마다 마음챙김이 있는 그 순간에 현재로 돌아오라. 그 순간 호기심과 비판단의 상태로 마음이 어디에 머무는지 알아차려라. 그것은 당신의 몸과 마음 상태가 어떤지 그리고 어떤 식으로 존재하고 있는지를 알려 주는 좋은 정보이다. 예를 들어 마음이 미래로 갔는가 아니면 과거로 갔는가? 보통 미래로 가는가 아니면 과거로 가는가? 마음이 자주 머무는 익숙한 곳으로 갔는가 아니면 새로운 곳으로 갔는가? 마음이 어디로 갔든지 그것은 '좋다'거나 '나쁘다'를 뜻하지 않는다. 마음이 어디로 갔는지는 전혀 중요하지 않다. 그것은 그냥 정보일 뿐이다. 그런 다음 온화하면서도 단호하게 마음을 명상의 대상으로 되돌려 보라.

이 과정을 통해 우리는 선택한 대상에 집중하는 것과 자기 알아차림의 두 가지 주의 조절을 계발한다. 자기 알아차림은 감각, 감정, 생각을 알아차림으로써 계발된다. 이들은 호기심, 온화함, 비판단, 애쓰지 않음의 마음챙김 태도 안에서 이루어진다(애쓰지 않음은 미래에 무언가 달라져야 한다고 갈구하지 않는 것이다. 그러한 갈구는 우리를 현재의 순간에서 벗어나게 한다).

몸과 마음이 가진 잠재력을 최대한 계발하고 원하는 삶을 살고 싶다면 위의 두 가지 주의 조절을 함께해야 한다. 평생 수행할 한 가지 명상법을 골라야 한다면, 아마도 경험이 많은 명상가들은 이 방법을 택할 것이다. 이 명상은 매우 근본적이며 주의 조절, 자기 알아차림, 호기심, 애쓰지 않음, 통찰, 지혜의 발달로 이어질 수 있기 때문이다.

명상을 위해 편안하면서 깨어 있을 수 있는 자세를 취합니다. 닻 내릴 곳을 찾기 위해 잠시 시간을 가집니다. 대체로 호흡일 겁니다. 만약 호흡이 안전하거나 편안한 대상이 아니라면, 대신 손바닥이나 발바닥 같은 몸의 일부를 닻 내릴 곳으로 사용해도 좋습니다. 소리를 좋아하면 소리도 닻 내릴 대상이 될 수 있습니다.

호흡에 닻을 내리는 경우, 호흡 즉 들숨과 날숨에 연결해 봅니다. 해야 할 일은 오직 생각이 가라앉도록 내버려 두면서 명상의 대상인 호흡과 함께 바로 여기에 존재하는 것입니다. 코끝과 같이 호흡이 처음 들어오고 마지막으로 몸을 떠나는 곳의 감각을 알아차립니다. 호흡이 흘러들고, 방향이 바뀌고, 흘러나가고, 잠시 멈춤을 알아차립니다.

몸의 일부에 닻을 내리는 경우, 닿는 느낌과 닿지 않는 느낌 혹은 따뜻함이나 시원함을 알아차립니다.

만약 소리에 닻을 내리고 있다면, 소리를 그대로 알아차립니다. 예를 들어 음높이, 소리가 얼마나 규칙적인지 불규칙적인지 또는 소리의 크기를 알아차립니다. 소리에 의미를 부여할 때마다 (저것은 트럭이 지나가는 소리다. 새소리다. 시계 소리다) 의미 부여를 내려놓고 그저 음높이, 리듬, 소리의 크기와 같은 순수한 특성으로 돌아갑니다.

닻을 내리는 모든 곳에서, 마음이 명상의 대상으로부터 멀어질 때마다 판단하지 말고 온화하게 마음이 어디로 갔는지 알아차립니다. 그것은 지금 내 상태가 어떠한지, 내가 어떤 상태로 존재하고 있는지에 대한 좋은 정보입니다. 마음을 명상의 대상(호흡, 몸, 소리)으로 다시 가져옵니다.

당신이 호흡에 닻을 내리고 있다면, 호흡의 속도와 길이와 깊이를 알아차립니다. 그러면 호흡에는 정해진 길이나 깊이가 없음을 알게 되고, 지금 이 순간 자신의 호흡을 있는 그대로 잘 보게 됩니다.

당신이 몸의 일부에 닻을 내리고 있다면, 아마도 닻이 내려진 신체 부위에서 촉촉함 혹은 건조함, 움직임 혹은 움직임 없음, 접촉 혹은 접촉 없음을 알아차릴 수 있을 겁니다.

당신이 소리에 닻을 내리고 있다면, 방에 있는 경우 각 소리가 안에서 나는지 밖에서 나는지 알아차립니다. 열린 공간에 있는 경우 소리가 얼마나 가깝거나 멀리 떨어져 있는지 알아차립니다. 서로 다른 소리가 일어나고 사라지면서 풍경처럼 펼쳐짐을 알아차립니다. 이야기를 듣는 것처럼 순간순간 펼쳐지는 소리와 함께 머물 수 있나요?

닻을 내리는 모든 곳에서, 물이 고요해지면 흙이 가라앉듯이 호흡, 몸, 소리와 같은 명상의 대상만이 남도록 생각을 가라앉힐 수 있는지 살펴봅니다.

이제 명상을 마치면서 지금의 집중과 마음챙김을 계속해서 이어 나갑니다. 제일 먼저 해야 할 일에 이를 적용해 보길 바랍니다.

1장. 몸 열기

몸 구석구석 살피기

나의 학생인 브래디는 10대 때 궤양성 대장염에 걸렸던 이야기를 들려주었다. 그는 이 질병이 대부분 유전적으로 발생한다고 설명했지만, 10대 때 발병하는 사람은 대개 스트레스나 불안과 관련되어 있다. 브래디는 이렇게 말했다. "고등학교 때 받았던 스트레스가 질병을 악화시킨 것 같아요. 병이 발병했을 때 그동안 내가 무엇을 하고 있었는지 돌아보게 되었습니다. 평소에 저는 운동, 수면, 인간관계를 통해 스스로를 돌보고 있지 않았음을 깨달았어요."

대학교에 들어와 자신의 병을 진지하게 받아들이고 친절하게 자신에 대해 생각하기 시작함으로써 브래디는 변할 수 있었다. 그는 이제 더 많은 채소, 생선, 닭고기를 먹고 지방으로 된 음식을 적게 먹고 더 많은 휴식을 취하게 되었다. 브래디는 "제 컨디션에 영향을 준 가장 중요한 요소는 수면이라고 생각합니다. 적당한 시간에 잠자리에 들고 적당한 시간에 일어나는 것 말이죠"라고 말했다.

브래디는 스스로 마음을 더 잘 다스릴 수 있게 되었고, 덕분에 지금은 잠을 청하려고 애쓰는 동안 마음이 분주한 대신 고요하게 집중된다고 이야기했다. 실제로 그는 수면을 위해 먹었던 멜라토닌을 끊었다. 브래디는 마음챙김으로 몸에 대해 더 많이 알아차리고 몸과 함께하면서 (예를 들어 잠을 청하는 동안 분주한 생각들을 놓아버림으로써) 자신을 더 잘 보살피게 되었다.

이제『호흡마음챙김경』의 세 번째 명상으로 넘어가 보자.

『호흡마음챙김경』
세 번째 단계

3. 숨이 들어올 때, 온몸을 알아차린다.
    숨이 나갈 때, 온몸을 알아차린다.

나는『호흡마음챙김경』에 있는 16단계 호흡관법 중 "숨이 들어올 때/숨이 나갈 때"를, 마치 몸에 대한 알아차림처럼 우리가 명상하는 동안 중심을 잡을 수 있도록 해 주는 요소라고 이해한다. 이 경전에 있는 모든 명상을 실천할 때, 만약 당신에게 호흡이 안전한 대상이 아니라면 "숨이 들어올 때/숨이 나갈 때"라는 말을 "내가 닻을 내린 곳에 주의를 두면서"로 대신해도 좋다.

마찬가지로 만약 아직 알아차림의 대상으로 삼기에 안전하지 않다고 느껴지는 신체 부분이 있다면(이는 시간이 지남에 따라 바뀔 수 있지만 반드시 그럴 필요는 없다), '온몸을 알아차린다'라는 생각을 '신체적인 감각을 알아차리고 있다'로 대체해 안전하다고 느끼는 신체 부위를 주의 두는 곳으로 삼아도 좋다. 그러면 지금 이 순간 그 신체 부위에 대해 더 잘 알게 될 것이다.

MBC와 MBSR에서 소개하는 핵심 개념 중 하나는 〈그림2〉 알아차림의 삼각형이다. 삼각형의 세 부분은 자기 알아차림의 세 가지 요소로서 ⑴ 신체 감각, ⑵ 감정, ⑶ 생각이다. 이는 여러 면에서 인간의 경험 전체를 구성한다. 이 세 가지 영역 중 하나에 속하지 않는 경험을 떠올릴 수 있는가?

보통은 세 영역이 뒤섞여 있어서 분명하게 알아차리기 어렵다. 이를 구분하지 못하기에 각 영역을 이해하고 분석하기 어려워 효율적으로 개입하는 것이 쉽지 않다. 앞으로 이 책을 통해 이 세 영역을 각각 계발할 것이다. 이 장에서는 신체 감각에 초점을 맞출 것이다. 우리는 자기 알아차림, 잠시 멈춤, 스트레스 요인에 능숙하게 반응하는 도구로서 알아차림의 삼각형을 사용할 수 있는데, 이에 대해서는 다음 장에서 더 자세히 살펴볼 것이다. 지금은 몸에 대한 알아차림을 더욱 발전시키고 인생의 동반자인 몸과 친구가 되는 데 집중할 것이다.

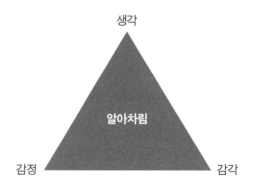

그림 2. 알아차림의 삼각형. 인간의 모든 경험은 이 세 가지 영역에 속해 있다.

신체 감각에 대한 알아차림을 훈련하는 첫 번째 방법은 바디 스캔(body scan)이다. 이것은 자기 알아차림 훈련으로서 몸과 연결되는 동시에 온화하고 비판단적이며 호기심 있는 방식으로 마음이 몸의 각 부분과 함께 있도록 함으로써 주의 조절을 기르는 것을 포함한다.

바디 스캔 명상

바디 스캔 명상의 의도는 호기심을 가지고 집중된 주의를 몸의 각 부분에 두어, 감각이 있든 없든 있는 그대로 판단 없이 바라보는 것이다. 몸과 시간을 보내면서 몸을 알아 가고, 이 순간 신체 각 부분이 어떠한지를 볼 수 있는 기회이다. 이러한 알아차림은 성공, 웰빙의 증진, 원하는 삶을 건설하도록 돕기 위해 몸을 어떻게 돌보고 이용할 것인가에 대한 통찰을 제공한다. 몸의 각 부분을 판단 없이 호기심을 가지고 알아차림하면서 스스로의 한계를 받아들이는 것이 좋다. 예를 들어 어려운 사건을 겪은 신체 부위가 있어서 이것이 몸에 주의를 기울이는 것을 가로막을 만큼 강렬하다면, 자신에게 친절과 연민을 베풀어 닻을 내린 곳(호흡, 몸의 다른 부분, 소리)으로 돌아오거나 몸의 그 부분을 건너뛸 수 있다. 편안한 곳 또는 완전히 편안하지는 않더라도 조금만 견디면 당신을 성장하게 해 줄 곳에 머물러 보라. 만약 이 수행이 지금 당신에게 너무 벅차다면 그냥 내려놓는다. 나중에 편안하게 느껴질 때 다시 탐색하면 된다.

가능하다면 소음과 산만함에서 벗어나 조용한 장소를 찾습니다. 누울 수 있다면 이상적이지만, 원한다면 앉는 것도 좋습니다.

이제 호흡, 몸, 소리 같은 집중 대상에 닻을 내립니다. 1~2분 정도 주의를 내면으로 향하고 집중해서 머뭅니다. 의자, 소파, 침대 등 몸과 닿아 있는 부분의 감각을 알아차립니다. 몸의 느낌, 얼마나 많이 닿아 있는지 또는 얼마나 눌려 있는지 느껴 봅니다.

왼쪽 엄지발가락부터 시작해서 천천히 몸을 스캔합니다. 닿는 감각이 있거나 없는 곳, 따뜻함, 시원함, 습기 등과 같은 어떠한 감각이 있는지 알아차립니다. 지금 이 순간 몸에서 무엇이 감지되고 있는지 호기심을 갖습니다. 천천히 왼쪽 발, 발목, 아랫다리, 무릎, 허벅지, 엉덩이를 차례로 알아차립니다. 왼쪽 다리 전체를 알아차리면서 처음 점검할 때와 비교해 지금은 어떤 느낌인지 살펴봅니다.

다음으로 오른쪽 엄지발가락 등 더 작은 신체 부위에 집중해 알아차림을 모든 신체 부분으로 안내하되, 몸을 어떤 식으로도 바꾸려고 하지 않고 지금 이 순간 있는 그대로 알아차려 봅니다.

몸을 살피면서 따스함, 시원함, 피부에 닿는 가벼운 바람, 통증, 기분 좋은 부위 등 어떤 감각이 있는지 알아차립니다. 그 감각들은 일정하게 유지되고 있나요, 아니면 시시각각 변하고 바뀌나요?

몸통, 등 근육, 어깨, 팔, 손, 손가락, 목, 입, 코, 눈, 귀, 뇌와 같은 신체의 나머지 부분을 계속해서 스캔합니다. 지금 이 순간 몸의 모든 부분이 있는 그대로 있도록 허용합니다. 자신의 신체 부분 가운데 달라졌으면 하는 부분이 있다면 알아차리고, 지금 이 순간 그 바람을 놓아 버리고 몸을 있는 그대로 받아들입니다.

MBSR의 개발자인 존 카밧진(Kabat-Zinn 2013)이 이야기했듯이 숨을 쉬는 한 당신에게는 잘못된 것보다 잘된 일이 더 많습니다. 몸의 모든 부분을 있는 그대로 받아들이고 그것이 전하는 메시지를 마음을 열어 수용할 수 있나요?

바디 스캔이 끝나갈 즈음이면, 아마도 몸 전체를 좀 더 많이 알아차리게 될지 모릅니다. 몸에서 일어나는 감각을 알아차려 봅니다. 느낌이 더 강하게 전달되는 부위가 있나요?

자신의 한계를 존중하면서 이 모든 것을 위해 여기에 있을 수 있는지, 자신의 몸을 조금 더 잘 알 수 있는지 알아봅니다.

마음챙김은 당신이 상상하지 못한 방식으로 몸을 알고 몸과 친구가 될 수 있게 해 준다. 예를 들어 한 무리의 사람들과 함께 여행을 떠났던 때를 떠올려 보라. 아마도 그것은 많은 시간을 함께 보낸 친구나 가족과 함께하는 여행이나 휴가였을 것이다. 여행에서 돌아왔을 때 함께했던 사람들에 대해 어떻게 느꼈는가? 좀 더 가깝

1장. 몸 열기

게 느껴졌는가? 그들에 대해 좀 더 마음을 기울였는가? 명상과 마음챙김으로 우리는 친절하고, 온화하고, 호기심 많고, 수용적인 방식으로 자신과 더 많은 시간을 보낼 수 있다. 그 과정을 통해 자신을 더 잘 이해하게 되고 스스로를 더 소중하게 아끼게 된다. 아래 단락에서 당신은 어떻게 자신의 몸을 더 잘 알고 돌볼 수 있는지 탐구함으로써 최대한 건강하고 행복해질 기회를 갖게 될 것이다.

닻을 내리고 있는 동안 몸을 알아차리는 두 번째 주요 접근법은 마음챙김 움직임, 특히 요가이다. 태극권, 기공 같은 많은 형태의 마음챙김 움직임이 있음을 생각해 보라. 여기서 우리는 요가를 사용하지만 다른 것들도 비슷하거나 저마다의 독특한 효과가 있다.

움직임은 바디 스캔을 보완한다. 왜냐하면 움직이지 않으면서 바디 스캔을 할 때와 달리 우리가 쉽게 나눌 수 없는 것들을 알려 주기 때문이다. 다음 기회에 자신의 몸에 있는 모든 근육과 힘줄을 펴고, 그것들이 당신에게 무엇을 말하는지 귀 기울여 보라. 호기심과 받아들임의 태도로 판단 없이 그 메시지를 알아차릴 수 있는가? 유전적, 환경적(장시간의 공부, 앉아서 일하는 사무직 업무, 자동차 사고의 결과 등) 또는 그 밖의 어떤 이유로 인해 그것이 일어났음을 알면서 무엇이 일어나는지 살펴보라.

마음챙김과 함께 당신은 경험 자체만이 아니라 그것의 원인까지 알아차릴 수 있다. 이러한 정보를 통해서 생산적인 방식으로 앞으로 나아가게 돕는 다음 단계를 알아볼 수 있다. 요가 자세의 예시는 이 책의 웹사이트(www.newharbinger.com/49135) 하단에 나오는 비디오를 참고하길 바란다. 웹사이트에서 제공하는 요가 자세는 몸을 움직임으로써 순간에 더 잘 몰입하고 산만함에서 벗어날 수 있는 사람들에게 특히 유용하다.

몸 돌보기

『호흡마음챙김경』의 네 번째 단계 명상은 집중된 주의 명상, 바디스캔, 요가 등 자기 알아차림과 주의 조절을 길러 주는 수행을 통해 배운 것을 바탕으로 주의 조절을 활용하는 데 도움을 줄 수 있다.

『호흡마음챙김경』
네 번째 단계

4. 숨이 들어올 때, 몸을 고요하게 한다.
    숨이 나갈 때, 몸을 편안히 한다.

    나는 이것을 "숨을 들이쉬면서 내 몸을 고요하게 한다. 숨을 내쉬면서 내 몸을 돌본다"라고 해석한다.

1장. 몸 열기

이 명상은 호흡이나 다른 명상의 대상에 집중할 때 일어날 수 있는, 몸을 고요하게 할 수 있는 기회를 준다. 어떤 대상(호흡, 몸, 심지어 학기 말 리포트를 쓰거나 스포츠 또는 예술적 표현에 몰두할 때)에 완전히 집중할 때, 우리는 그 영역에 완전히 몰입되어서 그곳에서 고요하게 머물 수 있다. 세 번째 명상처럼 몸과 함께 있음으로써("온몸을 알아차린다…") 몸은 메시지를 보낼 수 있고, 네 번째 명상을 통해 우리는 몸을 고요하게 할 뿐만 아니라 몸을 보살필 수 있는 최고의 방법을 알게 되고 그렇게 몸을 돌볼 수 있다.

이 책은 『호흡마음챙김경』을 기반으로 하지만 경전 또는 내가 접한 번역서들과는 다른 몇 가지 독특한 메시지를 담고 있다. 하나는 몸을 돌보는 것에 대한 명확한 강조이다. 여러 가지 면에서 이 명상은 당신의 몸이 필요로 하고 원하는 것에 귀 기울이기 위해 주의를 조절하고 자기 알아차림을 확장하는 일에 관한 것이다. 그리고 나서 건강과 행복을 가져다주는 것에 주의를 두는 것이다. 이것은 우리가 건강에 도움이 되는 선택을 할 수 있도록 발판을 마련해 준다.

'낮게 매달린 과일(low-hanging fruits)'은 따기 쉽듯이 건강을 유지하고 향상시키는 데 있어 기본이며 비교적 쉽게 실천할 수 있는 방법들, 예를 들면 신체활동·식이·수면·알코올과 다른 약물의 제한이 신체적·정신적 웰빙에 영향을 미친다는 사실을 이미 알고 있을 것이기에 그것에 대해 구체적인 설명은 하지 않겠다. 다만 당신을 위해 여기에 기본을 요약한다. 이것 중 일부를 개선하겠다는 생각이 든다면(나를 포함한 대부분 사람이 개선할 수 있다), 그것들을 집중해서 연구해 보길 바란다. 투자하는 시간과 노력 대비 얻는 것이 많을 것이다.

건강한 식이법

내가 식이법과 관련해 가장 좋아하는 인용구는 작가 마이클 폴란(Michael Pollan 2007)의 말이다. "음식을 드세요. 너무 많이는 말고요. 대부분 식물로. 그것은 인간이 최대한 건강해지기 위해 무엇을 먹어야 하는지에 대한, 믿을 수 없을 정도로 복잡하고 혼란스러운 질문에 대한 짧은 답입니다." 이와 유사한 방식으로 전 영부인 미셸 오바마는 미국 농무부와 함께 '내 접시(My Plate)' 운동을 펼쳤다. 이 아이디어는 매 식사의 약 절반을 과일과 채소로 채우는 것이다. 식이법 연구는 유행이 왔다 갔다 하지만 채소의 가치에 대해 불평하는 사람은 본 적이 없다. 지중해식 식단과 DASH(고혈압 환자를 위한 식이요법) 식단 같은 증거 기반 프로그램(Sotos-Prieto et al. 2017)은 일반적으로 채소, 과일, 통곡물, 콩, 견과류, 씨앗을 많이 섭취하라고 강조한다. 또 올리브오일과 같은 건강한 지방을 장려한다. 유제품, 생선, 가금류는 소량에서 중간 정도의 양으로 권장된다.

하지만 우리는 식이법에 대해서도 역시 비판단적이다. 중요한 것은 자기 몸에 가장 느낌이 좋은 식이법이다. 잡식성 동물인 인간은 놀랄 만큼 다양한 음식을 소화할 수 있고, 글루텐이나 유당 불내증 같은 개인차도 가지고 있다. 음식의 절반 정도를 채소와 과일로 채우기로 하면서 어떤 식단이 몸에 가장 좋다고 느껴지는지 마음챙김하며 알아보길 바란다.

마음챙김 먹기 명상

이 명상의 의도는 달거나 짜거나 혹은 건강에 좋은 것 같은 기분 좋은 간식을 먹음으로써 특정 음식이 어떻게 우리에게 영향을 미치는지 깊이 이해하는 것이다. 머핀, 쿠키, 칩스 같은 설탕이나 소금이 많이 함유된 맛있는 간식을 찾아보라. 좋아하는 음식 가운데 건강에 좋지 않고 상당히 강한 감정적 집착을 불러일으킬 만한 한 가지를 선택해 보라. 또는 건강에 좋고 강한 감정(긍정적이거나 부정적인)을 일으키는 것을 골라 보라. 지금 손에 그 간식이 없다면 그것을 떠올려 보라.

이 마음챙김 연습을 통해 한계를 넘어서려 하기보다 자신의 한계가 어느 정도인지 알아보면 좋을 것이다. 예를 들어 폭식 때문에 어려움을 겪는다면, 가벼운 마음으로 한 가지 품목을 골라 볼 것을 추천한다. 폭식에 빠지지 않으면서 한계를 측정할 수 있을 만한 것을 골라라. 만약 음식에 대한 혐오감이 있다면 자신에게 좀 더 호의를 베풀어라. 지금 스스로에게 건강하지 않은 특정한 음식에 대한 알아차림을 할 수 있다고 느낀다면 이 과정을 생략해도 좋다. 자, 시작해 보자.

이 책을 읽고 있거나 음식을 앞에 두고 있을 때 신체적 감각에서 무슨 일이 일어나는지 알아차립니다. 거기에 무엇이 있나요? 군침이 도나요? 일어나서 과자 봉지를 잡고 싶은 에너지가 솟구치나요? 감정과 생각은 어떤가요?

여기 아무도 보지 않는 안전한 환경에서, 당신은 아마도 스스로를 조금 더 잘 알게 될 것이고, 달거나 짠 또는 건강한 음식들, 적어도 특정한 음식에 둘러싸여 있음을 알게 될 겁니다. 호기심을 가지고 비판단적으로 스스로를 알아 가게 될 겁니다.

이제 신체적 감각, 생각, 감정에 대한 알아차림의 삼각형을 떠올리면서(그림2) 당신이 눈으로 보고 고른 음식을 앞에 놓습니다. 지금은 음식을 그냥 바라보기만 합니다. 지금 이 순간 신체적 감각, 감정, 생각에서 무엇이 일어나고 있나요?

손가락의 촉각으로 음식을 이리저리 움직이면서 만져 볼 때 어떤 느낌을 알아차리나요?

음식을 코로 가져가 냄새를 맡아 봅니다. 음식 냄새를 맡으면서 어떤 감각, 감정, 생각을 경험할 수 있나요?

이제 음식을 입술에 대어 봅니다. 준비가 되면 음식을 혀에 올려놓되 아직 씹지는 않습니다. 음식이 혀에 닿아 있을 때 무엇을 감지하나요? 호기심과 비판단적인 마음챙김으로 알아차립니다.

이제 음식을 한 입, 단지 한 입만 베어 뭅니다. 어떤 일이 일어나나요?

준비가 되면 음식을 씹으면서 씹는 감각을 알아차립니다. 삼키고 싶은 욕구를 알아차리고, 때가 되면 무의식적으로 삼키기보다 의식적으로 결정을 내리면서 삼켜 봅니다. 음식을 삼키고 나서 지금의 감각, 감정, 생각과 함께 잠시 머물러 봅니다. 여기 무엇이 존재하나요?

그런 다음 남은 음식도 똑같이 해 봅니다. 먹기를 멈추고 싶은 욕구가 일어나는 때를 알아차리면서 그 욕구를 받아들입니다. 몸과 마음이 어떤 느낌인지 알아봅니다. 많은 사람은 특정한 음식으로 인해 긍정적이거나 부정적인 영향을 받습니다. 이 특정한 음식이 당신에게 어떤 영향을 미쳤나요?

현재 순간은 이전 순간들에 의해 영향을 받는다는 사실을 떠올리면서, 당신이 무엇을 먹고 먹지 않았는지에 따라 그 순간이 어떻게 영향을 받았는지 알아보길 바랍니다. 온화함을 가지고 자신을 돌보면서 이를 탐색하고, 다음 단계에 대한 어떠한 통찰이 떠오르는지 알아차려 봅니다.

명상을 마치면서 20분 후 또는 한 시간 후로 알람을 맞추거나 시간을 메모하고, 방금 먹은 음식이 장기적으로 자신의 기분, 신체, 생각에 어떤 영향을 미치는지 스스로 확인해 보길 바랍니다.

이 순간은 당신이 무엇을 먹거나 마시거나 피웠는지, 신체적으로 어떻게 운동했는지를 포함해 이전 순간들의 영향을 받는다.

명상 연습을 통해 먹는 것이 당신에게 어떤 영향을 미치는지에 대한 알아차림을 늘릴 수 있다. 당신이 마지막에 먹은 것이 이 순간에 어떤 영향을 미치는가? 평소 당신이 먹는 것들이 어떻게 이 순간에 영향을 주는가?

마음챙김 프로그램 가운데 하나를 마친 한 참가자는 이렇게 말했다. "저는 어떤 상황에서 나 자신을 바라보았습니다. 저는 대부분 건강한 음식을 먹어요. 하지만 휴가 때 카페인을 너무 많이 섭취하거나 과식을 했을 때, 다른 사람들을 대하는 태도에 영향이 있었음을 알아차렸습니다."

충만한 온화함, 자기 연민, 호기심으로 이루어지는 이러한 탐색은 통찰이 일어날 수 있는 조건을 만들 수 있다. 당신의 감각을 통해 단 음식, 짠 음식 또는 건강에 좋은 음식에 관한 어떤 정보가 들어오고 있는가?

자연스러운 신체활동

세상에는 지구상의 사람들 수만큼 많은 신체활동이 있다. 기후와 지역은 당신이 어떤 활동을 선택할지 영향을 준다. 부상과 장애 같은 신체적 한계와 스키를 위한 균형, 축구를 위한 협력, 암벽등반을 위한 체력-체중의 비율 같은 타고난 재능도 영향을 미칠 수 있다. 그리고 재능에 상관없이 우리 대부분은 걷기를 할 수 있는데, 이것은 과학적으로 입증된 신체적·정신적 건강을 위한 최고의 운동 가운데 하나이다. 우리는 혼자 운동하는 것을 좋아하는지, 다른 사람과 함께하는 것을 좋아하는지, 아니면 그룹과 함께하는 것을 좋아하는지에 대한 선호를 가지고 있다. 이를 알면 자신에게 맞는 자연스러운 신체활동을 찾는 데 도움이 된다. 당신에게 가장 이상적인 방법은 무엇인가?

자신의 생활방식에 맞는 신체활동에 적응하기 위해 마음챙김을 사용하는 것은 어떤 식물이 특정 정원에서 가장 잘 자랄지 선택하는 것과 같다. 숙련된 정원사들은 땅을 깊이 연구한다. 토양에 얼마나 많은 모래와 점토가 있는지 조사하고, 흙의 산성도를 측정하고, 태양이 지나가는 경로를 보고, 그 지역에 얼마나 많은 햇빛과 그늘이 있는지 알고, 그 지역의 비와 기온의 패턴을 배운다. 이러한 관찰을 바탕으로 그들은 정원을 가꾸고, 그곳에서 자연스럽게 번성할 종들을 선택한다. 마음챙김도 우리 몸에서 이런 식으로 작동할 수 있다. 생활방식에 맞는 신체활동이란 자기 몸과 자신이 살고 있는 환경에서 자연스럽게 느껴지는 것이다.

10대 때 나는 할아버지와 형들이 럭비에서 얼마나 뛰어났는지를 들으면서 그들처럼 럭비를 하고 싶었다. 하지만 나는 생리적·정신적으로 뛰어난 럭비선수가 될 자질이 없음을 금방 알게되었다. 활동을 즐기고 건강과 행복을 얻는 게 훨씬 더 중요했다. 스포츠에서의 탁월성은 그것을 하기 위한 한 가지 이유일 뿐이며 최고의 이유는 아니다. 다른 형태의 신체활동을 조사하면서, 나는 상당히 높은 수준의 3종 경기 선수가 될 만한 유전적 자질과 정신 력을 가지고 있음을 발견했고 그것을 즐겼다. 나를 알게 됨으로써 매끄러운 시골길, 아름다운 달리기 길, 수영할 수 있는 호수를 포 함해 내가 살고 있는 환경과 나에게 맞는 활동을 선택할 수 있었 다. 당신이 자연스럽게 신체활동을 하기에 적합한 환경과 신체적 조건은 무엇인가?

최적의 건강을 위한 최소한의 신체활동량은 유산소운동, 근 력운동, 스트레칭 또는 이를 조합한 매일 30분에서 60분간의 신 체활동으로 요약된다. 일주일에 한 번 정도 쉬는 날을 가지고, 적 어도 한 시간에 한 번은 일어나서 움직이는 것이 좋다. 미국 보건 복지부는 국립보건원 및 질병통제센터와 협력해 성인이 매주 최 소 2시간 반 동안 중간 강도의 유산소 활동 또는 1시간 15분 동안 격렬한 유산소 활동을 할 것을 권장한다. 뿐만 아니라 적어도 주 2 회 이상 근력 강화 운동을 할 것을 권장한다(US Department of Health and Human Services 2018).

거의 모든 사람은 신체활동 후에 기분이 좋아진다고 말한다. 만약 그 신체활동이 적절한 것이라면, 심지어 몇 시간 후에도 좋 은 기분이 유지된다. 음식과 마찬가지로 이 순간은 운동을 포함한 이전 순간들의 영향을 받는다. 각자 신체활동 전, 활동 중, 활동 후 에 어떤 기분이 드는지 알아보길 바란다. 이것은 자기 알아차림을 발전시키는 또 다른 방법이다(그림1 참고).

운동할 때 어떤 느낌(신체적 감각, 생각, 감정)이 드는가?

- 운동하기 전(운동을 할지 말지 고려할 때)
- 운동 직전에(운동을 할지 말지 고려할 때)
- 운동하는 동안
- 마치고 1분 후
- 마치고 20분 후
- 마치고 1시간에서 2시간 후
- 마치고 하루 후
- 좋아하는 운동과 싫어하는 운동은 어떤 종류이며, 그 이유는 무엇인가?

마음챙김을 사용해 (1) 주어진 유전적 요소와 환경에서 어떤 형태의 신체활동이 우리에게 가장 적합한지를 찾고, (2) 즐거움과 성과를 최대화하기 위해 신체활동을 하는 동안 우리의 생각·감정·신체 감각에 마음챙김의 인식을 기울이고, (3) 신체활동 이전과 도중과 이후에 우리가 어떻게 느끼는지 알아차리기 위해 내면을 지켜볼 수 있다. 가끔 정말로 운동하고 싶지 않을 때, 가장 어려운 것은 시작하는 것이다. 그럴 때 신체활동 이후의 통찰은 다음

번 신체활동에 동기를 부여하는 데 도움이 된다. 일단 신체활동을 시작해서 끝마치면, 특히 환경과 어울리는 신체활동과 마음챙김을 연결하면 정말 기분이 좋아지는 경우가 많다.

아래의 신체활동 명상은 당장 시도해 보거나 며칠 뒤 적당한 날에 연습해 보기로 하자. 신체활동 명상을 할 때는 운동하기에 편안한 옷을 입는다. 다른 사람과 함께하는 활동을 좋아한다면 언젠가 적당한 때에 해 보는 것도 좋다. 하지만 지금은 혼자 해 볼 것을 추천한다. 그래야 몸, 감정, 운동이 어떻게 서로 영향을 주고받는지 집중할 수 있다.

신체활동 명상

이 명상의 의도는 당신이 선택한 특정 형태의 신체활동이 그것을 하는 동안만이 아니라 활동 후에 어떻게 신체, 감정, 생각에 영향을 미치는지 깊이 이해하도록 하는 것이다. 지금 이 순간은 우리가 해 왔거나 하지 않았던 신체활동을 포함한 이전 순간들의 영향을 받는다.

호흡, 몸의 일부, 소리에 닻을 내리고 주의를 기울이는 데 잠시 시간을 할애합니다. 그런 다음 이들 가운데 한 가지 대상에 집중해 봅니다.

생각이 떠오르면 단지 그것을 알아차리고 내려놓습니다. 그리고 지금 이 순간 호흡이나 다른 명상의 대상으로 돌아옵니다.

몸에 주의를 기울이기 위해 잠시 시간을 두고 신체적인 감각이 일어나는 것을 알아차립니다. 몸의 감각을 다르게 바꿀 필요는 없습니다. 몸에서 무슨 일이 일어나고 있는지 알아차려 봅니다.

이제 감정과 생각에 주의를 기울여 어떤 생각과 감정이 있는지 알아차려 봅니다. 어떤 감정이 존재하는지 입 밖으로 소리 내지 않고 이름 붙여 봅니다. 생각이 일어나고, 변화하고, 사라지고, 새로운 생각으로 대체되는 것을 알아차립니다.

이제 신체적인 활동을 준비합니다. 만약 가능하다면, 몸이 움직일 수 있는 가장 자연스러운 방법 중 하나인 걷기나 조깅을 하는 것도 좋습니다. 근력 훈련, 집 안 청소, 마당 일, 자전거 타기, 수영 같은 다른 활동 역시 괜찮습니다.

신체활동을 하려는 것을 알아차리면서 신체 감각, 감정, 생각에서 무슨 일이 일어나고 있는지 알아차려 봅니다. 예를 들어 심박수가 증가하거나 손바닥에 땀이 나는 경우가 있나요? 느낌의 상태는 긍정적인가요, 부정적인가요, 아니면 중립적인가요? 무슨 생각을 하고 있나요? 앞서 보았던 성찰을 위한 질문을 반복해 봅니다.

다음으로 20분에서 30분 동안 신체활동을 하면서 활동 과정 전반에 걸쳐 신체적인 감각, 감정, 생각을 관찰합니다. 활동하는 동안 몸과 마음에서 무엇이 느껴지나요? 활동을 바꿀 수 있는지도 살펴봅니다. (아름다운 곳을 걷거나, 너무 힘들지도 너무 가볍지도 않은 유산소운동의 심박수 상태에서) 활동하면서 몸과 마음이 명상의 대상이 되도록 합니다.

시작하기에 앞서 준비운동을 하면 활동으로 들어가기 쉽습니다. 준비운동이 익숙해지면, 활동하기 전후에 마음챙김하며 스트레칭을 하는 것도 매우 좋습니다.

지금 활동을 시작해 봅니다. 명상의 대상은 신체활동을 하는 동안 자신의 신체적 감각, 감정, 생각입니다.

그런 다음 활동이 끝난 후 가라앉히는 시간을 가져 봅니다. 서 있든지 앉아 있든지, 몸에 주의를 기울이기 위해 잠시 시간을 갖습니다. 활동을 시작하기 전과 지금의 신체 감각에는 어떤 차이가 있나요? 감정 상태는 어떤가요? 처음 시작할 때와 비교해 지금 기분은 어떤가요? 생각은 어떤가요? 활동 후 무슨 생각이 드나요? 무엇을 느끼건 호기심을 가지고 알아차리면서 자기 판단은 내려놓습니다.

마음챙김의 한 부분은 삶 전체에 걸쳐 호기심을 갖고 판단하지 않는 방식으로 신체적 감각, 감정, 생각들과 함께 여기 있도록 자신을 훈련하는 것입니다.

신체활동은 삶의 일부입니다. 신체활동이 어떤 느낌인지 알아차리면서 생활 속에서 어떤 신체활동을 하고 싶은지, 어떻게 다르게 하고 싶은지, 아니면 이미 그것을 하고 있는 방식이 좋은지에 대한 어떤 통찰이 생겼나요?

명상을 마치면서 일과 시간이나 저녁 일을 하기 전에 잠시 호흡, 몸, 소리에 닻을 내린 지점으로 돌아가 차분한 시간을 가져 봅니다.

활동 전후와 도중에 어떤 느낌이 일어나는지 알아차리면 일어나는 알아차림에 능숙하게 반응할 수 있다. 마음챙김 활동은 술이나 여타의 기분 전환 물질을 섭취하거나 다이어트를 하는 것처럼 늘 자주 할 수 있는 것들이다.

술과 약물 통제

술과 여타 기분을 바꾸는 약물은 사람들이 긴장을 풀고 다른 사람과 관계를 맺거나, 다른 방식으로 자신에 대해 배울 수 있는 정신 상태를 만들어 낼 수 있다. 그러나 뒤에 성가신 숙취와 다른 불편한 부작용이 따른다. 마음챙김은 우리가 술과 다른 약들에 어떻게 빠져드는지 깊이 들여다보고, 그것들이 우리와 다른 사람에게 어떻게 영향을 주는지 알게 한다. 술과 약을 섭취하기 전에 느끼는 갈망, 진탕 먹고 마시기, 숙취에 이르기까지 그 모든 과정이 당신과 주변 사람들에게 순수한 이익이 될까? 비판단, 호기심, 온화함이 있는 마음챙김을 하면서 스스로에게 물어보라. 그에 대한 답은 단순히 자료일 뿐이다. 그것은 좋지도 나쁘지도 않다. 그것은 단지 정보일 뿐이다. 그것이 주는 성찰은 무엇인가?

어떤 사람들은 속박에서 해방되기 위해 술과 다른 약을 사용한다. 마음챙김 수행의 흥미로운 요소 중 하나는 무엇이 우리를 묶어 놓고 구속하는지 밝혀 준다는 점이다. 동시에 마음챙김은 온유함과 호기심으로 구속의 뿌리를 서서히 탐구하도록 한다. 나아가 그 뿌리들을 변형해 자신을 자유롭게 한다. 그러면 그저 술에 취했을 때보다 하루 종일 더 자유로운 상태가 된다. 이러한 마음챙김의 능력으로 내려놓음, 마음을 자유롭게 함, 모든 것은 변한다는 개념을 언제든지 사용할 수 있다(4장에서 더 자세히 논함).

마음챙김의 장점은 만취하지 않고도 자유롭게 즐길 수 있는 능력을 계발할 수 있다는 것이다. 그리고 술이나 약은 효과가 나타나기까지 어느 정도 시간이 걸리고 우리 대부분을 중독에 빠뜨리지만, 마음챙김은 원하기만 하면 언제든지 사용할 수 있다. 술과 약물 사용은 그것이 단지 개인적인 문제에 그치지 않는다는 것을 고려해야 한다.

틱낫한 스님의 베트남 선불교 전통에 속한 숙련된 마음챙김 스승인 고(故) 조앤 프라이데이는 학교 상담원으로 일하며 많은 젊은이가 마약 중독으로 고생하는 걸 보았다고 말했다. 한 학생이 그녀와 대화를 나누면서 말하길, 가끔 대마초를 피우는 성공한 지역 사업가를 알고 있는데 대마초가 그 사업가에게 해로운 영향을 미치는 것처럼 보이지 않는다고 했다. 하지만 이 중독된 학생을 포함해 그 사업가를 롤모델로 삼은 모든 사람이 술과 약물을 적당히 사용하는 데 성공한 것은 아니다. 이 이야기의 요점은 술이나 약물 사용을 통제할 수 있다는 것이지만, 우리가 중독 경향이 더 큰 다른사람들의 롤모델이 될 수도 있음을 인식하는 것이 무엇보다 중요하다. 우리는 공동체의 다른 사람들에게 사회적으로 영향을 미친다.

프레이밍햄 심장 연구에서 수천 명의 참여자 데이터를 살펴본 사회학자 니콜라스 크리스타키스는 흡연, 체중 감소, 심지어 행복을 포함한 건강 행동이 소셜 네트워크를 통해 파급된다고 말했다(Christakis and Fowler 2007, 2008). 당신에게 건강한 행동은 무엇이며, 그것이 당신과 주변 사람들에게 어떻게 영향을 미치는가? 다시 한번 온유함, 자기 친절, 비판단적 태도로 이 분야를 탐색해 보라. 마음챙김 연습은 자기 자신과 공동체 안에서 진실을 찾기 위해 사용된다. 여기에서 무엇이 진실인가?

마음챙김하면서 알아차림을 적용해야 할 마지막 주제는 수면이다. 수면의 질이 신체적인 웰빙과 기분에 큰 영향을 미칠 수 있기 때문이다.

충분하고 깊은 수면

옥스퍼드대학교에 다녔던 한 학생은 삶의 우선순위를 정할 때 다음을 고려했다고 말한다. "성적, 친구, 운동, 잠 가운데 세 가지만 고르라." 다시 말해 그녀는 네 가지를 모두 가질 수 없다고 생각했다. 우리는 많은 이들에게 수면의 질과 지속 시간이 어려운 문제라는 걸 알고 있다. 연구는 많은 젊은이와 대학생들이 수면의 질과 양이 낮다는 것을 보여 준다. 일례로 2009년과 2017년(Gaultney

2010) 사이에 '트라우마적'이거나 '매우 다루기 어려운' 것으로 여겨지는 수면장애를 가진 대학생 비율이 24%에서 31%로 높아졌다는 연구 결과가 나왔다.

전기가 발명되기 전에 사람들은 어두워지면 잠자리에 들었다. 이제 그런 경우는 매우 드물다. 이 사회에는 카페인, 스크린 타임, 앉아서 하는 활동과 같이 수면을 방해하는 많은 요소가 있다. 예를 들어 나의 학생 알렉사는 이렇게 말했다. "잠을 자려고 멜라토닌을 많이 먹었어요. 그러다 최근에는 자기 전에 몇 가지 마음챙김 수행을 하려고 노력하고 있습니다. 잠에 빠져들게 하는 바디 스캔 명상을 하고 깊게 이완하는 녹음을 들으면서 멜라토닌에서 벗어날 수 있었어요. 더 많은 신체활동도 잠을 잘 자도록 도와주었고요. 요가와 마음챙김 산책이 도움이 될 거예요." 알렉사는 신체활동, 깊은 이완 명상, 바디 스캔을 포함해 무엇이 잠을 더 잘 자도록 해 주는지를 배웠다. 수면을 촉진하는 몇 가지 증거 기반 요소로는 매일 같은 시간에 잠자리에 들고 일어나기, 저녁에 카페인과 알코올 섭취 피하기, 산만함을 최소화하는 어둡고 조용한 수면 환경 만들기 등이 있다(Incze et al. 2018).

MBC 연구에서 학생들은 한 달 동안 '피츠버그 수면 질 지수(Pittsburgh Sleep Quality Index)'를 사용해 수면의 질과 패턴을 평가했다. MBC에 무작위로 배정된 학생들은 학기가 진행될수록 점수가 향상되었다. 반대로 코스에 참가하지 않는 사람들로 구성된 통제군에 무작위로 배정된 참가자들은 학기 동안 수면의 질이 악화

되었다(Loucks et al. 2021).

많은 학생이 수면에 어려움을 겪고 있는데, 마음챙김 프로그램에 참여하는 학생들의 경우 수면의 질이 지속적으로 향상된다는 보고가 있다. 내가 제안하는 명상은 깊은 이완이라고 불리는 것으로 틱낫한 스님(Nhat Hanh 2007)의 수행에 바탕을 두고 있다. 만약 시도해 보고 싶다면 3장에서 찾을 수 있다.

지금까지 건강과 행복에 영향을 미치고, 마음챙김이 효과적일 수 있는 네 가지 중요한 행동을 탐구했다. 대부분 사람에게 그것은 행동 변화의 문제일 뿐이다. 변화는 쉽지 않지만, 그것은 가능하고 사실 해야만 하는 일이다.

뇌의 성질 바꾸기

먹기, 신체활동, 중독, 수면과 관련해 기분이 어떤지 알아차리는 것과 행동을 바꾸려는 의도를 세우는 것은 별개의 문제이다. 행동 변화에 대한 저항은 만만치 않다. 우리는 뇌에서 순환하는 물질들의 노예가 되어 삶이 안 좋아도 현재 삶이 만들어 내는 뇌의 화학적 상태에 익숙해져 있다. 예를 들어 카페인, 설탕, 높거나 낮은 니코틴 중독 등이다. 비록 그것이 우리를 서서히 죽이고 있을지라도 자연스러움과 편안함을 느낄 만큼 친숙하다.

중독정신과 의사, 신경과학자, '브라운대학교 마음챙김센터'의 연구 및 혁신 담당 이사 저드슨 브루어는 갈망이 난롯불과 같다고 말한 적이 있다. 불을 일상적으로 늘 해오던 일을 해내는 습관의 에너지로 생각해 보라. 당신이 난로의 공기 조절 구멍을 닫으면 점차 불은 수그러들겠지만, 그것은 여전히 공기 조절 구멍을 통해 공기를 빨아들이려고 할 것이다. (자러 갈 시간에 초콜릿 한 조각을 먹거나 소셜 미디어를 빠르게 검색해 보는 것처럼) 만약 당신이 갑자기 공기 조절 구멍을 열게 되면 불은 되살아나고 다시 타오르게 된다.

행동의 변화로 하던 습관을 멈추었을 때, 오후에 초콜릿 한 조각을 먹는 것처럼 사소한 것일지라도 불편한 변화의 시간이 될 수 있다. 그러나 욕구가 있더라도 난롯불처럼 공기 구멍을 오래 닫아 두면 불은 꺼질 것이다. 만약 당신이 새로운 습관을 충분히 오래 지속할 수 있다면, 더 건강하고 행복한 새로운 설정으로 뇌의 화학적 성질을 변화시키게 될 것이다.

슬기롭게 실패하기

습관 변화와 목표 설정에서 핵심 요소 중 하나는 슬기롭게 실패하는 법을 아는 것이다. 우리는 폭음을 하거나, 며칠 동안 운동을 하지 않거나, 아이스크림 한 통을 먹는 것과 같이 목표에 미치지 못하거나 실패한다. 그럴 때 당신은 어떻게 하는가? 마음챙김은 온화함, 알아차림, 비판단, 호기심을 북돋워 준다.

마음챙김을 수행하지 않는 시간도 마음챙김을 할 때만큼 유익할 수 있다. 목표에서 멀어졌을 때 어떤 기분이 드는지 주의를 기울여 보라. 이는 마음챙김 명상의 자기 알아차림 훈련으로 명상이 작동하는 중요한 메커니즘 중 하나이다(그림1). 친절하고, 부드럽고, 호기심을 가지고 감정을 관찰하라. 그러고 나서 슬기롭게 다음 단계에서 마음과 가슴에서 무엇이 일어나는지 알아차려라.

마음챙김 명상의 또 다른 핵심 메커니즘인 주의 조절 훈련(그림1)은 행동 변화에 도움이 된다. 왜냐하면 이를 통해 자신이 원하는 곳에 마음을 두는 힘을 가질 수 있기 때문이다. 만약 실패했음을 알았다면(몸에 해로운 무언가를 먹거나 마시거나 혹은 잘못된 사람과 잠자리를 하는 것처럼), 당신은 그것을 알아차리고 명상으로 얻게 된 주의 조절의 힘을 사용해 최선의 해결책을 선택할 수 있는가?

우리는 슬기롭게 실패할 수 있고 가슴과 마음을 믿고 슬기로운 다음 행동을 찾아낼 수 있다. 직장이나 학교에 가는 길에 도넛 가게 옆을 지나가지 않는 다른 경로를 선택하거나, 남은 보드카를 싱크대에 부어 버리거나, 함께 사는 사람에게 미안한 일을 하지 않겠다고 말할 수 있다.

만약 명상이 쉬웠다면 모든 사람이 실천했을 것이다. 명상은 쉽지 않다. 행동 변화도 마찬가지다. 하지만 명상은 삶을 개선하는 주요한 방법이 될 수 있다. 나는 많은 사람의 인식과 달리, 인간은 훨씬 더 깊고 강인하다고 믿는다. 현재의 경험에 친절하게 마음을 열고 에너지의 깊은 우물을 활용할 수 있다고 믿는다. 자신의 성공을 돕고, 행복을 증진하고, 원하는 삶을 만들어 가기 위해 자기 내면과 친해지길 권한다.

　이 장의 주요 목적은 몸에 다가가서 몸이 공유하는 메시지를 듣고, 이러한 메시지에 지혜롭게 응답하는 것이다. 내가 알게 된 방법을 구체적인 주제로 삼아 명상하는 것이다. 지금 한번 해 보면 어떨까?

몸 열기 명상

이 명상의 의도는 호기심과 비판단적 방법으로 몸을 점검하고 그것이 열려 있는지 살펴보는 것이다. 다시 말해 기분 좋고, 가볍고, 건강하며, 자유로운지를 보는 것이다. 만약 몸의 느낌이 답답하다면 이 명상으로 답답한 원인을 조사하고, 원인을 깊이 이해하고, 원인을 해결할 기회를 얻을 수 있다. 그렇게 원인을 해결해서 원하는 삶을 살고 몸을 더 건강하고 열린 상태로 만들 수 있다.

　편안하고 깨어 있기에 도움이 되는 자세를 취합니다. 잠시 명상 안내문을 읽을 때를 빼고는 눈을 감습니다. 이전에 살아본 적이 없는 지금 이 순간, 지금 여기를 알아차려 봅니다. 그러면서 몸과 마음을 점검해 봅니다.

호흡, 손바닥이나 발바닥, 소리에 닻을 내립니다.

생각이 떠오르면 그저 알아차리고, 생각들이 맑고 푸른 하늘에 떠 있는 구름처럼 떠다니게 합니다. 닻을 내린 곳으로 돌아와 이 순간, 이 호흡, 이 몸, 이 소리에 대한 알아차림만 있도록 합니다.

그런 다음 짧게 바디 스캔하면서 알아차림을 시작합니다. 단지 살펴보기만 하면서 몸을 스캔합니다. 왼발 엄지발가락부터 시작해 왼발 끝까지 알아차리고, 자기만의 속도로 바디 스캔을 계속합니다.

몸과 함께 지금 여기에 있는 것, 몸의 모든 부분에 어떤 감각이 느껴지는지 살펴봅니다. 몸에 견디기 힘든 부위가 있다면, 그 사실을 인정하고 그 부분을 건너뛰거나 너무 힘들면 닻을 내린 곳으로 돌아옵니다(고통이 심하다면 이 명상을 하지 않아도 됩니다).

이것은 비교적 빠른 바디 스캔이 될 수 있습니다. 여기서 하는 일은 원하는 곳에 마음을 두기 위해 주의 조절, 특히 신체에 대한 자기 알아차림을 향상하는 것입니다. 발끝부터 정수리까지, 그 사이의 모든 곳, 몸 전체에 대한 알아차림을 유지합니다.

그런 다음 질문을 던져 봅니다. 몸이 열려 있나요? 예를 들어 근육이 잘 다듬어지고 강하게 느껴지나요? 관절과 인대는 유연하게 느껴지나요? 먹은 음식이 효과적으로 깨끗하게 소화

되고 있나요? 취한 후 잘 깼나요? 자고 나면 충분히 충전되나요? 몸은 상쾌한가요? 자유로운가요? 활기가 넘치나요? 몸에서 에너지가 느껴지나요?

그렇지 않다면 왜 그런가요? 몸이 닫혀 있다고 느끼나요? 그렇다면 그것은 틀림없이 좋은 정보입니다. 몸을 비판단적인 방법으로 돌보는 것은 마치 부모가 우는 아이를 돌보는 것과 같습니다. 시간이 지나고 일단 진정되면, 무엇 때문에 몸이 오그라들거나 불안하게 되었는지 알 수 있나요?

당신은 음식, 운동, 섭취하는 물질, 수면, 그 외 다른 것들 때문에 답답하거나 불안을 겪은 적이 있나요? 또 다른 원인은 무엇인가요?

만약 몸이 열려 있다고 느낀다면, 그 원인은 무엇인가요? 그것은 참으로 좋은 정보입니다.

무엇이 몸을 오그라들게 하거나 답답하게 하는지 또는 상쾌하고 활기차게 하는지 알게 되는 것이 주요한 단계입니다. 그 원인을 알아봅니다.

그리고 나서 다음 단계의 숙달을 위해 어떤 통찰이 일어나는지 알아봅니다. 만약 당신이 다음 단계를 밟는다면 어떤 삶이 될지 상상해 보세요. 만일 이익이 된다고 생각되면, 다음 단계의 숙달로 이어지도록 몸과 마음에 주의 조절을 하는 훈련을 해 봅니다.

뒤에 이어지는 '집에서 연습하기'의 첫 번째 수행은 당신이 하고 싶은 것들을 다루기 위한 몇 가지 틀을 제공합니다.

　어느 날 아침 명상하면서 몸이 상쾌한지 자문해 보았더니, 전날 등산할 때 하체와 코어 근육을 사용했기에 내 몸, 특히 상체 운동이 필요하다는 것을 느낄 수 있었다. 나는 부모님을 뵈러 와 집에 있는 헬스장을 떠나 있는 동안 팔굽혀펴기, (나뭇가지에서) 턱걸이, 버피(점핑과 팔굽혀펴기를 합친 운동) 등으로 몸을 풀었다. 그렇게 10분에서 15분간의 근력 훈련을 하고 나니, 몸이 더 상쾌하고 건강하게 느껴졌고 감정과 마음도 더 좋아졌다.

　당신의 몸을 상쾌하게 하는 운동을 하다 보면 몸을 더 건강하게 이끌 수 있고, 또 그로 인해 더 건강한 감정과 마음을 갖게 된다. 다음 장에서는 감정을 즐겁게 하는 것에 초점을 둘 것이다. 특히 우리의 감정적 웰빙을 들여다볼 것이다.

집에서 연습하기

이 책에서 제공하는 수행을 규칙적으로 실천하면 몸과 마음이 건강한 방식으로 변화될 것이다. 아래는 이번 주에 당신이 해 봐야 할 수행들이다.

1. **건강한 신체를 위해 무엇을 희망하는지 자신의 내면을 깊이 들여다보라.**

먼저 눈을 반쯤 감고 앉아서 호흡(혹은 닻을 내린 다른 곳)을 확인하면서 횡격막이 아래로 내려가고 다시 올라가면서 호흡이 들어오고 나가는 것을 알아차립니다.

생각을 가라앉히고 마음이 어디로 가는지 알아봅니다. 주의가 호흡에서 멀어질 때마다, 친절하고 단호하게 호흡으로 돌아옵니다.

몇 분 동안 호흡을 지켜보고 나서 신체 감각에 무엇이 있는지 알아차려 봅니다. 지금 당신의 몸은 무엇을 말하고 있나요? 그 메시지를 들을 수 있나요? 만약 메시지가 들리지 않는다면, 단지 '메시지가 없구나' 하고 알아차립니다.

신체적 건강 면에서 원하는 것이 있나요? 내면 깊은 곳의 참된 자신을 살펴봅니다. 설탕을 끊으려는 강한 욕망, 10킬로미터 경주를 할 수 있을 만큼 건강해지고 싶은 욕망, 식이법·운동·수면 등으로 신체를 돌봄으로써 자신과 미래의 로맨틱한 파트너에게 더 매력적으로 보이고 싶은 욕망이 있을 수 있습니다. 어쩌면 밤새도록 술을 마시거나 약물을 사용한 후에 숙취를 자주 느껴서, 이를 줄임으로써 스스로에게 이익을 가져다줄 수 있음을 알게 될지 모릅니다. 혹은 숙면을 취하지 못한 다음 날, 수면부족을 보상하기 위해 설탕과 커피를 섭취

1장. 몸 열기

하고 그로 인해 그날 밤 또다시 잠들지 못하는 악순환의 반복
을 보게 될지도 모릅니다.
그게 무엇이든, 알고 싶은 자신의 참모습은 무엇인가요? 솔
직하게 말할 수 있나요?

아래 질문에 답해 보라. 이것은 긍정적인 행동 변화를 촉진하
기 위한 동기부여 설문지와 비슷한 증거 기반 접근법이다.

다음 주에 식이, 알코올 소비, 신체활동, 수면 또는 다른 신체
건강과 관련해서 마음먹은 일이 있는가?

A. 당신은 이 계획을 달성하기 위해 얼마나 동기부여가 되어
   있는가? (10점 만점에 1~10으로 답한다.)
B. 당신이 계획을 달성할 것이라고 얼마나 확신하는가? (10점
   만점에 1~10으로 답한다.)
C. 당신의 동기나 자신감을 조금이나마 높일 수 있는 것은 무
   엇인가?
D.이번 주에 계획을 달성하기 어렵게 만드는 것은 무엇이며,
   만약 그렇게 된다면 어떻게 할 것인가?
E. 당신은 어떻게 이 계획을 만족스럽게 측정할 수 있는가?

부모나 친구와 같은 다른 사람들과 자신의 계획을 기꺼이 나

누길 바란다. 사회적 지지가 때때로 목표를 실천하는 데 도움이 되기 때문이다.

2.   우리는 명상 수행에 두 가지 주요 형태가 있음을 배웠다. 주 의 집중과 열린 관찰. 두 가지 형태가 모두 유익하지만, 특히 처음에는 주의 집중이 웰빙에 더 빠른 효과를 낼 수 있다. 이 번 주에는 거의 매일 주의 집중 수행을 한다. 명상 가이드가 필요하다면, 이 장의 첫 번째 명상을 참고하라.

3.   이틀에 한 번씩 이 장의 명상법 가운데 하나를 연습하길 바 란다. 예를 들어 바디 스캔, 마음챙김 먹기, 신체활동, 몸 열기 명상을 하라. 자신에게 가장 와닿는 것을 선택하면 된다.

2장

가슴 열기
감정을 이해하고
다루는 법

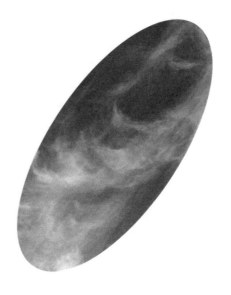

나의 마음챙김 강의 가운데 한 과목을 수강했던 사브리나가 말했다. "몇 년 전부터 데이트하던 사람이 있었어요. 최근에 드디어 첫 키스를 했죠. 집으로 돌아오면서 거의 춤추듯 걸었어요. 아주 행복했고, 생각과 느낌이 선명하다는 것을 알아차렸어요. 불안하거나 우울할 때도 나는 그것을 더 충만하게 느꼈어요. 높은 것은 더 높다고, 낮은 것은 더 낮다고 알아차렸어요." 사브리나가 발견했듯이 마음챙김은 우리가 감정을 더 명료하게 느끼고 그것에 대응하도록 도와준다.

나는 MBSR 교사이자 트레이너인 린 쿠어벨이 학생들에게 "긍정적인 생각으로 가슴을 조금이라도 열 수 있다면 멋지지 않을까요?"라고 질문했던 것을 기억한다. 그녀는 우리가 가슴을 열면 모든 것이 열리기 쉬워지고, 바로 여기에서 모든 감정과 함께하면서 수용하고 있는 그대로 그것들에 잘 대처할 수 있게 된다고 말했다.

사브리나는 이를 직관적으로 이해했고 다음과 같이 말했다.

"저는 내성적이라 친구들과 어울릴 때 종종 기운이 빠져서 혼자 있고 싶은 생각이 들곤 했는데, 마음챙김을 해 보니 생각보다 에너지가 더 많이 소진된다는 걸 알았어요. 마음챙김과 명상 훈련 덕분에 혼자 있어야 할 때를 알아차렸어요. 과거에 에너지가 고갈될 때는 억지로 참았어요. 친구들이 저녁 먹으러 나가자고 하면 내키지 않아도 따라나섰죠. 그렇게 되면 그날 밤은 아주 힘들었어요. 지금은 회복하는 데 한 시간 혹은 서너 시간 혹은 하룻밤이 필요하다는 걸 알아요. 이제 저는 20분 동안 달리기를 하거나 일기 쓰기, 명상을 합니다. 그것이 저를 위한 닻이 되어 줍니다."

이어서 사브리나는 특별한 예를 들었다. "몇 주 전에 친구들이 나가서 저녁 먹고 술 마시고 친구 집에서 놀자고 했어요. 말하자면 '요란한 밤'이 될 판이었죠. 저는 예전에 밤샘하다가 기운이 몹시 달렸던 기억이 났어요. 오후에 낮잠, 달리기, 명상으로 나름 자신을 추스르고 나서도 막상 옷을 입고 나가려니 아직 그럴 만한 기분이 아니었어요. 그래서 집에서 혼자 저녁을 먹었고 그러고 나니 기분이 좋아졌어요. 친구들과 어울려도 되겠다는 생각이 들었죠. 만약 친구들과 저녁을 같이 먹었다면 아주 힘들었을 것이고 그날 밤 내내 그랬을 거예요. 나를 위한 시간을 가짐으로써 더 좋은 공간에 머물 수 있었고 친구들과 밤을 즐길 수 있었어요. 그날 밤 저는 머릿속이 아니라 친구들과 함께 있을 수 있었어요." 사브리나의 마음챙김 훈련은 자신을 더욱 잘 알게 해 주었고, 그럼으로써 그녀는 더욱 든든하고 믿음직한 친구가 될 수 있었다.

학자금 대출 문제, 높은 주거비, 직업 불안정성, 소셜 미디어와 디지털 플랫폼의 부추김, 값싸고 맛있어서 쉽게 먹을 수 있는 패스트푸드, 오래 앉아 일하기, 사회적 고립, 정신건강을 해치는 수면부족, 환경파괴와 기후변화에 대한 두려움, 이 책을 쓰고 있는 지금 유행하고 있는 팬데믹 같은 여러 요인으로 인한 정서적 건강에 대한 문제들이 많이 있다. 학교에서는 이런 문제들에 대한 대처 방법을 가르쳐 주지 않기에 우리는 이런 것을 어디서 배워야 할지 모른다. 마음챙김이 감정 조절에 도움을 줄 수 있다.

이 장에서 나는 감정을 조절하는 지혜를 일깨워 거기에서 나오는 메시지를 듣고, 감정을 추스르고, 현존하는 감정 메시지에 능숙하게 반응하도록 하는 몇 가지 도구를 알려 줄 것이다. 이 장에서 다루는 도구들과 내용은 행복, 기쁨, 흔히 '풍요로움'이라고 부르는 것들을 포함하는 감정의 안락함을 향상하는 데 도움을 준다. 여러 면에서 풍요로워지는 데 있어 중요한 것은 열린 가슴을 갖는 것이다.

가슴 열기란 무엇인가?

언젠가 나는 저명한 과학자들, 학자들과 함께 마음챙김의 정의를 합의하기 위해 의논한 적이 있다. 일관된 정의가 없다는 것을 듣고는 혼란스러웠고 한편으로 힘도 솟아났다. 『마음챙김: 고대의 지혜와 현대 심리학의 만남(Mindfulness: Ancient Wisdom Meets Modern Psychology)』이라는 책에서 윌리엄 쿠이켄 옥스퍼드대학교 교수와 다르마 교사 크리스티나 펠트만(Christina Feldman 2019)은 마음챙김에 관한 아홉 가지 정의와 열세 가지 비유를 들었다.

마음챙김을 정의하는 것은 열린 가슴을 정의하는 것과 비슷하다. 이 책의 서두에서 말했듯이 몇몇 단어로 예시를 보여 줄 수 있지만, 마음챙김은 참으로 자신만의 독특한 개인적 경험이다. 사실 붓다는 "가르침은 진실을 묘사하기 위한 수단일 뿐이다. 진실 그 자체라고 착각하지 마라. 달을 가리키는 손가락은 달이 아니다. 손가락은 달이 있는 곳을 가리킬 때 필요한 것이지, 손가락 자체를 달로 착각하면 진짜 달을 절대로 알 수 없다(Nhat Hanh 1987)"라고 말했다.

손가락을 달과 착각하지 말자. 이 책에서 말하는 '마음챙김'과 '열린 가슴' 같은 단어들은 달을 가리키는 손가락이다. 전 세계를 통틀어서 사람들은 어떤 의미 있는 것을 느끼면 가슴으로 손을 가져간다. 심지어 "가슴이 따뜻하다"라는 말은 마음을 여는 것과 비슷하다. 우리가 다음 장에서 다룰 '열린 마음'이라는 용어는 새로운 아이디어와 '여기에' 있는 것들에 대해 열려 있음을 말한다. 열린 가슴이란 감정을 알아차리면서 여기에 존재하는 것에 열려 있는 것과 유사하다.

어떤 조건들이 가슴을 열어 줄까? 무엇이 그런 일이 일어나게 할 수 있을까? 앞 장에서 언급했듯이 육체가 자유롭게 제 기능을 하도록 돌봐 주는 일(균형 잡힌 식사, 신체활동, 수면)은 가슴 열기의 한 요소이다. 충분히 수면을 취하고 식사와 운동으로 몸을 잘 보살핀다면 열림이 일어나기 쉬운 상태가 된다. 예를 들어 충분한 채소를 포함한 건강한 식사는 시간이 지남에 따라 좀 더 긍정적인 감정과 연결되어 우울감을 낮춘다는 연구 결과가 있다(Molendijk et al. 2018). 통근할 때와 여가시간에 하는 신체활동 역시 기분을 좋게 한다(White et al. 2017). 최근의 한 연구는 운동이 사회적 갈등, 직업 불안 같은 스트레스로부터 회복탄력성을 높여 줌을 보여 준다(Thomas et al. 2019).

가슴을 열어 주는 요소는 다른 것들과 연결되어 있다. 마음과 몸 그리고 무엇이 가슴을 열 수 있는가를 알게 되면 그런 상태를 좀 더 자주 만들어 낼 수 있게 되고, 가슴이 좀 더 오랫동안 열려 있는 상태를 알아차릴 수 있다.

열린 가슴과 몸 연결하기

많은 마음챙김 연구가 감정을 돌보는 일이 몸을 돌보는 데 어떻게 영향을 주는지 또는 그렇지 않은지를 알려 준다(Nardi et al. 2020). 예를 들어 MBC의 한 참가자는 "나는 기분이 고조되거나 초긴장 상태일 때를 느낄 수 있습니다. 그 상태를 가라앉히기 위해 신체적 운동·호흡·명상·요가를 선택할 수 있고, 또는 음식을 통해서도 그렇게 할 수 있습니다"

2장. 가슴 열기

라고 말했다.

이 책을 통해 당신은 이완된 몸과 열린 가슴이 따로 작용할 때보다 함께 상호작용할 때 더 강한 시너지 효과를 낸다는 사실을 알게 될 것이다. 또한 다음 장들에서 열린 마음과 정신들에 대한 개념도 탐구해 볼 것이다. 이것들이 상호작용하면서 당신의 성공을 돕고, 웰빙을 향상해 원하는 삶을 만들어 가는 데 기여할 것이다.

세 가지 감정 상태: 긍정적, 부정적, 중립적

『호흡마음챙김경』으로 돌아가 보자. 두 번째 네 단계 명상법은 감정이나 느낌의 상태에 초점이 맞춰져 있다. 느낌의 상태란 빠알리어 '웨다나(vedanā)'로 감정의 유의성을 말하는데, 긍정적(즐거움·멋진·기분이 좋은)이거나 부정적(불쾌한·기분이 나쁜·괴로운)이거나 중간적(기쁘지도 불쾌하지도 않은)인 감정 상태이다(Buddhadāsa Bhikkhu 1988). 이 네 단계 명상에서 우리는 만족감, 안락함, 황홀함 같은 긍정적인 감정들을 길러 내려 한다.

이 일련의 명상을 통해 우리는 순간순간 감정에 대해 더 많이 깨어 있게 되고, 따라서 그것들을 잘 다독이고 보살필 수 있게 된다. 그 과정에서 더 많이 자신을 알아차리고 자신을 표현할 수 있음을 발견할 수 있다. 또한 순간의 감정 상태를 알아차려서 잘 보살피고 현명하게 대처하는 기술에 능숙해지면서 정신적으로 더욱 건강해짐을 느끼게 된다. 가슴 열기와 자신의 감정 보살피기는 더 큰 감정적 심도와 회복력을 가져다주고, 결과적으로 다른 사람들을 더 잘 보살필 수 있게 한다.

『호흡마음챙김경』
두 번째 네 단계 명상

5. 숨이 들어올 때, 기쁨을 느낀다.
    숨이 나갈 때, 기쁨을 느낀다.

6. 숨이 들어올 때, 행복을 느낀다.
    숨이 나갈 때, 행복을 느낀다.

7. 숨이 들어올 때, 감정을 알아차린다.
    숨이 나갈 때, 감정을 알아차린다.

8. 숨이 들어올 때, 감정이 가라앉게 한다.
    숨이 나갈 때, 감정을 편안히 한다.

2장. 가슴 열기

『호흡마음챙김경』에서 명상은 보통 이 책에서 제시한 것과 같은 순서로 이루어진다. 당신이 이 명상을 할 때, 나는 항상 첫 번째(숨이 들어오면, 숨이 들어온다고 알아차린다. 숨이 나가면, 숨이 나간다고 알아차린다)부터 시작해서 현재의 진도까지 진행해 보길 권한다('부록 2'에서 16단계 호흡관법을 모두 찾을 수 있다). 이 책을 읽어 가는 동안 개별적으로 각 명상에 대해 논의할 것이다. 이제 다섯 번째 단계를 살펴보자.

기쁨 기르기

『호흡마음챙김경』
다섯 번째 단계

5. 숨이 들어올 때, 기쁨을 느낀다.
   숨이 나갈 때, 기쁨을 느낀다.

당신은 어땠는지 모르지만, 내가 처음 '기쁨을 느낀다'라는 문장을 읽었을 때 반발심이 일어났다. 기쁨이 자연스럽게 일어나지 않

는 한 억지로 기쁨을 느끼고 싶지 않았다. 감정을 강제로 일으키지 않으려 했다. 가짜 같은 느낌이 들었기 때문이다. 다소 감상적으로도 느껴졌다. 물론 기쁨이 자연스럽게 일어나는 것은 좋은 일이다.

아날라요 스님은 『호흡 마음챙김 명상』(Bhikkhu Anālayo 2019)에서 이렇게 말했다. "기존의 연습에서 생긴 힘과 몸의 작용을 가라앉히는 앞 단계의 깊은 이완으로 인해 현시점에서 기쁨은 종종 아주 자연스럽게, 적어도 미묘한 형태로 일어날 수 있다. 단지 기쁨의 미묘한 징후라도 인식하기만 하면 된다." 다시 말해 들숨과 날숨에 대한 알아차림과 몸을 가라앉히고 보살피는, 1장에서 언급한 첫 번째 네 단계 명상 과정이 때때로 자연스럽게 기쁨을 느끼게 해 준다는 것이다.

기쁨을 기를 수 있는 또 다른 방법은 치통 없는 기쁨에 대해 쓴 틱낫한 스님(Nhat Hanh 1991)의 글로부터 배울 수 있다. 우리가 일상에서 겪는 물리적인 고통이나 불편함이 없는 상태는 사실은 큰 기쁨의 원천이 될 수 있다. 예를 들어 지금 치통이 없다면, 그것 자체로 기쁨을 느낄 수 있다. 마찬가지로 눈이 잘 보이고, 맛과 냄새를 제대로 느낄 수 있으며, 깨끗한 공기를 자유롭게 호흡하는 것도 감사할 일이다. 특히 코로나바이러스나 만성 폐쇄성 폐 질환과 같은 질병으로 고통받고 산소호흡기에 의존해야 하는 사람들이 겪는 어려움을 생각해 보면, 우리가 자유롭게 숨 쉴 수 있는 능력은 단순한 일상의 일부가 아니라 크게 소중히 여겨야 할 기쁨이다. 이러한 '정상적인' 상태들에 대한 감사함을 통해 우리는 일상에서 큰 기쁨을 발견할 수 있다. 부상이나 질병이 없는 건강한 상태를 경험하는 것은 언제든지 우리 삶에 존재하는 기쁨을 상기시켜 준다. 이런 관점에서, 우리의 삶은 기쁨을 발견하고 키워 나갈 수 있는 무수히 많은 기회로 가득 차 있음을 알 수 있다. 요점은 우리에게 항상 의도적으로 기쁨을 기를 기회가 있다는 것이다. 흥분의 요소가 있는 이러한 긍정적 감정들을 빠알리어로 '삐띠(pīti)'라고 부른다.

만약 당신이 나와 같다면, 마음을 원하는 대로 내버려 둔다면, 종종 문제가 있는 곳에 머물게 된다. 인류학적으로 우리 조상들은 여러 가지 방식으로 문제를 알아차리고 피하고 해결했기에 생존할 수 있었다. 인류는 그렇게 되어 있어서, 번영하고 가슴을 열려면 조정이 필요한 영역에 의도적으로 노력을 기울여야 한다. 기쁨을 기르는 것은 그 가운데 한 분야이다. 아날라요 스님 (Bhikkhu Anālayo 2019)은 기쁨을 위한 열망을 만드는 도구를 제시했는데 "기쁨이 일어나길"이라고 말하거나 생각하면서 경건한 자세로 스스로에게 기쁨을 북돋는 것이다.

트라우마 경험을 고려하거나 명상의 부정적 영향을 최소화하기 위해 7번과 8번 명상에 앞서 의도적으로 기쁨과 행복을 기르도록 한다. 이렇게 하면 감정이 탄력성과 편안한 경험으로 설정되는 데 도움이 된다. 예를 들어 우울한 기분은 부정적인 생각이 반복되는 굴레에서 빠져나오기 힘들게 한다. 증거에 의하면 명상 기반 프로그램이 반복적인 부정적 생각을 멈추는 것을 돕고, 매 순간 자신에게 도움이 되는 곳으로 주의를 돌림으로써 부분적으로 정신건강을 향상한다는 사실이 밝혀졌다(Gu et al. 2015). 어떤 면에서 그것이 바로 우리가 여기에서 하고 있는 것이다. 부정적인 감정과 생각을 가져도 괜찮고, 중립적이고 긍정적인 감정과 생각을 가져도 괜찮다. 하지만 지금 제안하는 것은 무엇이 우리에게 기쁨을 늘려 주는지를 알아보는 것이다. 비록 그것이 어린아이의 미소, 정원의 꽃, 푸른 하늘과 같은 단순한 것일지라도 말이다. 그 기쁨은 종종 행복으로 이어질 수 있다.

행복 기르기

『호흡마음챙김경』
여섯 번째 단계

6. 숨이 들어올 때, 행복을 느낀다.
    숨이 나갈 때, 행복을 느낀다.

어떤 사람이 며칠 동안 사막을 헤매다가 지평선에서 물이 있는 오아시스를 발견했다고 상상해 보라. 처음 드는 느낌은 기쁨일 것이다(혹은 삐띠, 이 경우에는 흥분이 뒤섞인 황홀감일 수 있다). 그들이 물을 마실 때 느낌은 행복일 수도 있다. 빠알리어로는 수카(sukha)인데, 수카는 행복감·축복·고요함·안온함 등으로 번역할 수 있다. 그것은 즐거움과 고요함을 포함한다. 이 명상으로 우리는 내면에 있는 수카 또는 행복을 기른다.

무엇이 당신을 행복하게 하는지를 아는 것이 중요하다. 그것을 앎으로써 의도적으로 그런 것들로 생활을 행복하게 하거나, 그것을 더 잘 알아차리면서 이미 우리 삶 속에 행복이 존재한다는 사실에 감사할 수 있기 때문이다. 즐거운 느낌이 들 때 우리는 감사한 마음으로 행복에 대한 마음챙김을 할 수 있다. 당신에게 행복감을 주는 것은 무엇인가? 가족, 친구, 로맨틱한 파트너, 반 친구와의 관계인가? 특별한 이유가 있는 사람이나 집단에게 시간을 바치는 것인가? 아니면 운동을 하거나 좋아하는 차를 마시는 것인가?

이 일련의 명상은 '마음의 조건들'을 알아보고, 감정들이 어떻게 우리의 생각처럼 마음에 영향을 주고 '조건'이 되는지를 알아보는 데 초점을 두고 있다(Buddhadāsa Bhikkhu 1988). 만약 지금 행복한 느낌이 있다면, 그 행복감은 보통 화가 일어날 때와 달리 독특한 방식으로 생각과 행동에 영향을 줄 것이다. 일곱 번째 명상에서 마음의 조건들, 감정 알아차리기, 그 외에 더 많은 것들을 자세히 살펴볼 것이다.

감정 알아차리기

『호흡마음챙김경』
일곱 번째 단계

7. 숨이 들어올 때, 감정을 알아차린다.
    숨이 나갈 때, 감정을 알아차린다.

   이 명상의 또 다른 번역은 "숨을 들이쉬면서, 마음의 조건들을
알아차린다. 숨을 내쉬면서, 마음의 조건들을 알아차린다(Buddhadāsa
Bhikkhu 1988)"이다.

이누이트족 언어에는 영어에 비해 눈[snow]에 관한 단어가 훨씬
많다. 왜냐하면 그들은 눈에 대해 완벽하게 알고 있고, 눈의 상태
가 생계와 웰빙에 중요하기 때문이다. 마찬가지로 빠알리어에도
영어로 완벽하게 번역되지 않는 마음의 조건들을 뜻하는, 많은 뉘
앙스를 가진 풍부한 단어들이 있다. 당신은 내가 여기에서 더 풍
부한 맥락을 제공하기 위해 감정을 몇 가지 다른 단어로('마음 조
건들') 사용했음을 이미 알았을 것이다. '정신적 형성'도 마찬가지
다. 불교 전통에 의하면 '정신적 형성'으로 알려진 것을 포함해 이

2장. 가슴 열기

미 52가지 여러 정신 현상이 있다. 그 가운데 하나가 느낌(웨다나)
이고, 다른 것은 주의·지각·망상·욕망·질투·마음챙김·평온·연
민·지혜 등이다.

감정이나 마음의 조건들에 대한 알아차림은 중독과 같은 해
로운 요소들이 우리 삶에 어떻게 영향을 주는지 명확히 알게 도와
주며 삶을 변화시키는 힘을 준다. 예를 들어 폴은 다음과 같이 말
했다. "느낌이 좋은 어떤 것을 먹었는데 오히려 기분 나쁘게 만드
는 행동에 빠지게 되었어요. 한 모금만 마셨는데도 내가 원치 않
는 다른 사람이 되어 버렸죠. '말만 들어도 순간 통제가 안 되는 것
들이 있다'라는 말이 있는데요. 그것이 저에게는 술과 마약이에
요. 중독 증상이 심해졌을 때, 저는 무언가를 찾고 있었어요. 이 세
상에서는 찾을 수 없던 어떤 것, 즉 온전함과 유대감을 느끼게 해
주는 무언가를 찾아야 한다고 생각하고 있었어요. 마음챙김 훈련
이 그 느낌에 가장 빨리 도달하는 길이었어요. 열심히 노력해야
하고 용기와 헌신이 필요한 일이지만 불가능하지 않아요."

폴은 자신의 감정 상태를 스스로 알아차림으로써 명상이 술
이나 마약에 비해 얼마나 전반적으로 기분을 더 나은 상태로 만드
는지 알 수 있게 되었다. 이것을 알고 나서 그는 개인적으로 마음
챙김, 명상 연습, 그리고 거기에서 나오는 통찰을 따라 감정을 돌
보기 시작했다. 우리의 감정 상태를 점검하고 신중하게 대응하기
위해서 잠시 멈추는 특별한 수행이 있다. 그중 한 가지는 MBC와
MBSR에서 다루는 'STOP' 수행이다.

STOP 마음챙김 수행

감정을 지혜롭게 다루는 한 방법으로 STOP 수행이 있다. STOP 수행은 하루 중 언제든지 반복할 수 있다. 해 보면 아주 유용한 습관이 된다. 특히 우울, 불안, 스트레스를 느낄 때 감정 조절을 도와준다. 그 순간이 즐겁건 불쾌하건 혹은 중립적일지라도 '여기'로 돌아오는 좋은 훈련이므로 아무 때나 사용할 수 있다.

STOP 연습 방법은 다음과 같다.

Stop: 하던 일을 멈춘다.

Take a breath: 호흡을 한다.

Observe: 생각과 느낌 그리고 습관적으로 일어나는 신체 반응(어깨의 긴장)에 대해 마음을 열고 관찰한다.

Proceed: 그 경험에 효과적으로 대응하기 위해 어떤 행동을 취한다. 누군가에게 요청을 받았을 때 능숙하게 대응하기, 지금 일어난 일로부터 잠시 거리를 두기 위해서 한 걸음 물러나기, 자신에게 미소 짓는 가족이나 친구를 껴안아 주기, 다시는 술을 마시지 않겠다고 결심하기 등이 포함될 수 있다.

우리 연구에서 STOP 수행은 유용한 것으로 자주 보고된다. 한 참가자는 "알림이 울리면 멈춤이 필요함을 알아차리고 숨을 한번 들이쉬어요. 그리고 나 자신을 들여다보고 자신에게 친절해야 한다는 것을 기억해요"라고 말했다.

STOP 수행은 감당이 어려운 감정을 조절하는 데도 도움이 된다. MBC 연구에서는 학기 동안 짓눌리는 스트레스에 유의미한 방어 효과를 보여 주었다. 무작위로 배정된 대조군 그룹(다음 학기를 기다리는 학생들)은 시험과 논문 쓸 일로 스트레스가 증가했다(그림3). 반면에 MBC 과정에 등록한 학생 중에서 무작위로 뽑은 그룹에서는 같은 스트레스를 받았어도 회복탄력성을 보여 주었다. 그들은 학기가 주는 스트레스 상황에서도 안정되어 있었다(Loucks et al. 2021). 젊은이들(20~25세)에 관한 다른 연구도 비슷한 결과를 보여 준다(Dawson et al. 2019).

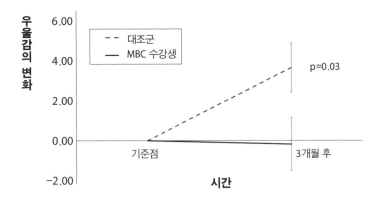

그림 3. 학기 초에서 학기 말까지 시험과 논문으로 인해 스트레스 요인이 증가함에 따라 학생들이 느끼는 우울감의 변화. 참가자들은 (1) MBC 과정 수강 그룹, (2) 필요할 때만 상담을 받고 다음 학기에 수강하려고 기다리는 대조군 그룹에서 무작위로 선발되었다. 3개월 동안 두 그룹 사이에 뚜렷한 차이(p=0.03)가 보였다.

당신이 스트레스를 받거나 확신이 없을 때뿐만 아니라 얼굴에서 아름다운 햇살을 감지할 때나 어린아이의 미소를 봤을 때, 혹은 가슴에 슬픔이 일어날 때도 매일 잠깐이나마 STOP 수행을 연습해 보길 권한다. 마음챙김의 대부분은 감정이 지금 어디에 있는지, 순간순간 변해 가는지 아니면 안정되게 머무는지를 알아차림으로써 자기 자신을 알도록 하는 것이다. 감정을 더 잘 알고, 이를 통해 자신과 타인을 돌보고 활용하는 좋은 방법 중 하나는 멈추고 호기심과 온화함과 친절함으로 감정을 관찰하는 것이다. 다음 단계로 넘어가기 전에 지금 STOP 수행을 연습해 보길 바란다. 다음 단계는 감정을 진정시키고 돌보는 것에 초점을 맞출 예정인데, 감정이 어떤지 제대로 모른다면 감정을 진정시키거나 돌보기 어렵다. 위의 일곱 번째 명상과 STOP 수행이 도움이 될 것이다.

감정 가라앉히기

『호흡마음챙김경』
여덟 번째 단계

8.   숨이 들어올 때, 감정이 가라앉게 한다.

이 명상 교재에서 감정 가라앉히기는 위의 일곱 단계 명상의 자연스러운 결과이다. 우리 몸을 잘 보살핀 다음(처음 네 단계), 희열감과 평온함을 기르고(다섯 번째와 여섯 번째 단계), 그것들을 감정 상태와 연결하는 것이다(일곱 번째 단계). 이로써 마음이 아주 고요해짐을 알게 될 것이다. 내 경험에 비추어 보면 감정들이 부정적이든 긍정적이든 혹은 어떤 상태에 있든, 있는 그대로 모든 감정을 잘 보살펴 줄 수 있다.

마음챙김 연습은 스스로 배려하는 습관과 자신을 잘 보살피려는 더 큰 욕구로 이어진다. 친절함, 호기심, 판단하지 않음 같은 특성을 사용하면서 마음챙김을 수행하면 여러 생각과 감정들, 감각들과 많은 시간을 보내기에 스스로를 더 잘 알게 된다. 그러면서 우리는 좀 더 자신을 배려하고 싶어진다. 많은 참가자가 마음챙김 수행을 시작한 후에 '스스로에게 친절하기'가 많이 향상되었다고 보고했다.

많은 사람이 스스로를 탓하는 것이 얼마나 기분에 영향을 미치는지 알지 못하면서 자신을 괴롭힌다. 자기 친절과 보호의 두 가지 전략을 마음챙김으로 숙고하여 받아들이기 힘든 슬픔, 성냄, 자기 비판으로부터 벗어날 수 있다. 제이든 학생이 바로 여기에 해당하는 사례이다.

제이든은 자기 삶이 불만족 덩어리라는 느낌으로 살았다. 무언가 개선하고 싶은 것이 항상 있었다. 이런 불편한 느낌을 해소하려고 마약에 손을 대기 시작했다. 아주 친하게 지내는 파트너에게도 이를 알리지 않아서, 그가 자살 시도로 병원에 입원하고 나서야 파트너는 그러한 사실을 알게 되었다.

그 후 제이든과 그의 파트너 데이비드는 치료사를 만났다. 치료사는 제이든에게 무엇이 행복한지 물었다. 그러나 제이든은 한 가지도 댈 수 없었다. 대답할 수 있는 것이 아무것도 없었다. 치료사는 다르게 물었다. "데이비드가 당신의 어떤 점을 사랑한다고 생각하나요? 왜 그녀는 당신과 같이 있나요? 그녀가 왜 당신 같은 남자와 짝이 되었을까요?" 제이든은 대답하지 못했다. 그는 치료사의 소파에 앉아 울면서 자신이 가진 가치에 대해 아무것도 몰랐다는 것을 기억했다.

치료사는 제이든에게 친절에 대해 말해 준 첫 번째 사람이었다. 그녀는 제이든에게 아침에 일어나서 행복하지 않은 일보다 행복했던 일을 생각하라고 조언했고, 제이든은 마음챙김 훈련을 시작했다. 자기 친절에 관한 가장 분명한 이야기는 행복에 중요한 약을 매일 복용하라는 것이다. 자기 친절을 배우기 전에 제이든은 매일 아침 약을 먹으면서 그것을 먹어야만 하는 이유를 생각하고 우울해했다. "약은 내가 우울증에 걸렸다는 걸 끊임없이 상기해 주었어요." 감정을 잘 보살피기 시작하면서 그는 약이 그것을 개발한 연구원들이 준 선물이라고 여기게 되었다.

2장. 가슴 열기

제이든은 약을 개발하고 실험해서 자신을 이전보다 훨씬 건강하게 만들어 준 사람들에게 감사했다. 약을 먹는 것은 자신에 대한 감사와 친절의 행동이 되었다. 그는 더 이상 저항하거나 약 복용을 두려워하지 않았고, 약을 먹으면서도 자신의 가치에 대한 느낌을 더욱 확고히 하려고 다짐했다. 그는 감정적으로 매우 균형 잡히고 안정되고 오히려 더욱 행복감을 느끼게 되었다. 제이든은 '자기 친절'의 한 예이다. 우리도 역시 친절할 수 있고 다른 사람에게 사랑과 친절을 베풀 수 있다.

사랑과 친절 베풀기

사랑-친절(Loving-Kindness)이란 문자 그대로를 뜻한다. 자신이나 타인에게 부드럽고 이익이 되는 애정을 주는 일이다(Salzberg 2002). 종종 사랑-친절로 번역되는 '멧따(Metta)'는 빠알리어로 박애, 자비, 친근함, 선의, 타인에 대한 적극적인 관심을 뜻한다. 사랑-친절 수행을 하면 너그러워지고, 용서할 수 있는 더욱 큰 아량이 생기며, 우리가 다른 사람뿐만 아니라 자연 그리고 모든 것에 어떻게 연결되어 있는지를 알게 된다.

내 학생 가운데 한 명인 랜 안은 사랑-친절 명상 수행이 아버지와의 관계를 개선해 주었다고 말했다. 사랑-친절 명상에서 관계가 불편한 사람을 떠올릴 때마다 그녀는 아버지를 생각했다. 아버지를 향한 원망과 분노가 그녀 안에 가득했다. 베트남에서의 어린 시절, 그녀는 한 달에 한두 번밖에 아버지를 볼 수 없었다. 아버지는 가족을 부양하지 않았고 정서적인 학대를 일삼았다. 그런데 친할머니가 돌아가셨다는 소식을 들었을 때, 자신에게 어머니가 얼마나 소중했던가를 생각하면서 아버지에게 측은한 마음이 일어났다.

어느 날 밤, 그녀는 자신이 아버지가 한 일 모두를 용서하고 있음을 알았다. 그녀는 사랑-친절 명상 없이는 원망을 버리고 용서할 수 없었을 것이라고 말했다. 마치 자기 안의 매듭을 풀어내는 것과 같았다. 랜 안은 이제 분노나 자기만의 판단 때문에 주저하던 느낌을 버리고 아버지와 대화할 수 있게 되었다. "저는 아빠를 진심으로 배려할 수 있게 되었어요. 아빠에 대한 배려는 지금 훨씬 더 진실해요. 이전처럼 아빠이니까 딸로서 당연히 배려해야 한다는 강박적인 생각이 아니라 내가 진실로 배려할 수 있는 나의 아빠로 생각해요."

"나는 내 유리 감옥에서 나왔고, 아빠는 더 이상 내가 함께 지내기 어려운 분이 아니에요"라는 랜 안의 마지막 말이 사랑-친절의 힘을 잘 요약해 준다.

사랑-친절 명상

이 명상의 의도는 자신과 다른 사람들에게 사랑과 친절을 줄 때 안정되고 집중적인 상태를 유지하는 것이다. 이것은 자신과 타인들에게 친절하고 다정하게 대하는 능력을 관장하는 신경계통 부위를 활성화하도록 고안되었다. 가정과 직장에서 성공하기 위해서는 협동 능력과 자기 일에 필요한 것들을 이해하고 그것을 해결하는 능력이 필요하다. 인간은 이러한 능력을 바탕으로 행복과 건강한 삶을 최대한 누릴 수 있게 된다. 이 명상은 확실히 일상생활에 도움이 될 수 있다.

사랑-친절 명상을 당신의 마음챙김 수행 항목에 추가하길 권한다. 이 명상을 할 때는 명상하는 동안 자신을 돌봐야 함을 기억해야 한다. 이 명상은 자신과 좋은 관계를 유지하고 있는 사람들, 그저 무덤덤한 사람들, 어려운 관계로 힘든 사람들에게 사랑과 친절을 보내는 명상이다. 자신과 관계가 어려운 사람을 고를 때는 인격 성장(내가 딸들에게 자주 말하듯 성품을 단련시키는 일)에 도움이 되는 사람을 선택한다. 너무 부담을 가질 필요는 없다. 누군가에게 사랑과 친절함을 보내면서 굳이 그들을 용서하지 않아도 된다. 그저 그들의 안녕을 빌어 주어라.

나는 자신에게 사랑과 친절을 베풀기가 어렵다는 것을 자주 경험한다. 수업을 진행할 때, 참가자들은 자신에게 사랑과 친절을 보내는 도중에 과거를 후회하며 카타르시스를 경험하고는 눈물을 흘리는 일이 종종 있다. 종일 명상반에는 60~70대 여성 참가자들이 많은데, 그들은 한 번도 자신을 위해 하루를 온전하게 사용한 적이 없다고 말한다. 그들은 항상 다른 사람을 돌보느라 애썼다고 한다. 아직 젊은 당신의 경우, 인생에서 좀 더 일찍 자신을 돌아볼 기회를 갖게 되었다. 사랑과 친절을 보내는 명상을 하면서 자신을 보살피는 시간을 가짐으로써 자신이 더욱 건강해지고 행복해지는 동시에, 타인을 배려하는 능력도 강화되어 다른 사람과의 관계가 더욱 활기차고 안정된다는 사실을 알게 될 것이다. 자, 준비되었으면 시작해 보자.

숨이 들어오고 나가는 것을 알아차릴 수 있는 코와 입에 닻을 내리고 집중하는 명상부터 시작해 봅니다. 감각들을 알아차리면서 다른 생각들은 내려놓습니다. 다시 이 순간의 호흡으로 돌아와 마치 처음으로 숨을 쉬는 것처럼 숨을 쉽니다.

마음이 안정되고 이 순간에 좀 더 집중이 되면 (약 5분 정도) 알아차림과 친절을 자신에게 가져옵니다. 이것은 명상을 선물처럼 주기 위한 것입니다. 판단을 내려놓고 ("나는 행복해야 하는데 왜 안 되지?"라고 하기보다 "내가 행복하기를"이라고 하면서) 그저 친절함에서 오는 이 선물을 자신에게 주도록 합니다. 당신은 다음과 같은 말을 따라서 명상하거나, 자신에게 많은 울림을 주는 다른 단어를 자유롭게 선택할 수 있습니다.

이 몸과 마음이 안전하고 건강하기를.
이 몸과 마음이 안락하기를.
이 몸과 마음이 평화롭기를.

2장. 가슴 열기

이 구절을 스스로에게 말했을 때 몸의 감각, 감정, 생각들을 알아차립니다. 어떤 느낌인가요? 자신에게 친절을 베푸는 것은 드문 일이지만 이는 좋은 일입니다. 그저 친절함, 상냥함, 보살핌의 경험을 알아차려 봅니다.

이번에는 편안한 사람이나 당신이 무척 아끼는 사람을 떠올려 봅니다. 스승, 부모, 사랑하는 사람, 반려동물도 좋습니다. 그들을 향해 사랑과 친절한 마음을 보냅니다.

그들이 안전하고 건강하기를.
그들의 몸과 마음이 안락하기를.
이분(또는 동물)이 평화롭기를.

당신의 감정은 어떤 상태인가요? 이 말들을 이 사람(또는 동물)에게 할 때 어떻게 느껴지나요? 대부분은 그들을 실제로 보살필 때처럼 아주 편안함과 충만함을 느낍니다.

이제 중립적인 사람, 우편 배달부나 식료품을 포장하는 사람으로 옮겨 갑니다. 수업 시간이나 직장에서 마주치지만 애정이나 혐오감을 느끼지는 않는 사람도 좋습니다. 그 사람을 마음에 두고 사랑과 친절을 그들에게 보냅니다.

그들이 안전하고 건강하기를.
이분의 몸과 마음이 편안하기를.

그들이 평안하기를.

다른 사람을 향해 이런 구절을 외웠을 때, 자기 자신이나 혹은 친한 누군가를 향해서 할 때와 비교해 어떻게 다른지 알아차려 봅니다. 다르다면 어떻게 다른가요? 비슷하다면 어떻게 비슷한가요? 이것은 다른 사람과의 관계에서 자신을 이해할 수 있는 좋은 자료가 됩니다.

다음으로 껄끄러운 누군가, 가족 또는 학교나 일터에서 만난 누군가, 당신이 싫어하는 사람을 떠올려 봅니다. 그 사람을 꼭 용서할 필요는 없습니다. 그저 친절을 보냅니다. 여기서 당신은 자신의 한계를 인정하고 너무 부담스럽지 않고 풍부한 경험을 줄 수 있을 만한 누군가를 고르고 싶을 겁니다. 처음 자신의 선택에 대해 친절의 말을 전하세요. 그다음에 누군가를 마음에 떠올리고 그들에게 자애의 말을 전합니다. 친절함과 부드러움을 잃지 않으면서 이런 방식으로 자애를 보낼 때, 사랑하는 사람 또는 중립적인 사람에게 보낼 때와 비교해 어떤 느낌이 드는지 알아차려 봅니다.

마지막으로 해야 할 것은 이런 마음을 널리 펼치는 일입니다. 방 안에 있는 모든 사람 또는 건물이나 공원 등 주변에 있는 모든 사람에서 이웃 사람, 도시, 지역, 국가, 대륙, 온 세상에 사는 모든 사람으로 사랑과 친절의 마음을 확장합니다. 동식물, 광물들까지 포함할 수 있습니다. 마음의 평안을 느끼면서

2장. 가슴 열기

사랑과 친절을 보냅니다.

모든 존재가 안전하고 건강하기를.
모든 사람의 몸과 마음이 안락하기를.
우리가 모두 평안하기를.

보다 넓게 사랑과 친절을 보낼 때
어떤 느낌이 드는지 알아차려 봅니다.

사랑-친절 명상은 큰 힘을 가지고 있다. 가장 중요한 곳에서 명상이 이뤄지지 않았을 때 마음챙김이 당신의 삶에 얼마나 큰 영향을 미치는지 알 수 있다. 사랑-친절이 당신에게 어떤 영향을 미쳤는지, 명상을 했던 날들을 더듬어 보라. 어떤 이는 대화할 때 좀 더 균형을 유지할 수 있었다고 말한다. 예를 들어 다른 사람과 어떤 일을 하면서 자신을 '잃어 버릴' 수도 있다. 사랑-친절 명상을 규칙적으로 실천하면 다른 사람뿐만 아니라 자신과 더욱 진실하고 직접적이고 정직하게 소통할 수 있음을 알게 된다.

조용한 곳에 편안하게 앉아 명상하면서 친근하거나 중립적이거나 혐오감을 가지고 있는 사람을 마음에 떠올리며 하루를 시작하면, 그날 실제로 사람들과 의사소통을 할 때 마음과 몸에 집중을 유지하게 된다. 이러한 사람들을 신체적으로 접할 때보다 마음속 생각만으로 만나는 것이 중압감을 훨씬 쉽게 떨쳐 버리게 해 준다는 것을 알게 될 것이다.

이 사랑-친절 훈련은 당신이 근육을 단련하려고 체육관에 가는 것과 비슷하며, 효과적인 운동처럼 하루의 나머지 시간에도 이어질 수 있다. 물론 이것은 나의 생각이다. 사랑-친절 수행이 당신에게 어떤 도움이 되는가?

세 가지 스트레스 대응 전략

MBC와 MBSR에서는 스트레스와 웰빙의 세 가지 영역, 즉 안락한 영역, 성장 영역(긍정적 결과를 가져오는 스트레스), 압도된 영역(고통)을 말한다(그림4). 긍정적 스트레스는 마감이 몇 주 안 남았지만 제출하면 학점을 올릴 수 있는 학기 말 리포트를 써야 할 때 느끼는 압박감처럼, 우리가 배우고 성장하고 동기부여하는 데 필요한 좋은 스트레스라고 할 수 있다. 고통은 스트레스가 너무 과중해서 감당하기 벅찰 때다. 내일 당장 제출해야 하는 리포트를 쓰기 시작하는 순간쯤일 것이다.

그림 4. 안락한 영역, 성장 영역, 압도된 영역. 마음챙김 훈련으로 전자의 두 영역을 확장할 수 있다.

고통은 리포트의 예처럼 단기적일 수도 있고, 계속되는 우울 증이나 불안같이 만성적일 수도 있다. 만약 당신이 고통을 받고 있고 너무 오래 압도된 영역에 있다고 느끼면, 안락한 영역이나 성장 영역으로 돌아가 다시 한번 회복력의 탱크를 채울 수 있는 대응 전략이 필요하다. 여기에는 세 가지 주요 대응 전략이 있다.

- 마음챙김
- 주의 돌리기(예를 들어 가족과의 갈등으로 인해 생긴 스트레스를 해 소하러 체육관에 가는 것)
- 행동하기(심한 통증을 줄이기 위해 진통제를 복용하는 것)

세 가지 대응 전략은 모두 유익하게 사용될 수 있다. 행동하기와 주의 돌리기는 종종 가장 빠른 결과를 얻는 반면 마음챙김은 더 오래 지속된다. 어려움과 마주했을 때 가장 좋은 전략은 주어진 순간과 상황에 따라 다를 수 있다.

예를 들어 어느 날 밤, 나는 새벽 3시경에 눈을 떠서 '최신 뉴스 보기'를 열었다. 거기서 몇 가지 나를 화나게 하는 정보를 보았다. 너무 스트레스를 받아서 내 교감신경이 아드레날린 더미를 분비하기 시작했고 그 덕에 다시 잠을 이룰 수 없었다. 나는 몸을 일으켜 아래층으로 내려가 소파에 앉아서 창문 너머로 참죽나무와 소나무를 지켜보면서 명상을 했다. 나의 생각, 감정, 감각들을 아무 판단 없이 호기심을 가지고 알아차리면서 두어 시간 동안 앉아 있었다.

그러나 나는 피곤했고 명상이 잘되지 않았다. 마침 헬스장이 문을 열었기에 차를 몰고 가서 오랜만에 기분 좋은 운동으로 좌절감과 분노를 해소했다. 나에게 건강한 방식인 주의 돌리기 전략으로 스트레스를 해소함으로써 한 걸음 물러나 웰빙 탱크를 채울 수 있었다. 그 결과 좀 더 안정되고 균형 잡힌 상태로 집에 돌아와 아내와 딸들에게 언짢았던 뉴스에 관해 이야기 나눌 수 있었다.

마음챙김은 당신에게 종종 고통의 느낌에 더 가까이 다가가라고 말한다. 때로 고통은 긍정 스트레스(성장 영역)지만, 때로는 말그대로 고통에 빠져들 수 있다. 어려움 속에 무엇이 있는지 알아보려면 어려움에 좀 더 가까이 다가가는 것이 효과적일 수 있다.

친절함과 부드러움을 가지고 고통에 다가가 그것을 관찰하면 당신을 웰빙 상태로 전환해 줄 통찰력이 생겨날 것이다.

그럼에도 여전히 고통에 다가서는 일은 우리를 압도된 상태에 던져 버릴 수 있다. 그때는 건강한 주의 분산이나 행동하기를 통해 안락 혹은 성장(긍정적 스트레스) 영역으로 돌아와 다시 웰빙과 회복탄력성의 탱크를 채울 수 있다.

가끔은 마음챙김 수행의 부작용이 보고되기도 한다. 그러나 마음챙김 기반 프로그램과 대조 조건 모두에서 유사한 부작용이 발생했으며, 이를 두고 MBSR이나 MBCT 같은 마음챙김 프로그램에 참여한 사람이 해당 프로그램에 참여하지 않았다면 부작용이 없었을 것이라고 말하기엔 무리가 있다(Baer et al. 2019). 여전히 그 증거는 미미하고 결정적이지 않다. 한편 마음챙김의 부작용을 최소화하면서 이로움을 누릴 수 있도록 돕는 자료들이 있다. 관련 도서로 데이비드 트렐리븐의 『트라우마에 민감한 마음챙김』이라는 책이 있다. 또한 윌러비 브리튼과 재러드 린달 같은 브라운대학교 전문가들은 명상 수행의 부정적 사건(Lindahl et al. 2017)을 살펴보고 있으며, 비영리단체 치타하우스(cheetahhouse.org)를 통해 어려움에 처한 명상인들에게 자료를 제공하고 있다.

우리가 MBC에서 무작위로 뽑은 대조군 실험에서는(Loucks et al. 2021)[8] 비교 그룹에서 세 사람, MBC 그룹에서 한 사람이 부작용을 보고했다. MBC 그룹의 부작용은 우울증과 불안이었는데, 원인은 이 대학 운동선수의 큰 부상 때문이었다. 통제 집단의 부작용 중 하나는 자살 충동이었다. 그러나 MBC 과정을 수강한 후 그 학생은 자신의 생활이 긍정적으로 달라졌다고 말했다.

　명상 도중에 어려운 경험이 생길 수 있다. 그런 일이 일어난다면 당신은 혼자가 아니며 상담사, 심리학자, 주치의, 숙련된 마음챙김 지도자들 같은 전문가들이 도와줄 수 있음을 명심하라. 그냥 오로지 마음챙김 훈련이 당신에게 어떤 느낌을 주는지 알아보라. 그리고 도움이 되면 그것들을 사용해 보라. 그렇지 않다면 그냥 내려놓으면 된다. 건강과 행복에 이르는 길은 많이 있다.

치유를 위한 가슴 열기

이 장의 두 가지 목적은 감정을 보살피기 위해 감정 상태에 대한 자기 알아차림 능력과 감정 조절 능력을 계발하는 일이었다. 열려 있다고 느낄 때, 특히 우리는 가슴 언저리에서 감정을 느낀다. 그래서 감정 상태를 확인하는 쉬운 방법은 '가슴이 열려 있나?'라고 스스로에게 묻는 것이다. 핵심은 그 과정에서 자신을 충분히 보살피고 비판단적이어야 한다는 점이다. 대답이 '아니오'라면 왜 그런지 물어보라. '왜 아니지?'라는 질문은 당신의 감정이 왜 그런지 원인을 이해하게 해 준다. 일단 뿌리를 이해하게 되면 치유로 나아가는 길이 더욱 분명해질 수 있다.

내 학생 중 한 명의 경우, 명상 과정에서 뚜렷하게 드러난 트라우마 경험을 치료사와 이야기하면서 치유가 시작되었다. 그녀는 심리치료와 마음챙김 훈련의 결합을 통해 치유될 수 있음을 알았다. 제이든의 경우, 치유 과정은 자기 친절을 실천하는 것이었다. 나의 경우, (커피와 설탕 끊기와 운동으로 하루를 시작하기처럼) 내 몸을 돌보는 것과 사랑-친절이 가슴을 여는 데 매우 효과적이었다. 당신에게 열린 가슴으로 더 많은 시간을 보내는 데 도움이 되는 것은 무엇인가? 아래에 '가슴 열기'에 대한 명상을 소개한다.

가슴 열기 명상

이 명상의 의도는 감정들이 어떤 식으로 움츠려 있거나 닫혀 있는지 알아보는 것이다. 이 명상은 감정이 닫힌 원인이 무엇인지 탐색하도록 우리를 안내해 준다. 근본 원인을 이해함으로써 더 건강하고 행복한 감정 상태로 나아가는 효과적인 길이 생겨난다. 그래서 참된 내가 되도록 해 준다. 명상은 감정을 알아차려서 잘 돌보고 추슬러 스스로를 돌이켜 보고, 세상과 더 개방적으로 관계를 맺을 수 있게 도와준다. 감정들이 존재하는 훌륭한 이유가 있다. 감정은 우리가 어떻게 존재하고, 우리가 누구이며, 나와 타인을 배려하는 가장 좋은 방법이 무엇인지를 알게 해 준다.

나는 이 명상을 할 때 닻 내리기로 시작하는 것을 좋아한다. 일단 닻을 내리면 집중력과 주의 조절이 길러져서 몸(1장), 감정, 가슴으로 옮겨 가며 폭넓게 살펴볼 수 있다.

명상을 위해 편안하고 깨어 있기에 좋은 곳을 찾습니다. 명상하는 동안 눈을 감고 닻을 내릴 지점을 찾습니다. 숨을 들이쉬고 내쉬고 있는 것을 알아차립니다. 호흡이 얼마나 깊거나 얕은지, 얼마나 빠르거나 느린지 알아봅니다. 호흡을 다른 방법으로 변화시키려 하지 않고 그저 알아차리기만 하는 것이 좋습니다. 만약 당신의 닻이 소리라면 음색, 볼륨, 진동 같은 소리의 요소 그대로를 알아차립니다.

이 순간과 함께 머무는 시간을 가져 봅니다. 지금 이 순간은 이전에 결코 존재하지 않았던 순간입니다. 몸과 마음이 지금 여기에 존재하게 합니다. 명상 대상인 호흡, 몸, 소리에 집중이 유지되도록 합니다.

당신에게는 언제나 되돌아올 곳(닻을 내린 지점)이 있음을 알고 몸의 감각들을 살펴보기 시작합니다. 몸을 알아차리면서 몸에 어떤 메시지가 있는지 알아봅니다. 중압감이 느껴지면 다시 호흡이나 몸의 특정 부분, 소리의 닻으로 돌아올 수 있습니다.

호기심으로 수용하면서 오늘은 몸이 어떤 상태인지 알아차립니다. 몸을 보살피고 고요하게 합니다. 몸이 어떠한지 알아차리면서 친절과 보살핌으로 몸을 고요하게 합니다.

우리는 집중을 수행해 왔고 그러고 나서 몸을 살펴보았습니다. 이제 자신에게 질문합니다. "몸이 열려 있나요? 그렇지 않다면 왜 그런가요?" 지금 당장 몸이 열려 있는지 닫혀 있는지 좀 더 자세히 알아봅니다. 만약 몸이 닫혀 있다면 무엇이 근본 원인인가요?

이제 감정을 살펴봅니다. 먼저 해 볼 것은 기쁨을 알아차리거나 기쁨을 늘리는 것입니다. 우리는 항상 호흡, 몸, 소리(닻을 내린 지점)에 연결된 채로 머물 수 있습니다. 여러 면에서 우리 삶에는 기쁨이 존재합니다. 분명하지 않다면 찾아볼 수 있습니다. 당신이 시력을 가졌다면, 그것을 아는 것만으로도 기쁨이지 않을까요? 또는 청력을 가지고 있다면, 그것만으로도 기쁘지 않은가요? 아니면 비교적 깨끗하고 몸에 영양을 공급하는 공기 속에서 숨 쉬는 기쁨이 있지 않을까요? 지금 당장 기쁨의 요소를 받아들여 보세요. 우리는 지금 기쁨을 키우는 마음과 가슴을 기르고 있습니다.

당신의 삶에서 기쁨을 주는 요소가 있다면 그것은 무엇인가요? 그저 그것을 알아차립니다. 지금 이 순간 당신에게 기쁨을 주는 것은 무엇인가요?

이제 당신이 숨, 몸, 소리의 닻과 연결되어 있는 동안 행복을 초대해 보세요. 행복을 키워 봅니다. 무엇이 당신 삶에 행복을 주는지 알아차립니다. 그것을 찾아봅니다. 그다지 뚜렷하지 않다면, 혹시 그것은 맑고 푸른 하늘 아니면 아이의 미소가 아닐까요? 사랑하는 사람과 함께하기는 어떤가요? 학교에서 과제를 잘하기, 직장에서 중요한 과제를 완수하기, 또 무엇이 행복을 가져다줄까요? 우리는 실제로 이 순간 마음속에 행복을 키울 수 있을까요? 그것은 마치 체육관에서 근육을 단련하는 것과 같습니다. 여기서 우리는 기쁨과 행복을 주는 가슴 단련을 하고 있습니다.

이어서 감정 상태를 알아차려 봅니다. 우리는 그저 기쁨과 행복을 키우고 있었지만, 지금은 이 순간 여기에 어떤 감정들이 있는지 알아보려고 합니다. 감정이 안정되어 있나요 아니면 움직이고 있나요? 우리는 항상 호흡, 몸, 소리와 같이 닻을 내린 곳으로 돌아올 수 있음을 떠올리면서 감정이나 가슴을 살펴봅니다.

닻을 내린 상태에서 감정을 진정시키고 감정에게 친절을 보냅니다. 원한다면 그 친절을 감정을 향한 연민이나 우정 어린 친절로 바꿀 수도 있습니다. 그들이 고요해지고, 보살핌을 받도록 허용하며, 그들과 함께 머물러 봅니다.

준비가 되었다면 가슴을 살펴보며 질문합니다. 가슴이 열려 있나요? 아니라면 왜 그럴까요? 가슴을 답답하게 하는 것이 있다면 그저 그것들을 친절과 친근함, 호기심을 가지고 관찰합니다. 가슴을 압박하는 그 어떤 것을 찾을 때도 자기를 돌보는 일을 잊지 않습니다.

감정들을 잘 보살피고 그것들이 고요해지도록 함께 있어 봅니다. 가슴이 닫혀 있다면 왜 점점 닫히는지 그 이유를 알아봅니다. 이윽고 우리는 감정을 잘 보살피는 가운데 왜 가슴이 닫혀 있는지 그 원인을 보게 됩니다.

2장. 가슴 열기

이제 우리는 어떤 방식이든 가슴을 닫는 것들의 뿌리를 찾아내 탐험하고 있기에 다음 단계를 익히면서 어떤 통찰이 일어나는지 알아볼 수 있습니다. 가슴이 닫힌 이유와 그 뿌리들을 돌보고 가슴이 열리도록 하는 현명하고 용기 있는 다음 단계는 무엇일까요?

열린 가슴은 아주 멋진 것입니다. 그러니 당신이 그렇게 해보고자 한다면, 가슴을 열고 거기에 수반되는 멋진 감정들을 허용하도록 하는 훌륭한 다음 단계가 있을 겁니다.

항상 자신의 한계를 존중하고 안락한 영역 혹은 성장 영역에 머무르세요. 만약 감당하기 어려운 영역에 있다고 생각되면 그냥 호흡, 몸, 소리와 같은 닻으로 돌아옵니다. 강요하거나 억지로 무엇을 하려고 할 필요는 없습니다. 봄날에 꽃 한 송이가 살며시 피어나듯 가슴이 부드럽게 열리도록 허용해 보세요. 시간이 좀 걸리지만, 그래서 더욱 아름답습니다.

준비가 되면 알아차림을 호흡, 손바닥이나 발바닥, 소리와 같은 닻으로 돌아오게 합니다. 호흡, 몸, 소리를 배경으로 삼아 다시 바로 그곳에 주의를 조절하기 위해 초점을 좁힙니다.

이제 명상을 마치면서 눈을 뜹니다. 도움이 된다면 몸을 스트레칭해 봅니다. 이어서 책의 다음 장을 계속 따라가거나 다른 일과를 해 봅니다.

우리는 깨어 있음이나 열림의 순간을 알 수 있다. 무엇이 가

숨을 여닫는지 알아 가면서, 의도적으로 가슴을 열게 하는 것은 늘리고 가슴을 닫게 하는 것은 줄일 수 있다. 시간이 지날수록 명상은 좀 더 많은 시간을 열린 가슴과 정서적으로 건강하게 지내도록 하면서 우리를 성장하게 이끈다. 이 책을 집필하는 동안 존 카밧진(Kabat-Zinn 2021)과 대화를 나누면서 그로부터 어떻게 깨어 있음의 순간들이 이어질 수 있는지에 대해 들었다. "깨어 있음의 순간은 지속적으로 이용할 수 있으며, 특히 호흡의 감각과 함께 신체 전체에 닻을 두었을 때 최대한 알아차림을 유지하는 것만으로도 이어갈 수 있습니다. '깨어 있음'이라는 용어는 항상 여기에 있고, 항상 사용 가능하며, 우리가 가진 단 한 순간, 즉 이 순간에 실현 가능한 역동적인 과정을 의미하기에 이러한 가능성을 암시합니다."

다음 장에서 우리는 마음 열기, 즉 생각을 다루고 마음을 자유롭게 하는 법을 알아볼 것이다.

집에서 연습하기

1. 1장 마지막에 세웠던 한 주일의 계획을 성찰해 보는 시간을 갖는다. 그 결심을 잘 성취했는가? 호기심을 갖되 비판단적으로 목표를 어떻게 이루었는지 혹은 이루지 못했는지 살펴

보고, 그에 대한 어떤 생각이나 감정이 일어났는지 알아본다. 1장에서 했던 성찰을 사용해 이번 주에 하고 싶은 것을 설정하라. 늦지 않게 지금 이 순간부터 적용한다. 지난번에 하고 싶었던 것을 이어서 계속하거나, 가슴 열기나 감정 돌보기를 하고 싶을 수도 있다. 참된 자아로 표현하고 싶은 것으로서 당신 내면에서 자연스럽게 일어나는 것은 무엇인가? 자연스럽게 일어나는 그 무엇이 당신을 당신답게 하는 가장 좋은 선택이 된다.

2. 주의 조절을 발달시키기 위해 1장에서 다뤘던 첫 번째 명상 같은 주의 집중, 마음챙김 명상을 매일 실천한다.

3. 이번 주는 이틀에 한 번씩 이 장에서 특별히 마음에 들었던 주제를 선택해 명상한다. (1) 사랑-친절 명상, (2) 『호흡마음챙김경』에 나오는 처음 여덟 단계 명상(한눈에 살피고 싶다면 부록2 참고), (3) 가슴 열기 명상, (4) STOP 명상을 수행하면서 하루가 어떻게 진행되는지 알아차려 본다. 그러면 어떻게 각각의 명상이 도움이 되는지 알게 될 것이다. 그 결과를 바탕으로 감정을 보살피고 조절하면서 수행을 계속해 나가도록 동기를 부여하는 피드백을 한다.

3장

마음 열기
진짜로 원하는 것을
찾는 법

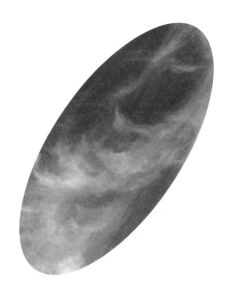

잭슨은 열여덟 살에 고등학교를 졸업하자마자 1년 동안 북한을 여행했다. 그는 북한에서 얻은 경험을 언론, 도서, 주변 사람들의 이야기와 비교하고자 했다. 잭슨은 1년 여행을 계획했고 상대적으로 서양의 영향을 받지 않은 곳을 보고 싶었다. 잭슨은 북한 북부 지역에서 인간의 발길이 닿지 않는 것처럼 보이는 자연을 발견했다. 이전에 보았던 것과는 다른 건축적 아름다움도 발견했다. 그는 또한 북한 가이드들을 알게 되었다. 어느 날 저녁, 그들은 북한 역사에 대해 배운 것을 비교하면서 정치 이야기를 시작했다. 가이드 중 한 명이 북한의 역사를 다윗과 골리앗 이야기에 비유하며, 자신은 북한 사람들을 골리앗과 같은 강력한 미국에 대항해 싸우는 다윗처럼 느낀다고 단호하게 말했다. 가이드는 북한 주민들이 진정으로 평화롭기를 원하며, 북한은 미국의 공격을 저지함으로써 국가의 안전을 유지하기 위해 핵무기를 개발했다는 자신의 신념을 설명했다.

잭슨은 모든 것에 대해 열린 마음으로 탐구했고 사회가 어떻게 작동하는가에 대해 지혜를 얻으려 했다. 모든 것에 열린 마음으로 주의를 기울임으로써 그는 전체를 더 명료하게 볼 수 있었다. 그리고 전체를 이해하는 것이 거의 불가능하다는 것을 알았다. 여행 후 잭슨은 "북한 사람들도 다른 지역 사람들처럼 그저 행복을 찾고 있을 뿐입니다. 우리는 종종 정치적 견해만 들었을 뿐 그들의 이야기는 듣지 않았어요"라고 말했다.

열린 마음은 온전한 이해, 다른 말로 지혜를 극대화할 수 있는 기회를 준다. 잭슨은 미디어에서 들었던 북한에 대한 두려움이나 판단과 관련된 자기 생각을 알아차릴 수 있었다. 그래서 도움이 되지 않는 생각들을 버리고 유익한 것을 취할 수 있었다. 또한 열린 마음으로 서양 사람들이 거의 방문하지 않았던 문화를 배우게 되어 행복, 기쁨, 지혜를 얻을 수 있었다.

이것이 바로 이 장의 주제, 즉 마음 열기에 관한 것이다. 흔히 생각이라고 불리는 마음의 알아차림은 MBC와 MBSR 삼각형의 마지막 주제이다(그림2). 알아차림의 세 요소인 감각, 감정, 생각은 여러 면에서 인간 경험의 전부라고 할 수 있다. 만약 우리가 감각, 감정, 생각을 알아차릴 수 있다면 어떤 스트레스가 발생했을 때 자극과 반응 사이에 공간을 만들 수 있다. 이를 통해 잠시 멈추고, 스트레스에 어떻게 대응할지 더 현명하게 선택할 수 있다(그림5).

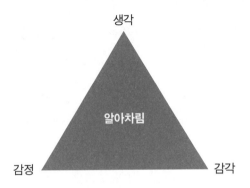

스트레스 인자 - 반응 ⟶ 스트레스 인자 - 알아차림 - 대응

생각

알아차림

감정　　　　　　　　　감각

그림 5. 알아차림의 삼각형(몸 감각, 감정, 생각의 알아차림)은 스트레스 인자와 그에 대한 즉각적인 반응 사이의 공간 역할을 할 수 있다. 그리고 알아차림은 스트레스 요인에 대해 보다 더 신중한 대응을 촉진한다.

이 장에서는 마음을 어떻게 알아차리고 돌보는지, 마음의 작용을 너무 심각하게 받아들이지 않으면서 어떻게 도움이 되지 않는 것들은 내려놓고 도움이 되는 것들로 마음이 향하도록 하는지를 보여 줄 것이다. 이 장은 마음 또는 빠알리어 '찟따(citta)'에 초점을 맞춘 『호흡마음챙김경』의 아래 네 단계 명상으로 구성되어 있다.

찟따는 기본적으로 생각에 관여하는 감정-마음-의식 복합체로 번역될 수 있다. 찟따에 해당하는 영어 단어로는 '마음(mind)'이 가장 자주 쓰인다. 당신의 마음을 비판단적인 방식으로 더 잘 알아차릴 수 있도록 돕기 위한 명상(아홉 번째 단계), 생산적이고 행복을 증진하는 명상(열 번째 단계), 마음에 집중하는 명상(열한 번째 단계), 그리고 마음을 해방하는 명상(열두 번째 단계)을 함께 나눌 것이다. 그렇게 함으로써 질투, 불안, 분노와 같은 불편한 조건으로부터 자유로워질 수 있고 대신 더 많은 기쁨, 행복, 웰빙을 느끼며 살 수 있다.

『호흡마음챙김경』
세 번째 네 단계 명상

9. 숨이 들어올 때, 마음을 알아차린다.
    숨이 나갈 때, 마음을 알아차린다.

10. 숨이 들어올 때, 마음을 기쁘게 한다.
    숨이 나갈 때, 마음을 기쁘게 한다.

11. 숨이 들어올 때, 마음에 집중한다.
    숨이 나갈 때, 마음에 집중한다.

12. 숨이 들어올 때, 마음을 자유롭게 한다.
    숨이 나갈 때, 마음을 자유롭게 한다.

마음 알아차리기

『호흡마음챙김경』
아홉 번째 단계

9.　숨이 들어올 때, 마음을 알아차린다.
　　숨이 나갈 때, 마음을 알아차린다.

마음 또는 우리가 가진 감정-마음-의식 복합체를 알아차리는 것은 우리가 실제로 누구인지 알 수 있게 해 준다. 그것들을 알아차림으로써 행복하고 충실한 삶을 살기 위해 우리 마음이 진정으로 원하는 것이 무엇인지 찾아낼 수 있다. 여기 브래디의 짧은 사례가 있다.

　'명상, 마음챙김, 건강' 과정을 마친 대학생 브래디는 자신이 항상 계획적인 생활방식에 집중해 왔다고 말했다. 브래디는 높은 학점을 받고 연구 경험을 쌓는 등 자신이 해야 할 일이 무엇인지 알고 고등학교를 졸업했다. 대학교에서의 첫 2년 동안을 그는 자동 조종 모드 상태로 보냈다. 예를 들어 그는 속으로 생각했다. '나는 아직 리더십 경험이 약해. 리더십 과목을 신청해야겠어! 리더십 수업을 들으면 경험이 있다고 말할 수 있겠지.' 1학년과 2학년 동안 그는 다른 과목을 둘러보지 않았다. 필수 과목만 선택했을 뿐 어떤 선택 과목을 듣고 싶은지는 크게 생각하지 않았다.

하지만 한 학기 동안 마음챙김 훈련을 받은 후에 그는 자신에 대해 생각할 시간을 더 많이 가졌다. "내가 누구인지 더 잘 알고 이해할 수 있었어요. 의대에 입학하는 것 말고도 내가 무엇을 원하는지 알게 되었죠. 만약 학교 공부 외에 다른 취미가 없다면, 나는 할 수 있는 일이 없었을 거예요. 초등학교 때부터 스케이트보드를 타보고 싶었다는 걸 알았어요. 그러나 실제로 스케이트보드를 타는 친구가 없었고 스케이트보드 타기에 (비탈진 곳이 많아서) 썩 좋은 동네도 아니었어요. 그래서 포기했어요. 마음챙김은 공부 말고도 내가 하고 싶은 일이 무엇인지 이해하는 데 도움을 주었어요." 자기 생각에 대한 이러한 알아차림은 그가 진정 누구인지 알 수 있게 해 주었고 그를 더 충만한 삶으로 안내했다.

당신은 이 책의 첫 세 장을 몸(1장), 가슴(2장), 마음(3장) 세 가지 종류의 관점을 면밀하게 살펴보는 것이라고 생각할 수 있다. 물론 마음의 주요 영역은 생각이다. 지금 이 순간에도 당신의 생각이 어디에 있는지 알아차릴 수 있도록 주의를 기울여 보길 바란다. 당신의 생각은 다른 사람의 생각과 다르다. 그것이 우리 각자에게 있는 독특한 아름다움이다.

열린 관찰은 신체 감각, 감정, 생각에 주의를 기울이는 연습을 말한다. 거의 모든 인간의 경험은 이 세 가지 영역을 통해 이루어진다. 열린 관찰 명상은 이 세 가지 범주, 즉 감각·감정·생각을 잘 이해하기 위해 우리의 경험을 나누어서 관찰하도록 훈련시킨다. 감각, 감정, 생각을 더 잘 이해함으로써 우리는 그것이 제공하는 중요한 메시지에 현명하게 대처할 수 있다. 아래에 명상이 제시되어 있다.

열린 관찰 명상

이 명상의 의도는 몸의 감각, 생각, 감정에 대한 알아차림을 훈련하는 것이다. 그렇게 함으로써 자기 몸의 감각, 생각, 감정이 전해주는 메시지를 이해하는 데 더욱 민감해질 수 있다. 이러한 지식을 통해 실시간으로 발생하는 모든 상황을 잘 활용할 수 있다. 또한 이러한 감각 영역으로부터 오는 단서들을 활용해 우리의 환경, 자신의 정체성, 타고난 기술과 열정에 가장 잘 부합하는 삶을 만들 수 있다. 왜냐하면 우리는 그것들이 무엇인지 더 잘 이해하기 때문이다.

> 명상을 위해 편안함과 각성에 도움이 되는 자세를 취합니다. 호흡이나 몸의 특정 부분, 예를 들어 손바닥이나 발바닥 또는 있는 그대로의 소리 감각 가운데 닻을 내릴 곳을 찾습니다. 대부분 호흡이 익숙하고 편안한 곳일 겁니다.
> 지금 이 순간 명상의 대상으로 선택한 호흡, 몸, 소리에 집중합니다. 생각이나 감정이 일어나면, 그저 알아차리고 잠시 탐색한 뒤 그대로 지나가도록 합니다. 지금 이 순간 여기에 있

는 호흡, 신체 부위, 소리로 돌아옵니다.

아직 몸 전체를 알아차리고 있지 않다면, 이제 알아차림을 몸 전체로 넓혀 봅니다. 특히 바닥에 닿아 있는 신체 부위에 집중해 봅니다. 예를 들어 발바닥이나 앉아 있을 때 바닥에 닿아 있는 뼈의 감각을 알아차리기 위해 잠시 시간을 갖습니다. 계속해서 온몸으로 알아차림의 영역을 넓혀 봅니다.

여기서 우리는 몸을 관찰하고 있습니다. 마치 강둑에 앉아 나뭇잎이 떠내려가는 걸 바라보는 것과 같습니다. 나뭇잎은 물결에 쓸려가거나 작은 소용돌이에 휘말리기도 합니다. 우리는 강둑에 앉아서 그것을 관찰하고 있습니다.

지금 이 순간, 여기 있는 몸에서 무엇이 느껴지나요? 다른 곳보다 더 크게 느껴지는 어떤 부분이 있나요? 거기서 편안함이나 불편함, 따뜻함이나 시원함, 촉감 가운데 어떤 것이 느껴지나요? 순간순간 몸에서 느껴지는 감각을 있는 그대로 알아차리고 관찰해 봅니다.

그러고 나서 소리의 감각에 대한 알아차림으로 전환합니다. 소리에는 본연의 음높이(높거나 낮음), 음량(크거나 부드러움), 고르거나 불규칙한 리듬이 있습니다. 소리가 들리는 곳도 알아차려 봅니다.

본연의 요소들을 알아차리기 위해서는 어느 정도의 시간이 필요합니다. 우리가 소리에 의미를 부여하는 것을 알아차리고(예를 들어 누가 지나가는 소리, 비행기 소리라고 식별하는 것), 이제 의미를 부여하지 않고 있는 그대로의 소리에 머물 수 있는지 알아봅니다.

마음이 방황할 때마다 그저 마음이 방황하고 있음을 알아차립니다. 괜찮습니다. 마음은 원래 그런 겁니다. 온화하고 친절하게, 흔들림 없이 명상의 대상으로 다시 돌아옵니다. 즉 소리 또는 소리 없음으로 돌아옵니다.

다음으로 감정의 느낌이나 느낌의 상태로 이어 갑니다. 여기서는 단지 무슨 일이 일어나고 있는지 알아차리기만 합니다. 감정이 긍정적인가요, 중립적인가요, 부정적인가요? 특별한 느낌이 있다면 이름을 붙여도 좋습니다. 아마도 평화, 불안 같은 것일 수 있습니다. 단지 감정들이 바뀌거나 순간순간 변하거나 계속되는 것을 알아차립니다.

이제 마음을 생각의 영역으로 가져가 봅니다. 맑고 푸른 하늘에 떠다니는 구름과 같은 생각의 흐름을 관찰해 봅니다. 그저 생각이 지나가는 것을 있는 그대로 지켜봅니다. 생각이 바뀌거나 변하는 것을 관찰하고, 생각 사이에 틈이 있다면 그것들도 알아차립니다. 앉아 있는 동안 '그것들은 그냥 생각일 뿐이야'라고 여기며 생각에 빠져들지 않고 그냥 관찰하기만 합니다.

이제 몸의 감각, 감정, 생각 전체에서 무슨 일이 일어나고 있는지 잠시 관찰해 봅니다. 몸의 감각, 감정, 생각의 영역 중 하나에 초점을 맞추기보다 그것들 모두에 대해 열려 있으면서 순간순간 어떤 일이 일어나는지 알아차릴 수 있나요? 예를 들어 다리에 감각이 있을 것이고, 그 감각은 생각으로 이어지고, 뒤를 이어 감정이 일어날 겁니다. 안정이 필요하면 언제든지 닻을 내린 지점으로 돌아갈 수 있음을 기억하면서, 모든 살아 있는 경험과 함께 지금 여기에 머물러 봅니다.

명상을 마치며 닻을 내린 지점으로 돌아옵니다. 대부분은 호흡에 닻을 내리지만 어떤 사람에게는 소리, 손바닥이나 발바닥 같은 몸의 한 부분일 수 있습니다. 그곳에서 원하는 만큼 머뭅니다.

이 명상의 일부는 신체적 감각, 감정, 생각(그림2에 나타난 알아차림의 삼각형)을 관찰하면서 당신이 현재 어떠한 상태인지 그리고 누구인지 알도록 하는 것이다. 우리가 지금 어디에 있는지를 명확하게 알고 받아들이면, 지금 여기 뗏목이 떠 있는 강을 어떻게 노를 저어 나갈지 충분한 지혜를 가지고 앞으로 나아갈 수 있다. 끝으로 이 명상은 생각을 관찰하도록 초대한다. 생각 관찰로 그 생각이 도움이 되는지 그렇지 않은지를 알게 된다. 또한 생각은 그저 생각일 뿐 반드시 행동으로 옮겨야 할 것이 아님을 알게 된다.

종종 마음속에 쌓인 생각들은 상처받게 된 원래 원인보다 더 많은 상처를 만들어 낸다. 마치 우리가 화살을 맞았을 때와 같다. 이때 생각은 두 번째, 세 번째, 네 번째 화살처럼 같은 상처를 계속 쏘면서 상처를 악화시킨다. 예를 들어 교통 체증에 대한 반응을 보면, 우리는 다른 운전자에게 소리를 지르고 그 운전자는 우리에게 소리를 지른다. 우리가 소리쳤을 때 그대로 돌아오는 것을 보며 바로 반성하고 소리친 것을 후회할 수도 있지만, 동시에 보복하고 싶은 마음이 일어난다. 그때 우리는 보복할 수 있는 모든 방법을 상상한다. 이 모든 생각은 상처에 꽂히는 다른 화살과 같다. 생각을 알아차리는 수행은 그 생각이 지금 이 순간에 도움이 되는지 아닌지를 알아차리는 것이다. 만일 도움이 되지 않으면, 그러한 생각들을 내려놓고 자신과 다른 사람들에게 행복과 성취감을 주는 것에 집중할 수 있다. 실제로 위의 명상 마지막 부분에서 우리가 닻을 내린 곳으로 돌아가는 이유는, 생각 관찰을 멈추고 지금 이 순간으로 돌아와 다음 대상으로 옮겨 가기 위함이다.

어느 날 수업을 마치고 횡단보도 한가운데서 길을 건너는데 차가 방향을 틀어 나를 향해 달려왔다. 그것을 보고 길에서 벗어나는 가장 좋은 방법을 찾기 위해 나는 뒤로 물러서기 시작했다. 나는 정중앙에 있어서 어느 쪽으로도 쉽게 갈 수 없었다. 차가 다가오자 나는 차의 보닛 위에 손을 얹고 그 위로 뛰어오를 준비를 했다. 앞 유리를 통해 조수석에 앉은 나이 지긋한 여성이 운전석에 앉은 남편에게 고함을 지르는 모습이 눈에 들어왔다. 그는 브레이크를 꽉 밟았다. 나는 내 생각을 알아차렸다. 이 남자는 딸들을 부양할 내 능력을 거의 끝장낼 뻔했다. 나는 내 안에서 에너지와 분노가 치밀어 오름을 느꼈다. 나는 자동차 창문 쪽으로 곧장 걸어가 그의 얼굴을 쳐다보았다. 그는 끔찍해 보였다. 충격을 받고 화가 나 있었다. 나는 내 안에서 연민이 솟아오르는 것을 느낄 수 있었고, 이 상황에서 소리치는 것이 전혀 도움이 되지 않으리란 걸 알아차렸다. 나는 그에게 "괜찮아요"라고 말해 주고는 가던 길을 걸어갔다.

그 순간 생각을 알아차림으로써 달려드는 차에 신체적으로 반응하는 데 도움이 되었을 뿐만 아니라, 고함을 질러서 운전자나 그의 아내 또는 내가 더 나빠지지 않도록 할 수 있었다. 만약 내가 소리를 질렀더라면 그에게 도움이 되지 않았을 것이다. 그는 이미 끔찍함을 경험하고 있는 것처럼 보였다. 나 또한 그에게 소리를 지른 것을 후회했을 것이다. 그랬더라면 아마도 그를 다치게 하고 나 자신의 안정을 잃게 만들었을 것이다. 그것은 차에 치일 뻔한 상처에 한 번 더 화살을 쏘는 것과 같았을 것이다. 내 고함소리는 운전자에게 더 많은 상처를 입혔을 것이다.

생각을 알아차리고 도움이 되지 않는 생각을 내려놓음으로써 그 순간 내 생각을 알게 되고, 그런 대응을 믿고 감사하는 경험을 하게 되었다. 이 사건은 나에게 생각과 감정, 몸의 감각 관찰 수행이 말 그대로 우리의 생명을 구하고 행복과 건강한 삶을 제공할 수 있음을 재확인시켜 주었다. 이처럼 마음을 더 행복하게 또는 즐겁게 하는 것이 이어지는 마음 알아차리기의 주제이다.

좋은 것에 마음 두기

『호흡마음챙김경』
열 번째 단계

10. 숨이 들어올 때, 마음을 기쁘게 한다.
　　숨이 나갈 때, 마음을 기쁘게 한다.

　　이 명상에 대한 다른 번역은 다음과 같다. "숨을 들이쉬면서, 마음을 행복하게 한다. 숨을 내쉬며, 마음을 행복하게 한다(Nhat Hanh 2008)."

20년 동안 이 명상에 몰두한 후, 나는 이 명상이 나를 진정한 자아와 주변에 더 잘 연결되게 해 준다는 걸 알게 되었다. 명상은 늘 나와 함께하면서 내가 받아들이지 않거나 충분히 감사하게 느끼지 않는 삶의 긍정적 요소들을 살펴보는 능력을 키워 준다. 또한 자신과 다른 사람들에게 도움이 되지 않으면서 지속되는 부정적 반추를 버리고 대신 더 유익한 곳으로 생각을 이끈다. 그래서 나를 더 행복하게 만들고, 내가 다른 사람들에게 더 잘 봉사할 수 있게 한다. 앞서 언급했듯이 이것이 바로 마음챙김에 기반한 프로그램이 작동하는 한 가지 방식이다. 특히 여덟 가지 임상시험에 대한

체계적인 검토와 메타 분석에 따르면, 반복적인 부정적 생각을 줄이는 것이 정신건강을 개선하는 마음챙김 훈련의 메커니즘인 것으로 밝혀 졌다(Gu et al. 2015).

다음 이야기가 적절한 사례가 된다(Muth 2005). 고대 선(禪) 수행 일화에서 가져온 이 이야기는 듀와 지앙 형제로 불리는 젊은 스님들에 관한 것이다. 그들은 여왕의 생일을 축하하기 위해 궁전으로 가는 길이었다. 그들은 아름답고 폭이 넓은 강에 도착했다. 그리고 강 언덕에서 휴식을 취하기로 했다. 두 사람은 강에서 불어오는 시원한 산들바람을 즐기면서 물에 발을 담그고 발목과 발가락 사이로 흘러가는 물의 느낌을 즐겼다. 그때 카라라고 불리는 부유한 숙녀가 마차를 타고 강에 도착했다. 말들이 흐르는 물을 건너려 하지 않고 멈춰 섰다. 마부는 채찍을 휘두르면서 소리질렀다. 그러자 말들은 멈칫거리며 강물을 향해 들어갔다. 말들이 얼마만큼 강을 건넜을 때, 마차가 꼼짝하지 않고 멈춰 버렸다. 카라는 창밖을 향해 눈살을 찌푸리며 자신들이 갇히게 됐다고 마부를 꾸짖기 시작했다. 마부는 내려서 말들을 끌고 강을 건너려고 했다. 그러나 마차가 너무 무거워서 물결을 헤치고 강 속 바위들을 넘어갈 수 없었다. 그들은 오도 가도 못하게 되었다.

듀는 강으로 걸어 들어가 마부가 겁에 질린 말들을 달래는 동안 카라를 업어서 건네주겠다고 말했다. 그녀는 심술궂게 "흥!"하고 소리쳤지만 하는 수 없이 그의 등에 업혔다. 그는 조심스럽게 그녀를 업어서 강 건너편 기슭 먼 곳에 내려놓았다. 그녀는 등에서 내리자마자 즉시 옷이 손상되지 않았는지 살폈다. 듀는 지앙과 함께 마차로 돌아가서 마부가 말을 붙잡고 있으려고 애쓰는 동안 운반할 짐과 상자를 내리기 시작했다. 그들이 마차를 충분히 가볍게 했을 때, 말들은 안전하게 강을 가로질러 강둑 위로 마차를 끌 수 있었다.

듀가 옷을 잘 차려입은 숙녀 쪽을 다정하게 바라보았을 때, 그녀는 마부의 무능함과 자신이 다칠 뻔한 상황에 대해 꾸짖느라 정신이 없었다. 그녀를 도와준 젊은이들을 거들떠보지도 않았다.

두 스님은 여왕의 생일을 축하하기 위해 성으로 향하는 숲길을 따라 내려갔다. 오솔길은 이따금 새들이 지저귀는 소리와 나무 꼭대기에서 바스락거리는 부드러운 바람 소리 외에는 조용했다. 얼마 후 지앙이 듀에게 말했다. "그 여자가 강을 건너게 해 준 것에 대해 감사하지 않다니 믿을 수가 없어요. 형님이 그녀를 큰 위험에서 구했는데 말이죠!" 듀는 미소를 머금은 눈으로 지앙을 바라보며 말했다. "존경하는 벗이여, 몇 시간 전에 나는 그녀를 내려놓았다네. 왜 자네는 아직도 그녀를 업고 있는가?"

마음챙김 훈련은 우리가 반복적으로 부정적인 생각에 몰두하고 있음을 알아차리게 하고(그림1), '지금 여기에 있는 것이 몸과 마음에 도움이 될까?'라고 자문하게 만든다. 만약 도움이 된다면 마음을 거기에 머물도록 하라. 그렇지 않다면 명상 훈련으로 강화된 주의 조절을 이용해 부정적인 생각의 소용돌이에서 벗어나, 실제로 도움이 될 수 있는 더 행복한 생각에 머물도록 한다.

당신에게 어떤 느낌이 드는지 명상을 해 보자. 이 생각 또는 이 책에 있는 어떤 것이라도, 만약 그것을 시험해 본 후에 그것이 자신이나 다른 사람들에게 도움이 되지 않는다면 언제든지 그것을 내려놓을 수 있음을 기억하라.

마음 기쁘게 하기 명상

이 명상의 의도는 마음을 기쁘게 하거나 더 행복하게 하는 것이다. 종종 우리의 생각과 감정은 현실과 일어날 문제를 식별하고, 그것들을 어떻게 고칠 것인가와 같은 부정적인 생각들로 소용돌이친다. 필요하다면 그것도 괜찮다. 하지만 몸, 가슴, 마음은 중립적이거나 긍정적인 공간에서 더 잘 작동한다. 여러 상황에서도 우리는 살아남았다. 왜냐하면 선조들이 지속적으로 포식자, 식량 부족과 같은 불리한 사태를 주시하고 그러한 요소로부터 안전을 확보해 왔기 때문이다. 우리의 몸은 생존을 위해 생물학적으로 부정적인 사건들을 감시하도록 설정되어 있다. 그러나 이것이 반드시 행복과 번영을 돕지는 않는다. 때때로 더 행복한 곳에서 살 수 있도록 마음을 훈련하는 것이 우리에게 더 큰 웰빙을 가져다준다. 그 결과 향상된 웰빙과 회복탄력성을 통해 다른 사람들에게 더 잘 봉사할 수 있는 능력을 기를 수 있다.

『호흡마음챙김경』에 나와 있는 16단계 호흡관법을 한 자리에서 모두 실천할 수 있습니다(지금 하고 있는 명상을 포함해서 이

전에 했던 것들을 언제든지 할 수 있습니다). 이를 염두에 두면서 호흡, 신체, 소리 가운데 닻을 내릴 지점을 찾아봅니다. 기본적인 명상의 대상과 함께 시간을 보내면서 잠시 안정을 취한 다음, 이제 한 가지 대상에 집중합니다. 만약 주의가 흐트러지면 다시 친절하게 그 대상으로 돌아옵니다.

몸(신체적 감각)과 가슴(감정)을 점검하면서 몸과 가슴이 열려 있는지 살펴봅니다. 열려 있지 않다면 왜 그런지 질문해 봅니다.

이제 마음, 특히 생각으로 알아차림을 가져갑니다. 편견 없는 과학자가 데이터를 관찰하듯이 지금 일어나고 있는 생각들에 무엇이 있는지 알아봅니다. 어떤 생각이 떠오르는지 알아차리고, 그 생각을 아무런 판단 없이 그저 친절하게 계속해서 관찰합니다.

이제 스스로 명상을 해 봅니다.

마음을 호흡에 연결하면서 마음을 더 행복하게 만듭니다. 자신의 마음을 기쁘게 합니다. 여기에 어떤 생각들이 있는지 알아차리고 그 가운데 어떤 것이 행복을 주는지 자세히 살펴봅니다. 마치 고소한 맛, 달콤한 맛, 진한 맛 등 음식에 특별한 맛을 더하기 위해 재료를 고르는 주방의 요리사처럼 자세히 살펴봅니다. 자신을 알아차리면서 주의력과 감정을 조절하는 마음의 요리사로서, 이 짧은 순간에도 마음을 즐겁게 하는 '맛'을 생각할 수 있나요?

명상을 마치며 닻을 내린 지점으로 돌아옵니다. 명상이 남은 하루에 어떤 영향을 미칠지 알아차려 봅니다.

마음 집중하기

---

11. 숨이 들어올 때, 마음에 집중한다.
     숨이 나갈 때, 마음에 집중한다.

집중은 통찰의 기초다. 불교에서는 3단계로 설명하는데, 마음챙김과 집중이 통찰을 이끈다는 것이다. 처음 두 단계가 강하면 마지막 한 단계까지 갈 확률이 높아진다. 생각을 알아차리는 것, 그리고 원하는 곳으로 생각을 가져가서 마음챙김을 통해 필요한 일이 무엇인지 알아차리고 그 일을 완수하기 위해 생각을 그곳에 머물게 하는 것은 별개의 일이다. 때때로 그 일은 그저 온전히 존재함을 아는 것이다.

만약 마음챙김이 민감해서 자신의 몸과 마음에서 경험하는 것을 비판적이고 호기심 있고 온화한 방법으로 정확히 알고, 그 경험에 마음을 집중할 수 있다면 통찰은 더 자유롭게 일어난다. 일단 통찰이 생기면, 마음챙김과 집중은 우리가 그 통찰을 따르도록 하는 역동적인 조합이 된다. 특히 집중력은 산만함에서 벗어나 지혜로운 다음 단계로 나아가는 데 초점을 맞추도록 한다. 생각, 감정, 감각에 대한 주의 깊은 알아차림은 자신에게 다음 단계가 얼마나 중요한지를 상기시켜 주고, 다음 단계의 완성 과정에 대한 피드백을 준다. 또한 알아차림은 다음에 이어지는 삶의 중요한 국면에서 순차적으로 펼쳐지는 현실에 맞추어 방향을 바꾸어야 할 필요가 있는지를 알려준다.

스쿼시 선수인 알렉사는 마음챙김 프로그램 가운데 하나를 마쳤다. 그녀는 고등학교 3학년 때 스포츠 심리학자를 만났다고 했다. 심리학자는 알렉사가 마음챙김 명상을 하도록 도와주었고, 명상은 알렉사에게 스포츠와 마음챙김의 연관성을 알게 하는 첫 씨앗을 심어 주었다. 이제 알렉사는 대학 수준의 스쿼시를 하기 때문에, 가장 큰 관심사 중 하나는 집중력과 자신이 얼마나 쉽게 산만해지는지에 관한 것이다. 알렉사는 자신이 코트에 있을 때 마음이 종종 그곳에 있지 않은 것처럼 느낀다고 말했다. 그녀는 마음챙김 훈련이 경기할 때의 산만함을 다르게 처리하도록 한다는 것을 알았다. '한 번에 한 점' 전략은 그녀가 코트에서 경기 능력을 향상하는 데 도움을 주었다. 그녀는 과거나 미래의 점수에 대해 생각하지 않고 대신 지금 이 순간의 득점에 초점을 맞추는 법을 배웠다. 호흡이나 벽에 있는 시각적 표시와 같은 닻으로 돌아와 스스로 안정을 취하고 재정비할 수 있었다. 이것은 특히 득점과 득점 사이에서 마음을 명료하게 하는 데 도움이 되었다. 그러고 나서 그녀는 현재에 머물면서 온전히 시합에 임할 수 있었다.

또한 마음챙김 훈련은 알렉사가 경기를 즐기는 데도 도움이 되었다. "집중하면 더 재밌어요." 게다가 스포츠가 더 나은 정신 상태가 되도록 마음을 맑게 해 주는 데 도움이 된다는 것을 경험했다. 생각과 감정에 대한 알아차림이 향상되면서, 알렉사는 스쿼시가 흥미로운 사람들을 만나는 좋은 방법이며 규칙적으로 경기를 할 때 정신적으로나 육체적으로 더 행복하고 건강하다는 것을 깨달았다.

알렉사의 이야기가 말해 주듯이 마음챙김은 집중력을 키우는 데 도움을 줄 수 있다. 그러기 위한 가장 기본적인 연습 중 하나는 호흡이나 또 다른 닻을 내린 지점에서 명상하는 것인데, 이것은 우리가 지금까지 모든 명상에서 해 왔던 것이다. 여러 마음챙김 전통은 호흡을 세는 것으로 시작된다. 예를 들어 숨을 들이쉬면서 '하나'를 세고, 다음 숨을 들이쉬면서 '둘'을 센다. 이렇게 10까지 세면서 호흡수가 열 번이 되면 1부터 다시 시작한다. 만약 마음이 방황하면 마음이 어디로 갔는지 알아차릴 수 있다. 그것은 현재의 자신과 마음이 머무는 곳에 대한 좋은 정보가 된다. 그런 다음 부드럽고 확고하게 다시 처음 숫자 1부터 세면서 다시 호흡한다. 마음이 번잡해서 호흡에 마음을 두기 어려운 건 누구나 마찬가지다. 아마 이 책을 읽는 거의 모든 사람도 마찬가지일 것이다.

손을 횡격막에 올려놓는다. 그러면 숨 쉴 때마다 가슴과 배가 오르락내리락하는 것을 느낄 수 있다. 이렇게 하면서 숫자를 세어 보라. 어느 정도 시간이 지나고, 만약 이 수행이 자신에게 잘 맞으면 더 잘하고 쉬워질 것이다. 그러면서 집중력이 향상될 것이다. 학교 공부나 사랑하는 사람의 이야기에 잘 집중하는 자신을 발견할 수도 있다. 중요한 순간에 자신의 경기에 몰입하는 것을 느낄 수 있고, 그림을 그릴 때나 디자인을 할 때 예술적 표현이 종이나 스크린에 흘러드는 것을 느낄 수도 있다. 이러한 것들은 매우 다양하게 나타날 수 있다.

만약 (천식이 있거나 호흡과 관련된 트라우마가 있어서) 호흡이 불편한 곳이라면 다른 지점을 명상의 대상으로 선택해도 좋다. 이전의 수행과 마찬가지로 손바닥이나 발바닥 같은 신체나 심지어 소리를 사용할 수도 있다.

지금까지 알려 준 모든 마음챙김 연습으로 집중이 훈련되겠지만, 그 가운데 어떤 것들은 다른 것보다 더 효과적이다. 여러 가지 연습을 골고루 경험해 보면서 어떤 연습이 집중력을 더 발달시키는지 살펴보라. 집중이 더해진 마음챙김은 통찰과 같다. 통찰은 더 행복하고, 더 건강하고, 더 생산적인 삶으로 우리를 이끈다. 이제 마음을 자유롭게 하는 일만 남았다.

마음 해방하기

『호흡마음챙김경』
열두 번째 단계

12. 숨이 들어올 때, 마음을 자유롭게 한다.
    숨이 나갈 때, 마음을 자유롭게 한다.

나는 이 명상을 좋아한다. 마음을 해방하거나 자유롭게 한다는 것은 불필요한 고통을 야기하는 모든 정신적 형성물로부터 벗어난다는 뜻이다. 예를 들어 명상은 도움이 되지 않는 길로 이끄는 생각을 내려놓을 수 있게 하고 다른 사람들의 평가에 대한 두려움에서 벗어나게 한다. 실제로 순수한 행복을 주지 않는 경력에 대한 집착에서 벗어나게 하고, 어쩌면 이익보다 해를 끼치는 물질에 대한 애착을 내려놓게 만든다.

　어느 날 붓다가 숲속에서 비구들을 가르치는데 한 농부가 달려와 소리쳤다. "실례합니다. 폐를 끼쳐서 죄송합니다만, 제 소들이 도망쳤어요! 제 소들을 보셨나요?" 붓다는 보지 못했다고 대답했고, 농부가 다른 방향을 살펴보려고 가 버린 다음 비구들에게 이렇게 말했다. "소가 없으니 행복하지 않은가?"

당신은 어떤 소들을 놓아줄 수 있는가? 예를 들어 건강에 좋지 않다고 느끼면서 일주일에 80시간을 일하는 것, 정말로 원하지 않는데도 의사가 되는 것, 몇몇 친구가 그렇게 하니까 따라 하는 일들, 자기에 대한 다른 사람들의 평가를 걱정하는 것 같이 자신이나 다른 사람들이 해야만 한다고 여기는 생각들이 있는가? 그것들을 내려놓고 그냥 온전한 자신이 될 수 있는가? 만약 그렇게 한다면 일이 잘 풀릴 가능성이 크다. 당신이 좋아하면서 잘 해낼 수 있고 다른 사람들에게 도움이 되는 직업을 찾게 될 것이다.

MBC를 마친 콜은 이렇게 말했다. "이번 기말고사 동안 명상이 분명하고 확실하게 나 자신을 완전하게 하는 데 도움이 된 것 같아요. 예전에는 지난 닷새보다 더 건강했던 적이 없었어요. 스마트워치가 매일 한 번씩 윙윙거리며 운동 목표를 달성했음을 알려 줬어요. 전보다 더 많은 운동을 하고 있고, 자신을 잘 보살피면서 더 잘 먹고 더 많은 시간을 내서 명상과 요가를 하는 나 자신을 지켜보고 있어요. 기말고사가 가까워질수록 점점 힘들고 어려워지더라도 시간이 날 때면 책을 읽거나 기타를 치곤 해요. 얼마 전에는 테니스를 쳤어요. 한 학기 내내 테니스를 치지 못했는데, 정말 멋졌어요. 많은 친구가 지금 정신적으로 좋지 않은 상황에 처해 있지만, 나는 기말고사를 앞두고 있음에도 매우 행복해요."

콜은 시험 기간 동안 고통스러운 생각에서 벗어나 자신을 돌보기 위해 몸, 가슴, 마음의 메시지를 알아차렸다. 심지어 평소에 하지 않던 기타나 테니스를 통해 효과적으로 자신을 재충전했다.

당신이 신뢰할 수 있고, 당신의 마음을 해방해 주는 몸·가슴·마음의 메시지는 무엇인가? 책을 내려놓고 지금 당장 그 메시지가 무엇인지 알아보라. 이 순간에 해방된 마음으로 함께 나누고 싶은 현명한 다음 단계는 무엇인가?

마음과 몸 함께 쉬기

우리 연구 가운데 젊은이들에게 가장 적합하다고 판명된 수행은 깊은 이완 명상(Loucks et al. 2021)이다. 당신은 어떨지 모르지만 많은 사람이 스트레스로 종종 잠을 이루지 못한다. 이완은 소용돌이치는 생각을 떨쳐 버리고 대신 우리가 몸으로 향하도록 고안되었으며, 몸의 모든 부분을 잘 이해하는 것은 물론 긴장을 푸는 데 초점을 맞추고 있다. 이 명상은 틱낫한 스님이 제공한 깊은 휴식 명상에 바탕을 두고 있다(Nhat Hanh 2007).

아래 안내된 명상에서 함께 살펴보도록 하자. 만약 지금 연습하기 어렵다면, 아래 명상법을 읽고 이해한 다음 밤에 잠들 때와 같이 도움이 되는 시간에 연습해 보길 권한다.

깊은 이완 명상

깊은 이완 명상은 바디 스캔처럼 시작한다. 침대, 소파, 요가 매트, 양탄자 같은 편안한 곳에 누워서 시작할 수 있다. 깊은 이완 명상은 깨어 있는 바디 스캔과는 조금 다르게 진행할 수 있다. 깨어 있는 상태도 좋지만, 잠이 드는 것이 도움이 된다면 잠을 자도 좋다. 많은 사람이 밤에 잠드는 데 도움을 받기 위해 이 명상을 사용한다. 깊은 이완 명상은 바디 스캔과 구별된다. 바디 스캔은 이 순간 몸이 어떤 상태인지 더 깊게 이해하기 위해 신체의 각 부분을 호기심으로 탐색해서, 자신을 좀 더 이해하고 몸에 대한 알아차림을 늘리도록 한다. 반면에 깊은 이완 명상은 이 접근법과 일치하지만 두 가지 고유한 요소를 추가한다. 첫째, 깊은 이완 명상은 탐색 중인 몸의 각 부위에 감사와 사랑의 친절을 보낸다. 둘째, 해당 신체 부위를 의도적으로 이완해 몸의 모든 긴장을 풀어 준다. 다른 명상을 할 때와 마찬가지로 생각이 떠오르는 것을 알아차릴 때, 만약 그 생각이 몸 밖에 있다면 생각을 알아차린 다음 있는 그대로 내려놓는다. 주의를 명상의 대상인 신체 부위로 되돌아오게 하는 것이다. 그럼 시작해 보자.

> 깊은 이완 명상을 하기에 편안한 자세로 앉습니다. 대개는 등을 대고 누워서 팔은 몸 옆에 놓고 다리는 곧게 펴는 것이 좋습니다. 하지만 다리를 의자 위에 올리고 '우주 비행사 자세'를 취하는 편이 등에 무리를 덜 준다고 느낀다면 그렇게 해도 좋습니다.
>
> 누운 채로 바닥에 닿은 어깨, 엉덩이, 다리, 발뒤꿈치, 손을 느껴 봅니다. 그런 다음 몸 전체로 확장해 이 순간 몸에 어떤 느낌이 있는지 알아차립니다. 어떤 느낌이 있나요?

수행하면서 만약 몸의 어떤 특정 부분이 불편하게 느껴진다면, 그 부위에 주의를 기울이는 것을 일단 멈춥니다. 그리고 호흡이나 다른 신체 부위(손이나 발), 소리 감각으로 돌아옵니다. 또는 그냥 그 부위를 지나쳐서 다른 대상으로 옮겨 갑니다. 나중에 언젠가 준비가 되었을 때, 그 부위가 편하고 성장할 수 있는 공간이라면, 편안해지고 더 깊이 이완할 수 있는 부위라면, 부담 없이 깊게 탐색해 보세요.

지금 이 자리에 몸과 함께 잠시 머물러 봅니다.

준비가 되면 온몸의 근육을 긴장시킵니다. 주먹을 쥐고, 팔의 근육을 긴장시키고, 어깨 근육과 목과 얼굴의 근육을 수축시키며, 가슴·등·복부 근육은 물론 다리와 발의 근육까지 포함한 몸의 모든 근육을 계속해서 긴장시키고 수축시킵니다.

몸의 모든 근육을 수축시킨 채로 긴장을 유지합니다. 어떤 느낌인지 알아차리면서 긴장을 유지합니다.

그리고 나서 근육의 긴장을 풀어 줍니다. 긴장을 풀면서 긴장이 풀릴 때 일어나는 물리적 감각들, 느낌들, 생각들을 알아차립니다. 거기에 있는 것들을 있는 그대로 내버려 둡니다.

준비가 되면, 왼쪽 다리로 내려가서 왼발로 알아차림을 옮겨 봅니다. 왼쪽 엄지발가락에 어떤 느낌이 있는지 알아차립니다. 바디 스캔을 할 때와 같은 방법으로 해 봅니다.

이제 왼쪽 엄지발가락에 감사를 표합니다(조금 어색할 수 있습니다). 만약 발가락을 다쳐 본 적이 있다면, 당신이 매일 돌아다니고 필요한 것을 하고 삶에 즐거움을 주는 튼튼한 발가락이 얼마나 소중한지 알 겁니다. 왼발 엄지발가락에 감사의 마음을 전하면서 서서히 긴장을 풉니다.

엄지발가락에 필요하고 어울리는 휴식을 줍니다. 그런 다음 왼발의 작은 발가락으로 주의를 옮깁니다. 각각의 발가락이 안정감과 이동성을 준다는 것을 떠올리며, 발가락이 하는 일에 감사합니다. 의도적으로 발가락들의 긴장을 풀어 줍니다. 이제 왼발 발바닥으로 주의를 옮기고, 온종일 움직일 수 있게 해 준 힘줄·인대·뼈·근육을 알아차려 봅니다. 비록 그것들이 완벽하게 건강하지 못하더라도, 필요한 일을 해 주는 것에 대해 감사합니다. 이제 발을 조금 더 알게 되었으니, 왼발의 긴장을 풀어 주면서 친절하게 발이 쉬도록 해 줍니다.

발을 따라 발뒤꿈치와 다리를 연결하는 아킬레스건으로 올라가면서 알아차려 봅니다. 우리는 이 힘줄 없이는 걸을 수 없습니다. 몸의 이 부분이 자신을 움직이고 다른 사람들을 돕는 방식에 대해 사랑과 친절로 감사합니다. 몸의 각 부분에 감사하면서 휴식을 취할 수 있도록 시간을 갖습니다. 아킬레스건에 있는 모든 긴장을 풀어 줍니다.

이런 방법으로 몸 전체를 돌아다니면서 자신만의 속도로 몸의 각 부분을 탐색하고, 자신과 다른 사람들에게 훌륭하게 봉사하고 있는 몸의 모든 부분에 사랑스러운 친절, 감사, 이완과 휴식을 선사합니다.

숨 쉬는 한 당신에게는 잘못된 것보다 잘된 일이 더 많다는 사실을 기억하세요. 누구나 그렇듯이 몸은 불완전할 수 있지만, 그것은 또한 많은 면에서 완벽합니다. 몸은 이 순간에 자신과 다른 사람들을 지원하기 위해 일하는 세포들로 이루어진 놀라운 사회입니다.

잠시 시간을 내어 이 수행을 해 보세요. 몸 각각의 부분들을 조금 더 잘 알아차리고, 몸이 하는 일에 대해 감사를 표현하며, 충분한 휴식과 이완을 할 수 있도록 허용합니다.

생각이 다른 주제로 바뀌면 단지 그것을 알아차립니다. 어떠한 판단에도 빠져들지 않고 단지 친절하고 흔들림 없이, 다시 집중하고 있던 신체 부위로 알아차림을 가져옵니다. 집중해야 할 곳이 바로 그 자리라고 알면서 친절하게 주의를 기울입니다. 그리고 그 대상에 감사하면서 편안하게 머뭅니다.

명상을 마치면서 온몸을 알아차려 봅니다. 자신과 다른 사람들의 삶을 보살피기 위해 몸이 하는 일에 감사합니다. 그리고 그에 상응하는 휴식 시간을 우리 몸에 선물합니다.

스르르르….

부디 책에 침을 흘리지 않고 낮잠을 즐겼길 바란다. 이 수행은 감사의 생각을 다듬어서 몸을 안정시키는 방법이다. 마음이 몸과 연결되어 있음을 알고, 몸과 마음에 꼭 필요한 휴식을 선사해서 몸이 자신과 다른 사람들을 더 잘 돕게 하는 방법이다.

섣불리 판단하지 않기

마음을 여는 또 다른 방법은 어떤 일이 좋거나 나쁘다는 판단을 내려놓는 것이다. 그것들은 원래 그렇게 존재하는 것이다. 그것에 대해 호들갑을 떨려는 유혹을 버릴 수 있는가?

풍요롭고 아름다운 계곡에 살면서 채소를 심고 수확하는 농부에 관한 도교의 옛이야기가 있다(Muth 2005). 일은 힘들지만 농부는 만족하며 살고 있었다. 쟁기를 끌 수 있는 튼튼한 말 두 필이 있고, 함께 일할 유능한 아들이 있어서 농사일이 할 만했다. 어느 날 저녁, 누군가가 실수로 말의 울타리 문을 열어 놓아 말 한 마리가 밖으로 나와 들판으로 사라졌다. 말이 사라졌다는 소식을 들은 농부의 이웃들은 "참 안됐군요. 그런 일이 일어나다니, 말도 안 돼요."라고 소리쳤다. 농부는 그들을 보고 미소를 지으며 부드럽게 말했다. "그럴 수도 있지요."

며칠 후 사라졌던 말이 돌아왔다. 집을 나갔던 그 말 곁에는 야생마 두 마리가 있었다. 어느 날 아침에 농부는 울타리 안으로 들어온 야생마들이 먹이를 먹고 있는 것을 발견했다. 그것은 집을 나간 말이 언제든 돌아와 먹을 수 있도록 남겨 놓은 것이었다. 이웃들이 이 소식을 듣고 기쁜 마음으로 축하하러 왔다. "정말 멋지네요. 당신의 말이 돌아왔을 뿐만 아니라 다른 두 마리를 더 데리고 오다니, 놀랍군요! 행운을 빕니다!" 농부는 행복했지만 조금 더 생각해 보면서 "그럴 수도 있지요."라고 말했다.

그다음 주에 농부의 아들이 야생마를 훈련하기 시작했다. 그는 울타리 안으로 들어가 야생마들이 새로운 환경에 익숙해지도록 천천히 친절하게 대해 주었다. 그는 상냥하고 부드럽게 말하면서 그들을 먹였다. 시간이 흐르면서 아들은 야생마를 타기 시작했다. 그런데 말을 타다가 야생마 중 한 마리가 그를 튕겨 버리는 바람에 울타리 너머로 날아가 떨어져 다리가 부러졌다. 이 소식을 들은 이웃들이 유감을 표하며 위로를 건넸다. "정말 재수가 없군요. 안쓰럽네요. 이렇게 친절한 청년이 다치다니, 말도 안 돼요! 하필 당신이 추수를 준비하고 있을 때 말이에요." 농부는 슬프지만 부드러운 미소로 "그럴 수도 있지요"라고 대답했다.

다음 날 군대에서 이웃 국가와의 계속되는 전쟁에서 싸울 능력 있는 젊은이들을 강제 징집하기 위해 마을을 찾아왔다. 군인들은 다리가 부러진 아들을 보고는 그냥 농장에 남게 했다. 이웃들은 그런 행운을 믿을 수 없었고, 농부의 아들이 전쟁에 나가지 않아도 되었으니 정말 다행이라며 기뻐했다. 농부는 다시 한번 웃음을 짓고는 눈을 찡그리며 말했다. "그럴 수도 있지요."

어떤 것이 '좋다', '나쁘다'라는 판단을 포함해서 마음을 어떠한 제약으로부터 해방한다는 생각은 명상과 성장에 매우 바람직하다. 이러한 생각은 우리를 이 장의 한 가지 근본적인 명상으로 이끈다. 바로 마음을 여는 명상이다.

마음 열기 명상

이 명상의 의도는 우선 몸과 마음에 자리를 잡고 나서 마음이 열려 있는지, 다시 말해 동요를 일으키는 어떤 생각이나 다른 정신적 작용으로부터 해방되었는지를 보기 위해 마음을 탐색하는 것이다. 만약 마음이 긴장하거나 동요하고 있다면, 다시 말해 닫혀 있다면, 우리는 이 명상에서 원인을 탐색하고 무엇이 마음을 닫히게 하는지 이해한 다음 현명한 다음 단계로 나아갈 수 있는 여지를 만들 것이다. 그렇게 함으로써 몸과 감정이 훌륭하게 조정된 마음을 기르고 나아가 놀라운 잠재력을 키우도록 한다. 이런 식으로 우리는 더 건강하고 행복해질 수 있고, 다른 사람들도 더 건강하고 행복하게 할 수 있으며, 우리가 해야 할 바를 위한 행동을 취할 수 있다.

제일 먼저 닻을 내린 지점(호흡, 몸, 소리 등)에서 명상을 시작합니다. 그리고 잠시 시간을 내어 주의를 기울여 봅니다.

그러고 나서 준비가 되면 몸의 감각, 즉 몸에 대한 알아차림을 해 봅니다. 한동안 몸에 머물면서 일어나고, 바뀌고, 변하고, 사라지고, 다른 것들로 대체되는 감각들을 알아차려 봅니다. 어떤 몸의 감각이 계속 지속되면, 그것 역시 계속해서 알아차립니다.

이제 자기 자신에게 질문을 던져 봅니다. '지금 몸이 열려 있나요?' 열려 있지 않다면 왜 그런지도 질문해 봅니다. 몸을 닫히게 하는 것(지나치게 배가 부르거나 운동을 하지 않아서 생긴 무기력감)들을 친절하게 돌봅니다. 그리고 그것들을 친절함과 호기심으로 탐색합니다.

이어서 다음 질문으로 옮겨 갑니다. '지금 가슴이 열려 있나요?' 만약 가슴이 (누군가에게 감정적으로 마음을 닫는 느낌처럼) 닫혀 있다면, 조금 전과 같이 그 원인을 찾아봅니다. 그러면서 가슴을 닫게 하는 장애로부터 조금이나마 자신을 놓아줄 수 있는지 알아봅니다.

다시 스스로에게 질문합니다. '지금 마음이 열려 있나요?' 혹은 '마음이 자유로운가요?'라고 해도 좋습니다. 만약 마음이 열려 있지 않다면(예를 들어 통제 불능의 생각을 하거나 가족 중 한 사람의 의견에 지나치게 폐쇄적인 태도를 취하는 것), 그 닫힌 마음을 이해하고 친절하게 대할 수 있나요? 이 순간 마음이 있는 그대로 괜찮다고 이해할 수 있나요? 시간을 갖고 고통을 주고 마음을 덜 열리게 하는 매듭의 원인을 찾아봅니다. 매듭을 잘 묶고 푸는 뱃사람처럼, 매듭을 풀어내 마음이 좀 더 자유로워지게 합니다.

호흡, 몸, 소리 등 닻을 내린 지점으로 돌아와 이 익숙하고 안전한 장소에 주의를 집중합니다. 준비가 되면, 눈을 뜨고 이 수행을 나머지 하루 일과에 적용해 봅니다.

마음이 완전히 열리고 열린 몸과 가슴이 함께할 때 온전한 자

각, 즉 불교 용어로 깨달음의 기초를 쌓게 된다. 나의 이해와 경험으로 볼 때, 이제 유일하게 필요한 것은 다음 장에서 다루는 온전함에 깨어 있기이다.

집에서 연습하기

1. 이번 주에는 2장 끝에서 세운 의도를 잠시 되돌아보는 시간을 갖는다. 의도가 어떻게 진행되었는가? 호기심을 가지고 아무런 판단 없이 알아차리면서, 어떻게 목표를 이루었는지 혹은 달성하지 못했는지 살펴보고 그에 대한 생각과 감정을 알아차려 본다. 원하면 서문 마지막에 나오는 '자기 성찰 연습: 자신의 웰빙 기준 평가하기'를 사용해 다음 주의 의도를 세운다. 지난번 의도를 계속하거나, 마음 열기와 관련된 새로운 의도를 세워도 좋다. 자신의 진정한 자아로 표현하고 싶은 것으로서 내면에서 자연스럽게 일어나는 것은 무엇인가? 자연스럽게 일어나는 것이 곧 자신이기 때문에 이것들이 종종 최선의 의도가 된다.

2. 주의 조절을 계발하는 데 초점을 맞추면서 매일 주의 집중 마음챙김 수행을 하길 권한다. 이 집중 수행으로 명상을 시작하

고, 아래 수행처럼 좀 더 열린 관찰로 전환할 수 있다.

3. 이번 주는 이틀에 한 번씩 (1) 열린 관찰로 앉아 있는 명상, (2) 몸·가슴·마음을 여는 명상, (3) 『호흡마음챙김경』의 처음 열 두 단계 명상 중 하나를 선택해서 수행하길 권한다. 수행하는 동안 무엇이 일어나는지, 일어난 것에 현명하게 대응했는지 알아보라.

4. 며칠 동안 밤에 잠들기 전에 또는 적절하다고 느껴지는 다른 시간에 깊은 이완 명상을 시도하라.

4장

온전함에 깨어 있기
언제나 깨어 있는 법

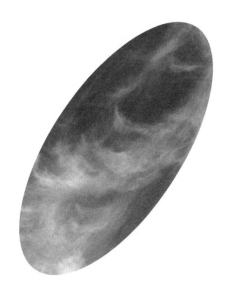

쌍둥이 딸들이 여섯 살이 되었을 때, 일주일 동안 혼자만의 시간이 필요하다고 느꼈다. 나는 현실에 충실하고 자애로운 아버지로 살고 있었기에 가족과 떨어져 지낼 때를 신중하게 판단했다. 무엇인가 내적 성찰이 필요하고 그것을 알아내야만 더 좋은 아빠와 남편이 될 수 있으리라는 걸 알았다. 아내 벳시에게 이야기했고, 아내는 언제나 그랬듯이 나의 결정을 지지해 주었다. 아내는 내가 어떤 사람인지 알고, 명상 수행이 나를 더 유능한 남편으로 만들어 준다는 사실을 안다.

나는 캣츠킬산에 있는 야영장에서 숲으로 둘러싸인 캠핑 장소를 찾았다. 며칠을 버틸 수 있는 간단한 음식과 명상 쿠션, 필요할 때 곤충을 피하면서 명상할 수 있는 큰 텐트를 챙겼다. 그곳은 나의 뿌리라 할 수 있는 전통사찰 블루 클리프(Blue Cliff) 근처였는데, 나흘 동안 혼자 지내다가 사찰로 옮겨서 모임에 참여하되 주로 침묵 속에서 보낼 예정이었다. 나는 캠핑장에 도착해서 캠프를 차리고 규칙적으로 명상했다. 몸 열기에 관한 1장과 비슷한 신체

4장. 온전함에 깨어 있기

적·정신적 웰빙의 여건을 만들기 위해 걷고, 조깅하고, 스트레칭하고, 건강하게 먹었다.

첫날 내가 깨달은 것은 다람쥐들이 많이 있을 때 얼마나 시끄러울 수 있는가였다. 다람쥐들은 몇 시간 동안 자신들 사이에 앉아 있는 명상가를 무서워하지 않았다. 이틀째 오후가 되자 더는 견딜 수 없었고 화가 났다. 통찰도 없고 아무것도 얻지 못하고 있었다. 아내가 아이들을 돌보는 동안 그냥 여기 앉아 있을 뿐이었다. '내가 여기서 뭘 하고 있지?' 시간을 낭비하고 있었다. 그러다 내면에서 에너지가 일어나는 것을 느꼈고, 그것을 끌어내 지금 여기에 집중하기 시작했다.

'내 몸 안에 무엇이 있지? 내 마음에 무엇이 있지? 그것들을 열 수 있을까? 이 좌절과 분노에 내 마음을 열 수 있을까?' 안에서 에너지가 솟구쳐 나왔고 현재의 순간에 완전히 몰입했다. 바로 거기(여기), 나의 가슴, 마음에 완벽하게 몰입했다. 그날 몸과 마음은 달리기와 요가를 한 덕에 잘 준비되어 있었다. 현재 순간에 대한 알아차림이 남은 하루 동안 계속 유지되었다. 이전까지 현재 순간에 대한 알아차림 기록이 대략 10분 정도였기에, 그것은 확실히 기록적이었다. 그날 저녁에 잠자리에 들었다가 아침에 깨어났을 때 그러한 경험은 순간적으로 사라졌다.

가슴과 마음과 몸을 들여다보니 그것들은 자주 나타나고 다시 빠르게 닫히기를 이어 갔다. 그날 늦게 달리기를 하러 갔다. 한 걸음 내디딜 때마다 눈에 잘 보이는 곳, 가슴, 몸, 마음 등 어디든 가장 좋다고 생각되는 곳으로 의식을 옮겼고 거기에 온전히 머물렀다. 경험에 몰두하면서 어떻게 그런 상태에 이르게 되었는지, 일상생활로 돌아갔을 때 어떻게 다시 그 상태에 도달할 수 있는지 생각해 보았다. 스스로 물었다. "내 몸은 열려 있나? 아니라면 왜 그렇지?" 친절함과 이해심을 가지고 무엇이 몸을 닫히게 하는지, 그 원인이나 매듭을 몸이 열리는 방식으로 변화시킬 수 있는지 살펴보았다.

그러고 나서 비슷하게 물었다. "가슴은 열려 있나? 그렇지 않다면, 왜 안 될까?" 나는 개인적으로 통제할 수 있는 닫힘의 근본적 원인을 계속해서 탐구했고, 거기에 어떤 메시지가 있는지 지켜보면서 원인을 해결해 가슴이 자연스럽게 열리도록 했다. 가슴을 여는 여러 방법은 『호흡마음챙김경』, 특히 감정에 초점을 둔 두 번째 장의 명상에 포함되어 있다.

다시 물었다. "내 마음은 열려 있나? 그렇지 않다면, 왜 안 될까?" 나는 앞의 두 가지와 비슷한 방식으로 닫힘을 살펴보고 탐색하고 변화시켰다. "세 가지 다 열려 있나?" 아직 완전하지는 않았지만 좋았다. 나머지 부분까지 열게 한 것은 무엇인가? 처음에는 그 과정을 설명하기에 적당한 말이 없었지만, 이제 일관되게 그 상태로 돌아가게 하는 말은 "온전함에 깨어 있는가? 아니라면 왜 그런가?"이다. 몸, 가슴, 마음을 열고 온전함에 깨어 있는 방법을 찾을 때 많은 해결책이 『호흡마음챙김경』의 명상에 있었다. 이 열림과 깨어 있음은 이틀 동안 끊임없이 지속되었다.

사찰로 자리를 옮겼을 때도 그 상태를 유지하려고 노력했다. 거기서 한 스님과 나의 경험을 나누었다. 그 스님은 많은 비구와 비구니들이 대부분 시간을 그 상태로 보내고 있으며, 때로는 다른 사람들이 그렇지 않다는 것을 잊어 버리기도 한다고 말했다. 나는 그런 상태가 되도록 만드는 것이 명상, 나만의 시간, 자연 속에 있을 때임을 알아차렸다. 이제 나는 대체로 내가 원하기만 하면, 특히 혼자 있을 때나 자연에 있을 때 또는 일을 쉬고 있을 때, 그 상태에 들어갈 수 있다.

이 상태는 여러 면에서 내가 상상하고 있는 깨달음처럼 느껴진다. 그것은 열려 있고, 연결되어 있고, 현재에 깨어 있고, 고통과 두려움으로부터 자유롭다. 그리고 대부분 사람이 그렇듯이 흘러가 버린다. 비록 일상에서 영속적이지는 않더라도 깨어 있는 순간을 경험하는 것은 가능하다. 그리고 그 순간을 길게 이어서 지속하는 것도 가능하다. 이 장이 당신에게 그것을 실현하는 데 도움이 되는 자료를 제공하길 바란다. 또한 그 자원을 활용할 수 있길 희망한다.

진정한 '나' 찾기

옥스퍼드 영어 사전에는 '정신(Spirit)'에 대한 정의가 22개 이상 있다. 이 책의 맥락에서 나는 정신이 감정과 의식이 깃든 우리의 한 부분, 다른 말로 진정한 자아라고 생각한다. 나는 정신이란 분자, 세포, 장기, 유전 암호, 각자 살아온 환경 조건들과 같이 스스로가 무엇인지를 드러내기 위해 함께 모여 있는 자연의 힘이라고 생각한다.

좋다. 그럼 어떻게 온전함에 깨어 있을 것인가? 어떻게 하면 우리는 진정한 자신이 될 수 있는가? 우리가 누구인지 어떻게 가장 잘 표현하고, 세상에 기여할 만한 것을 가슴 속에서 꺼낼 수 있을까? 어렵지 않다.

무엇이 진정한 자아를 열게 하는지 숙고해 보라. 몇몇 사람에게 그것은 기도나 종교 공동체 참여, 자연과 함께하기, 명상, 아름다운 예술작품 만들기, 사랑하는 누군가와의 깊은 대화, 어린아이 돌보기, 친밀한 가족과의 저녁 식사일 것이다. 온전함에 깨어 있는 것은 개인적인 일이며, 각자 내면의 지혜에 따라 움직이는 것이 가장 좋다. 아주 많은 길을 알려 줄 수 있지만, 특별히 여기에서는 온전함에 깨어 있는 데 도움이 되는 몇 가지 불교의 가르침을 제시한다. 그것은 온전함에 깨어 있고 세상이 어떻게 작동하는지에 관한 진리를 보는 데 도움을 준다.

만약 당신이 이들 가르침을 따르다가 어려움을 겪는다면 숙련된 마음챙김 교사, 명상 경험이 있거나 마음챙김 훈련을 받는 상담사 같은 해박한 사람을 만나 보길 추천한다. 때로는 전문가에게 어려움을 털어놓는 게 정말 큰 도움이 된다. 또한 브라운대학교의 마음챙김센터에서 정기적으로 제공하는 온라인 마음챙김

　　　　　　　　　　　　　　　4장. 온전함에 깨어 있기

세션이 있다. 실시간으로 교사의 지도 아래 무료로 진행되고 있으니 언제든지 참고하길 바란다(brown.edu/mindfulnesscenter).

그러나 무엇보다 이들 가르침에 너무 얽매이지 말고 시도해 볼 것을 권한다. 세션이 행복과 웰빙을 준다면 계속해 보라. 그렇지 않다면 놓아 버려라. 자신의 한계를 받아들이고 편안한 분야나 성장할 수 있는 곳(그림4)에서 수행하고 자기 내면의 지혜를 믿어라. 부담 없이 이러한 가르침을 무시하고 스스로 온전함에 깨어 있을 수 있는 자신만의 자원을 찾아라. 내면의 지혜를 믿어라. 아래는 이와 관련된 몇 가지 접근 방식이다. 원하면 이들을 살펴보라.

이 장은 『호흡마음챙김경』(Nhat Hanh 2008)의 마지막 네 단계 명상을 중심으로 구성되어 있다. 이 네 단계 명상은 전통적으로 몸과 가슴, 마음을 여는 열두 단계 명상 이후에 생각해 볼 만한 것이다. 기초를 닦고 나서 이 네 단계 명상을 실천하길 권한다. 다음의 명상들을 하면서 호흡과 같은 기준점에 닻을 내리고 몸, 가슴을 열고 온전함에 깨어 있어 보면 좋을 것이다.

『호흡마음챙김경』
네 번째 네 단계 명상

13. 숨이 들어올 때, 모든 현상의 변화하는 특성을 관찰한다.
   숨이 나갈 때, 모든 현상의 변화하는 특성을 관찰한다.

14. 숨이 들어올 때, 애쓰지 않음을 관찰한다.

    숨이 나갈 때, 애쓰지 않음을 관찰한다.

15. 숨이 들어올 때, 사라짐을 관찰한다.

    숨이 나갈 때, 사라짐을 관찰한다.

16. 숨이 들어올 때, 내려놓음을 관찰한다.

    숨이 나갈 때, 내려놓음을 관찰한다.

모든 것은 변한다

『호흡마음챙김경』
열세 번째 단계

13. 숨이 들어올 때, 모든 현상의 변화하는 특성을 관찰한다.

    숨이 나갈 때, 모든 현상의 변화하는 특성을 관찰한다.

우리는 삶의 안정된 기반을 마련하는 데 인생 대부분을 사용한다. 좋은 보수를 받고 안정된 직업 찾기, 인생의 동반자 찾기, 인생의 즐거움을 즐기고 안정적으로 은퇴할 수 있는 충분한 돈 벌기, 집 사기, 행복하고 건강한 방법 찾기 같은 것들 말이다. 대부분은 이것만 하면, 이것만 하면, 이것만 하면, 모든 것이 잘 될 것이라고 말한다. 도전과 기회는 모두 그러한 현상으로, 그것이 생리적·심리적 또는 물리적 현상이든 관계없이 항상 변화한다. 수백만 년된 히말라야산맥은 남쪽에서 지각판이 산을 위로 밀어 올리는 동안 서서히 지표면을 마모시키면서 기후가 분자 수준에서 변화하고 있다. 사랑하는 이들이 죽거나 다른 이들과 이별하기도 하면서 우리는 상처를 입는다. 변화는 어려움이 될 수 있다.

하지만 변화는 또한 멋질 수 있다. 비만을 되돌릴 수 있다. 기말고사 기간은 끝나기 마련이다. 잔소리가 심한 부모님의 전화도 끝이 있다. 우리는 신체적으로 더 강해지고 현명해질 수 있다. 감사한 일이다. 신경과학 연구 가운데 뛰어난 한 가지는 신경 가소성의 발견이다. 우리 뇌는 삶을 통해 변할 수 있다. 몸도 마찬가지다. 우리는 성장하고, 발전하고, 진화할 수 있다. 어떤 변화를 활용할 수 있을까?

어려운 변화가 일어날 때, 변화는 일어나기 마련이라는 점을 통찰하는 것만으로도 고통을 줄일 수 있다. 정치적 제도가 생겼다 사라진다. 학교 프로그램들이 생겼다 사라진다. 일자리가 생겼다 사라진다. 기후가 변하고 있다. 인간관계도 마찬가지다. 변한다는 사실을 아는 것만으로도 변화가 발생할 때 우리가 그 변화를 이해하는 데 도움이 된다. 또한 그 안에서 기회를 발견하고 이용함으로써 성장하고 배울 수 있다.

내가 조앤 프라이데이를 통해 배운 교훈은 도전적인 변화가 일어날 때 스스로에게 '희생양이 되고 싶은가, 무언가 배우길 원하는가?'라고 물어야 한다는 것이다. 나는 학생이 되어서 배우고, 성장하고, 발전해서 또 다른 어려움이 닥쳤을 때 새롭게 배운 지혜를 적용하길 좋아한다. 비결은 변화로부터 어떻게 이로움을 얻을 수 있는지 알아내는 것이다. 스스로에게 물어보라. '나는 삶에서 무엇이 변화하고 있는지 알아차리고 있는가(기후, 디지털 기술, 경제, 높은 주거 비용 등)?' 그 변화를 이용해 기회를 낚아챌 수 있는가? 예를 들어 기후변화는 지속 가능한 태양 에너지 및 풍력 에너지를 저장하기 위한 기술을 개발하고, 아름다운 야생지를 탄소 흡수원으로 보존하고, 재생 농업 기술을 개발하며, 지속 가능성을 깊이 이해하는 토착민들과 다른 사람들의 지혜를 활용할 기회가 된다.

특정 지역의 주택 가격이 높아지는 추세에 대응하는 여러 가지 방법이 있다. 주택 비용이 아직 높지 않고, 자신의 취향과 잘 맞고, 관심 분야와 전문성에 기회가 있는 지역 또는 다른 국가로 이주하는 것을 생각할 수 있다. 높아진 주택 가격에 대응하는 또 다른 방법으로는 고압적인 주택 시장에서 받는 스트레스 에너지를 활용해 몸, 가슴, 마음, 정신에서 경력과 관련된 지혜를 끌어내는 것이다. 그 지혜로 더 윤리적인 소득을 창출하고 수익을 부동산에

투자해 해당 지역에서 계속 살 수도 있다. 변화는 늘 일어난다는 사실을 받아들이면 그 속에서 다양한 기회를 찾을 수 있다.

사람들이 이 가르침에서 어려움을 겪는 것은 변화에 대한 지나친 불안감 때문이다. 변화의 물결에 적응하기가 어려울 수 있으나 변화 자체가 불안정을 느끼게 하는 것은 아니다. 만약 변화를 생각하는 것만으로도 불안을 느낀다면, 모든 것이 변하기는 하지만 많은 면에서 꼭 그렇지만은 않다는 사실도 기억하라. 안정성 또한 존재한다. 정서적으로 가장 가까운 가족들은 거의 확실히 항상 당신을 사랑할 것이다. 에베레스트의 설원이 녹고 수많은 사람이 등반할 수 있게 된 점에서는 변화가 있었지만, 세계의 지붕으로 우뚝 선 거대한 산이라는 사실은 수백만 년 동안 지속될 것이다. 마법은 바로 모든 것이 변하지만 동시에 안정적이라는 사실을 받아들일 때 존재한다. 이 두 가지 진실을 이해할 때, 불안감이 일어나더라도 고정된 생각에 얽매이지 않을 수 있다. 그러한 자유로움으로 변화에 대한 저항감에서 벗어날 수 있고, 변화가 일어났을 때 좌절하지 않을 수 있다. 그 자유를 이용해 자신을 혁신해 나가고, 개인적으로 성장하면서, 경력이나 사회생활에서 맨 앞에 설 수 있다.

지적으로 모든 것이 변한다는 것을 아는 것과 매 순간 충분히 체험하는 것은 별개의 일이다. 명상을 통해 변화하는 특성을 철저히 알고 매 순간 체험할 수 있다. 특히 명상의 대상이 변화하는 특성 그 자체일 때 그렇다. 나는 지금 당장 혹은 다음 날쯤, 당신에게 무상에 대해 명상하라고 권하고 싶다. 한번 시도해 보라.

변화하는 특성에 대한 명상

이 명상의 취지는 지적인 방식이 아닌 체화된 방식으로, 대단히 많은 것이 변한다는 사실을 탐구하고 변화를 수용하는 것이다. 그러고 나서 삶에서 일어나는 특별한 변화를 자신과 세상에 도움이 되도록 활용할 기회가 있는지 살펴보는 것이다.

잠시 명상할 수 있도록 편안하고 깨어 있기에 도움이 되는 자세로 앉습니다.

호흡, 몸, 소리 등 원하는 곳에 닻을 내리고 오직 그 대상에 주의를 집중합니다. 생각들이 일어나는 대로 알아차리고 그대로 지나가게 합니다. 다시 닻을 내린 곳으로 돌아옵니다.

몸과 연결된 상태에서, 지금 이 순간 어떤 육체적 감각이 일어나고 있는지 알아차립니다. 몸이 열려 있나요? 그렇지 않다면 왜 그런지 알아봅니다. 보살핌, 호기심, 비판단, 이해하려는 태도로 스스로 왜 안 되는지 질문해 봅니다.

어느 정도 시간이 지나면, 감정과 연결해서 어떤 느낌이 있는지 알아차립니다. 이때는 기쁘고 행복한 마음으로 가볍게 둘러보는 게 좋습니다. 그러한 느낌 상태로 몸을 돌보고 차분하게 합니다.

이제 가슴이 열려 있는지 질문합니다. 그렇지 않다면 왜 그런지도 알아봅니다. 가슴이 차분해지도록 얼마간 시간을 가진 다음, 친절하게 가슴을 닫게 하는 원인들을 찾아봅니다. 그리고 가슴을 열어 주는 효율적인 다음 단계를 고려해 보고, 그것이 적절하다고 느껴지면 적절한 시간에 그 단계들을 수행해 봅니다.

이어서 마음, 특히 생각에 연결합니다. 어떤 생각들이 부글부글 끓어오르는지, 질주하고 있는지, 혹은 정처 없이 떠돌고 있는지 알아차립니다. 만약 생각들 사이에 어떤 틈이 있다면 그것들을 알아차립니다.

잠시 시간을 내어 믿을 만한 방법으로 마음을 기쁘게 합니다. 마음을 가지고 조금 수행해 보았으니, 이번에는 마음에 집중해 봅니다. 지금 이 순간, 여기 이 생각, 이 호흡에 머물 수 있나요? 원한다면 닻을 집중 대상으로 사용해도 좋습니다.

그러고 나서 마음을 해방합니다. 지금 이 순간 마음을 위축시키는 어떤 것이 있나요? 마음이 열려 있나요? 그렇지 않다면 왜 그런지 스스로에게 질문해 봅니다. 당신은 마음을 위축시키는 어떠한 장애물이라도 놓아 버리고, 지금 이 순간 온전한 자신으로 존재할 수 있나요?

준비가 되었다면, 이제 닻을 내린 곳에 연결된 채로 다음과 같이 숙고해 봅니다. '나는 모든 현상의 변화하는 특성을 관찰한다. 모든 것은 변한다.' 이러한 명상을 할 때는 신체 감각들, 감정들, 생각들을 그저 알아차리면서 중심을 잡는 데 도움이 되는 호흡, 몸, 소리와 같은 닻으로 되돌아옵니다.

변하지 않는 것을 생각할 수 있는지 찾아봅니다. 만약 변하지 않는 무언가가 있다고 생각한다면, 그게 사실인지 스스로에게 물어봅니다. 만약 당신이 확신한다고 대답한다면, 나의 마음챙김 스승인 조앤 프라이데이는 다시 물어보라고 할 겁니다. 단순히 머리만이 아니라 진실로, 철저하게 모든 것은 변하기 마련이고 그 변화를 피할 수 없음을 받아들일 수 있는지 살펴봅니다.

우리는 변화 속에서 기회를 찾아 활용할 수 있을까요? 아니면 적어도 변화가 일어날 때 화를 내지 않을 수 있을까요?

지금 자기 자신과 자신의 삶, 주변 환경, 경제, 직업 분야, 또는 당신이 돌보는 누군가에게 요즘 어떤 변화가 일어나고 있는지 살펴봅니다. 변화를 생각해 보세요. 그리고 스스로에게 묻습니다. '나와 세상에 도움이 되는 방식으로 변화를 활용할 수 있을까?' 어떤 기회가 있을까요? 어떻게 변화를 이용하고, 그 기회의 파도에 올라탈 수 있을까요?

이제 명상을 마치면서, 닻을 내린 곳으로 돌아와 다시 자리 잡습니다. 만약 이 명상에서 생긴 통찰이나 알아차림이 있다면, 그것을 남은 일상의 삶에 적용해 봅니다.

우리가 변화함에 완전히 편안해지고 그것으로부터 벗어나게 되어 기쁘다. 이제 실제로는 행복을 가져다주지 않는 물질적 소유와 경험에 대한 욕망을 지나가도록 내버려 두는 일은 간단하다. 인격 양성을 위해 이 기회를 함께 살펴보자. 그 전에 잠시 쉬는 것도 좋을 것이다.

4장. 온전함에 깨어 있기

욕망과 혐오 버리기

『호흡마음챙김경』
열네 번째 단계

14. 숨이 들어올 때, 애쓰지 않음을 관찰한다.
     숨이 나갈 때, 애쓰지 않음을 관찰한다.

이 명상의 또 다른 번역은 "냉담함을 숙고하면서, 숨을 들이쉰다.
냉담함을 숙고하면서, 숨을 내쉰다"이다(Shaw 2006).

이제부터 섹스, 돈, 권력, 맛있는 음식, 수면과 같은 잠재적인 함정
과의 관계에 대해 알아볼 것이다. 우리 가운데 누군가는 그것들에
대해 건강하지 않은 욕망이나 갈애를 가지고 있고, 또 다른 이들
은 건강하지 않은 혐오감을 가지고 있다. 여기서의 탐구는 건강하
지 않은 욕망이나 건강하지 않은 회피에서 벗어나 당신과 당신이
영향을 미치는 사람들에게 건강한 균형을 찾아 주는 것이다. '욕
망의 소멸'이란, 무엇인가에 대해 애를 쓰고 이를 악무는 것과 같
은 바람이 없는 것이다.

　　욕망 없음이 유익한 또 다른 영역은 '여덟 가지 세상의 풍파

[八風]'라고도 불리는 여덟 가지 변화와 관련이 있다. 네 가지 짝을 이루는 상반된 경험들이다. 기쁨과 고통, 득과 실, 칭찬과 비난, 명예와 불명예가 그것이다. 우리는 종종 쾌락, 이득, 칭찬, 명예에 대한 건강하지 못한 갈망을 가지고 있다. 또한 고통, 상실, 비난, 불명예에 대한 건강하지 못한 혐오감을 가지고 있다. 하지만 인생은 이 여덟 가지를 모두 가지고 있다. 그것에 대해 우리가 할 수 있는 일은 실제로 아무것도 없다.

지금 이 책을 읽는 사람 가운데 누군가는 평가하면서 비난을 할 것이고, 누군가는 대단하다고 칭찬을 할 것이다. 나는 어쩔 수가 없다. 사람들은 우리를 칭찬하고 비난할 것이다. 직장에서 승진, 훌륭한 대학에 입학하는 것, 아기를 갖는 것처럼 얻는 것이 있다면 로맨틱한 파트너와의 이별, 시합 패배, 가까운 조부모의 상실과 같은 일도 마찬가지로 일어난다. 요령은 여덟 개의 세상 풍파 중 어느 것도 심각하게 여기지 않는 것이다. 왜냐하면 집 밖의 바람처럼 모두 오고 가기 때문이다. 그렇게 함으로써 우리는 그저 우리 자신일 뿐이고 두려움이 없어진다. 삶은 헤쳐 나가기 더 수월해진다. 우리가 이러한 요소들에 대한 갈망과 혐오를 놓아 버릴 때 발생하는 재미있는 부작용은, 긍정적인 경험이 더욱 자주 나타나기 시작한다는 것이다.

MBC를 수료하고 꾸준히 마음챙김 명상을 연습해 온 학생 다나는 그것이 효과적이라는 걸 깨달은 순간을 말해 주었다. 당시 그녀는 거의 1년 동안 한 남자와 사귀고 있었고, 그들은 꽤 진지했

4장. 온전함에 깨어 있기

다. 적어도 다나의 입장에서는 모든 것이 잘되어 가고 있었다. 그들은 싸운 적이 없었다. 하지만 다나가 5일간의 명상 수련회를 위해 떠났다가 돌아왔을 때 남자는 그녀를 떠났다.

다나는 이틀 뒤 첫 의과대학 면접을 앞두고 있었다. 타이밍이 끔찍했다. 그녀는 위에 설명된 두 가지, 상실의 감정과 고통으로 인해 당연히 화가 났다. 그리고 슬픔을 느꼈다. 그렇다고 마냥 화가 나지는 않았다. 다행히 그녀는 수련회에서 막 돌아온 참이어서 안정감을 느끼고 있었기에 둘의 관계가 지금과 다르길 바라는 갈망에 사로잡히지 않았다. 대신 그녀는 일어나고 있는 것들을 받아들일 수 있었고 면접 준비에 집중할 수 있었다. 시간이 흐르면서 그녀는 그 관계를 우정으로 바꾸었고, 기쁨과 성취감을 주는 다른 관계를 포함해서 다른 여러 측면에서 성장했다. 곧 보게 되겠지만 그녀는 미국에서 최고의 의과대학에 합격했다.

그렇다면 어떻게 우리가 욕망 없이 또는 갈망을 버리고 건강하게 일할 수 있을까? 아래에 그것을 시도해 볼 기회가 있다.

애쓰지 않기 명상

이 명상의 의도는 우리와 다른 사람들에게 실제로 순수한 행복을 가져다주지 않는 것들에 대한 욕망과 물질에 대한 갈망으로부터 자유로워지는 것이다. 애쓰지 않기(우리를 현존에서 벗어나게 하는 성과물에 집착하지 않기)는 마음챙김을 수행하는 데 권장되는 요소이지만 미래에 대한 계획을 세울 필요도 또한 있다. 이 명상은 두 가지 요소, 즉 욕망 없음(애쓰지 않기)과 미래의 삶을 위해 무엇을 해야 할 것인지 결정하는 데 도움이 되도록 고안되었다. 이 명상을 통해 당신이 성공하고, 웰빙을 향상하고, 참된 자신에게 어울리는 방식으로 원하는 삶을 이루어 나갈 수 있길 바란다.

마지막 명상과 비슷하게, 잠시 자신을 살펴보면서 먼저 닻 내린 곳에 중심을 두고서 몸, 마음, 가슴을 열 수 있는지 질문해 봅니다. 편안하게 앉아서 자신을 위한 효과적인 다음 단계로서 진정으로 원하는 것이 무엇인지 질문해 봅니다.

그것은 여행인가요? 어떤 음식을 먹지 않는 건가요? 소셜 미디어 사용 시간을 줄이는 것인가요? 어쩌면 연애하고 싶은 사람에게 산책이나 둘에게 잘 어울리는 방식으로 시간을 보내자고 제안할 수도 있을 겁니다. 당신의 가치관과 일치하는 진정한 자아의 모습 중 무엇을 표현하고 싶나요?

다음은 동기부여와 관련된 질문입니다. 이 질문에 대한 답을 생각하면서 욕망과 회피를 내려놓을 수 있나요? 목표를 이루려고 이 악물고 애쓰는 대신 자신의 일부가 자연스럽게 드러나도록 할 수 있나요?

향후 몇 주간 달성하고 싶은 목표는 무엇인가요?

1. 목표 달성을 위해 얼마나 동기부여가 되어 있나요?

4장. 온전함에 깨어 있기

(10점 만점에 1~10으로 답합니다.)

2. 목표를 달성할 수 있다고 얼마나 자신하나요?

(10점 만점에 1~10으로 답합니다.)

3. 동기부여 또는 자신감을 높이기 위해 무엇을 할 건가요?

4. 이번 주에 목표를 달성하기 어렵게 만들 만한 요소는 무엇이며, 그렇게 된다면 어떻게 할 건가요?

5. 이 의도를 자신의 마음에 와닿는 방식으로 어떻게 측정할 수 있나요?

적당한 때에 자신의 의도를 부모님이나 친구 등 다른 사람과 공유합니다. 주변의 지지는 때때로 목표에 맞게 행동하는 데 도움이 됩니다.

많은 면에서 우리는 욕망과 욕망하지 않음을 동시에 품고 있어서 갈망이나 혐오로부터 자유로울 수 있습니다. 그러나 이를 악물고 움켜쥐려 하는 태도는 지금 일어나고 있는 중요한 무언가를 희생하면서까지 무언가에 몰두하는 일이어서 진정한 자기 자신, 타고난 힘, 창의성이 드러나는 걸 방해할 수 있습니다.

한 주간 하고 싶은 바를 정하되, 가능한 한 갈망과 혐오에서 벗어나 자유로운 상태로 시도해 보길 바랍니다.

의도나 목표를 설정하는 것은 자신과 다른 무엇을 갈망하게

되는 결과로 이어질 수 있다. 그것은 노력하고 있다는 느낌을 만들어서 현재 순간에서 벗어나게 할 수 있다. 따라서 의도를 정할 때는 불선한 욕망(분노나 갈애)을 피하는 것이 좋다. 몸, 가슴, 마음을 열고 온전함에 깨어 있으면서 내면의 진정한 자신을 볼 수 있게 하라. 이것이 바로 의도를 설정하는 방법이다. 우리의 가치, 마음, 몸과 일치하고 진정한 자기 자신의 모습에 가깝게 만들어 주는 의도를 설정해야 한다. 의도를 설정함으로써 당신의 진정한 자아는 신체적으로 더 건강하고 사회적으로 연결된 모습으로 나타날 것이다. 어쩌면 당신의 참된 자아는 소셜 미디어에 의해 덜 산만해지고 친구나 가족과 더 결속될 것이다.

이 장에서 다음 주에 대한 자신의 의도를 고려할 때는 욕망의 부재라는 개념으로 작업해 보라. 섹스, 수면, 맛있는 음식, 돈, 권력, 명성, 이득, 즐거움, 칭찬에 대한 애착을 버리는 동시에 상실, 비난, 고통, 악평과 같은 다른 요소들에 대한 혐오도 떨쳐 버린다. 그냥 있는 그대로의 자신이 되어 보라. 이들 해로운 욕망을 내려놓음으로써 본래 자신의 모습대로 피어나 자기 자신 그리고 주변 사람들에게 도움이 될 수 있다. 그것이 제대로 이루어지면 큰 권력, 명성, 돈, 칭찬, 이득, 즐거움으로 이어질 수도 있지만 이는 중요한 게 아니다.

삶과 죽음에 대한 통찰

『호흡마음챙김경』
열다섯 번째 단계

15. 숨이 들어올 때, 사라짐을 관찰한다.
    숨이 나갈 때, 사라짐을 관찰한다.

    이 명상의 또 다른 번역은 "숨을 들이쉬면서, 모든 현상의 태어남
    도 죽음도 없음을 관찰한다. 숨을 내쉬면서, 모든 현상의 태어남도 죽
    음도 없음을 관찰한다"이다(Nhat Hanh 2007).

빠알리어 '니로다(nirodha)'는 꺼짐 또는 사라짐을 의미하는 '소멸'
으로 번역된다. 이것은 무지의 소멸을 의미하며, 우리가 자연(기본
적으로 모든 것)을 있는 그대로 보는 것을 말한다. 그럴 때 우리는 개
아(個我)에서 벗어나 자신이 우주의 한 부분일 뿐이라는 진리를
알게 된다. 이것이 우리를 궁극적인 실재와 연결되도록 도울 수
있다. 우리는 출생, 노화, 질병, 죽음과 같은 큰 두려움 중 일부를
버릴 수 있다. 이 부분에서는 우선 죽음의 공포로부터 우리를 해
방하는 데 초점을 맞출 것이다.

많은 사람에게 죽음의 두려움은 큰일이다. 하지만 많은 면에서 우리는 매일 죽고 태어난다. 추정치에 따르면 매일 100조 개의 세포들이 죽고 같은 수의 세포가 새롭게 태어난다(Gilbert 2000). 이는 매 순간 우리 안에서 100만 개 이상의 세포가 태어나고 죽는다는 걸 의미한다. 세포 차원에서 우리는 매 순간 달라진다. 생리적으로 당신은 이 문장을 처음 읽기 시작했을 때와 다른 사람이다. 탄소, 산소, 질소, 많은 다른 원소들과 분자들이 분자 수준에서 생물과 무생물을 오가며 전 세계로, 말 그대로 우주로 퍼져 나간다. 실제로 우리 몸의 분자는 전 세계 모든 사람의 몸에 있던 분자라는 연구 결과가 있다. 생명은 참으로 놀랍다.

오늘 아침 나는 결혼기념일을 축하하기 위해 아내 벳시에게 줄 꽃다발을 골라서 꽃병에 꽂아 아침 식사 테이블에 놓아두었다. 아내와 딸이 식탁에 앉았을 때 꽃을 보고 미소를 지었다. 일주일 안에 꽃다발은 퇴비 통에서 과일, 채소, 이파리들과 함께 썩어 갈 것이다. 내년 봄이나 가을에 나는 정원에 퇴비를 뿌릴 것이고, 그 안에 있는 분자들은 이듬해 다시 꽃으로 피어날 것이다. 생명의 순환은 다음과 같은 질문을 던진다. 그 꽃은 언제 태어났고 언제 죽었을까? 아니면 단지 분자들이 현실의 다양한 모습으로 순환하는 것인가?

사랑하는 이들이 죽었을 때, 그들은 각각 다른 모습으로 우리 삶 속으로 깃들게 된다. 예를 들어 최근 나의 '명상, 마음챙김, 건강' 과정을 수료한 세레나는 학기 중에 할아버지가 돌아가신 경험을 함께 나누었다. 이번이 가까운 가족을 잃은 첫 번째 경험이었다. 그녀는 장례식을 위해 오클라호마로 갔다. 가는 도중에 그녀는 엄마와 엄마의 형제자매들이 '태어남 없음, 죽음 없음'의 가르침이 담긴 이야기를 포함한 많은 이야기를 하는 것을 지켜보았다. 그녀는 설명했다. "할아버지가 완전히 떠나셨다고 생각할 수 없어요. 왜냐하면 아직 할아버지의 딸, 손자 손녀들 모두에게 남아 있으니까요. 죽은 이들의 일부가 우리 안에 있으니 아무도 실제로는 죽은 게 아니에요."

세레나는 장례식에서 어머니가 손주들에게 나타나는 할아버지의 특징을 조목조목 설명해 주었다며 이를 공유했다. "오빠 안에는 할아버지의 조용한 호기심이 있어요. 그들은 둘 다 수줍고 똑똑하고 호기심이 많은 사람이에요. 내게는 할아버지의 음악에 대한 열정이 있어요. 내 사촌에게는 사려 깊고 배려심 있는 할아버지의 성격이 남아 있고요. 할아버지의 모든 면이 우리에게서 나타나요." 태어나지도 않고 죽지도 않는다는 가르침은 우리 각자의 모습, 가르침과 깨달음, 심지어 우리가 숨 쉬는 분자까지도 다른 사람에게 스며든다는 사실을 보여 준다. 실제로 세레나의 할아버지가 지녔던 특질들이 이 책과 지금 당신에게도 스며 있다. 과연 우리는 언제 죽고 언제 태어나는 것이며, 죽음과 태어남이 존재하기는 한 것일까?

퇴비 속의 꽃으로 돌아가 보자. 꽃들이 기름진 퇴비가 되면 나는 그 퇴비를 채소밭에 뿌릴 것이다. 탄소나 질소를 포함해서 꽃에서 나온 분자들은 흙으로 스며들어 우리가 기르는 케일의 뿌리로 빨려 들어갈 것이다. 우리가 케일을 수확해서 아침 스무디 중 하나에 섞으면, 작년에 눈으로 즐기던 것과 달리 위(胃)로 꽃들의 성분을 행복하게 먹어 치우는 모습을 발견하게 될 것이다. 이것은 꽃들이 다음 형태로 새로 태어난 것인가? 그들의 새로운 모습이 우리에게 있는가?

다나의 이야기를 다시 하자면, 현재 그녀는 듀크대학교 의대에서 1년을 보내고 있다. 다나는 인간의 신체를 해부할 수 있음에 감사하다고 했다. 해부를 통해 사람의 인체에 대해 많은 것을 배울 수 있고 때론 격한 감정을 느낀다고도 했다. 해부실에서의 첫날, 다나는 해부를 위해 신체를 기증한 사람을 위해 잠깐의 시간을 가졌다. 기증자는 묻히거나 화장을 선택할 수도 있었지만, 다나와 같은 학생들이 생명을 더 훌륭하게 도울 수 있도록 자신의 몸을 과학에 기증했다. 다나는 기증자의 삶에 대해, 그가 학생들이 배울 수 있게 배려해 준 데 대해 감사했다.

태어남도 죽음도 없다는 개념을 생각하면서 다나는 "마치 이 사람이 계속 살아 있는 것처럼 느껴져요. 그가 우리에게 가르침을 주고 있기에 어떤 면에서 매일 살아서 우리에게 다가오는 것 같아요"라고 말했다. 여러 면에서 태어남과 죽음은 단지 분자, 지식, 지혜가 장소를 이동하는 순환일 뿐이다. 자세히 들여다보면 태어남과 죽음의 정확한 순간을 콕 집어내기란 쉽지 않으며 아마도 불가능할 것이다. 그것은 그저 연속일 뿐이다. 그래서 틱낫한 스님은

4장. 온전함에 깨어 있기

'매일 연속되는 나날'이 '내 생일'이라고 말했다.

우리는 태어남도 죽음도 없다는 것에 대해 편안하고 느슨해 질 수 있지만 여전히 태어남과 죽음은 존재한다. 아기들은 특정한 날과 특정한 시간에 엄마의 자궁에서 나온다. 어머니들은 아마도 자녀가 도착한 정확한 날짜와 시간을 알고 있을 것이다. 사랑했던 분들은 특정한 순간에 마지막 숨을 거둔다. 우리는 탄생과 죽음이 있으면서 동시에 존재하지 않는다는 생각을 가질 수 있을까? 둘 다 사실이다. 그리고 그 두 가지 사실을 인정함으로써 많은 사람 이 두려워하는 죽음과 같은 고정적인 생각으로부터 자유로워질 수 있다. 두려움은 정신을 닫히게 할 수 있지만, 이 명상을 통해 얻 어지는 통찰력은 두려움을 없애고 지혜를 일어나게 해 정신을 일 깨운다. 당신은 두려움 없이 살아갈 수 있다.

한편 이런 논리를 믿는다면, 우리와 우리가 사랑하는 사람이 진실로 죽는 것은 아니라는 사실이 멋지지 않은가? 그냥 모습만 바꿨을 뿐이다. 태어남도 죽음도 존재하지 않는다는 생각이 우리 를 자유롭게 하지만 여전히 이해가 되지 않는 사람도 있을 것이다.

여기 한 불교 스승의 일화가 있다. 그는 어떤 노인에게, 나이 가 들었으니 높은 단계의 수행은 하지 말라고 충고했던 것을 인생 에서 가장 후회하는 일 중 하나라고 말했다. 그 스승은 우리가 조 금이라도 젊을 때, 실제로 끝까지 해낼 수 있는 시간이 남아 있을 때 그 수련을 받는 것이 더 낫다고 느꼈다. 안타깝게도 환생을 믿 고, 젊게 태어나서 높은 단계의 가르침을 훈련할 수 있기를 원했던 노인은 자살로 세상을 떠났다. 스승은 그 사건에 대해 참회하고, 그때부터 참회의 힘으로 더 깊이 수행하면서 최대한 능숙하게 다른 사람들을 위해 봉사했다.

태어남과 죽음에 대한 생각이 약해졌다고 해서 현재 삶의 가치까지 훼손해서는 안 된다. 삶과 죽음이 존재하지 않는다는 생각은 우리를 고정된 생각과 죽음에 대한 공포로부터 자유롭게 하고, 이를 통해 지금 이 순간 삶을 만끽하게 해 준다. 탄생과 죽음을 되돌아보는 시간을 가져 보라.

연속성에 관한 명상

이 명상의 의도는 '탄생'과 '죽음'의 영향을 받지 않는 모든 존재의 연속성을 탐구하는 것이다. 그렇게 함으로써 죽음에 대한 불필요한 두려움으로부터 해방되어 지금을 훨씬 더 충실하게 살 수 있게 될 것이다.

> 지금은 살아 있지 않지만 당신에게 긍정적인 영향을 준 누군가를 떠올려 봅니다. 할아버지도 좋고, 간디, 마틴 루터킹, 마더 테레사 같은 현명한 위인도 좋습니다. 만약 돌아가신 분 가운데 떠오르는 사람이 없다면 살아 계신 분을 떠올려도 좋습니다.
> 잠시 시간을 내어 그분을 생각하고 마음속으로 그분의 모습을 떠올려 봅니다.

4장. 온전함에 깨어 있기

이제 당신이 여전히 가슴속에 간직하고 있는 그분의 특정한 가르침을 떠올립니다. 교훈일 수도 있고, 존재 방식일 수도 있으며, 통찰력 있고 재미있는 이야기일 수도 있습니다.

우리가 죽을 때 남는 것은 우리 행동의 결과라는 견해에 대해 생각해 봅니다. 그들은 어떠한 업적을 남겼나요?

당신이 떠올린 긍정적인 사람과 그들의 행동에서, 한때 그들의 구성요소였던 것들이 어떻게 당신 안에 깃들어 있는지 생각해 봅니다. 그들이 영향을 미친 다른 이들과 마찬가지로 당신도 그들의 연속체입니다.

세상은 수백만 년간 존재해 왔고, 그 가운데 우리의 삶은 정말 찰나의 순간에 불과함을 생각해 봅니다. 우리는 단지 우리에게 영향을 준 조상들과 다른 사람들 그리고 현재 우리가 될 수 있게 해 준 동물, 식물, 광물의 연속일 뿐입니다.

당신은 이 삶을 어떻게 살아가고 싶으며, 당신의 연속성으로 무엇을 남기고 싶나요?

상호의존성 깨닫기

벳시와 나는 최근에 아름다운 수공예 책장을 샀다. 이 책장은 우리 둘이서 나무의 종류와 크기, 마감재를 고르면서 찾아냈다. 이 책장은 그것을 만드는 데 시간을 들인 실력 있는 목수가 없었더라면 존재할 수 없었을 것이다. 더군다나 숲속의 자작나무가 없었다면 이런 특별한 책장은 생겨나지 않았을 것이다. 만약 자작나무를 베어 낸 나무꾼이 없었더라면, 이 나무로 만들어진 책장이 결코 우리 집에 도달하지 못했을 것이다. 태양과 비가 아니었다면 자작나무는 결코 자라지 못했을 것이다. 나무들이 숨을 쉼으로써 그들의 일부가 된 이산화탄소 분자는 수천 년에 걸쳐 전 세계에서 왔고, 각기 다른 시기에 다른 존재들로 살아왔다. 많은 면에서 우주 전체가 책장 안에 있다. 책장은 거의 모든 것을 가지고 있다. 모든 것은 연결되어 있다. 얼마나 멋진 일인가? 개념적 수준에서 상호 연결성 또는 상호의존성을 이해하는 것과 일상에서 매 순간 활용하는 것은 전혀 다른 일이다.

상호의존성 또는 개별적 자아가 없다는 개념은 우리를 자유롭게 해 준다. 예를 들어 자아와 자아도취적인 경향으로부터 우리를 해방할 수 있다. 당신의 인성을 있는 그대로 보라. 좀 더 구체적으로 우리의 성격은 우리를 둘러싼 환경과 생물학의 배합이다. 환경에는 가족, 친구, 소셜 미디어, 문화, 국가, 언어 외 많은 다른 요소들이 포함된다. 생물학은 유전학을 포함한다. 우리는 점점 생물학이 후생유전학, 유전자를 켜고 끄는 DNA 주변의 단백질 구조를 포함한다는 것을 깨달아 가고 있다. 그것은 또한 몸 안의 세포 수와 비등할 정도로 우리 몸 안에 살고 있는 미생물 군집인 마이크로바이옴(microbiome)을 포함할 가능성이 높다. 이들은 각기 우

4장. 온전함에 깨어 있기

리의 성격에 영향을 미친다. 이들 유전자는 먼 조상으로부터 이어진 것이기도 하다. 만약 당신의 먼 선대 할머니가 DNA를 물려주지 않았다면, 당신은 여기에 존재하지 않았을 것이다.

우리는 누구인가? 우리는 선생님들, 가족, 영향들, 생물학, 음식, 환경, 그 밖의 다른 많은 것들과 우리가 될 다음 세대 사이에 있는 과도기적 흐름일 뿐이다. 다른 사람들로부터 받은 것을 계속 물려주는 것 외에 달리 우리를 누구라고 할 수 있을까? 이 책에는 내 생각이라고 할 만한 것이 하나도 없다. 모든 선생님의 이야기와 젊은이의 이야기에서 볼 수 있듯이, 나는 그들의 지혜를 전달해 주고 있을 뿐이다. 우리는 단지 과거에서 미래로 가는 통로일 뿐이다. 정말 그뿐일까? 그렇기도 하고 그렇지 않기도 하다. 온전하게 서로 연결된 행성 그리고 부정할 수 없는 우주와 연결되어 있는 존재가 아니라면 '우리'는 누구일까?

상호의존성에 대한 가르침 또는 개별적 자아의 공성(空性)을 숙고함으로써 얻을 수 있는 이익이 있다. 첫째, 우리가 별개의 자아라는 생각을 내려놓으면 성취한 것에 대해 스스로가 해냈다는 자부심과 나르시시즘에서 벗어날 수 있다. 둘째, 자신이 더 나은 존재가 되지 못했다는 사실로 자책하지 않아도 된다. 학습장애가 있을 수 있고 신체적 장애를 가지고 있을 수도 있다. 외상 후 스트레스 장애가 있을 수 있고, 최고의 대학을 졸업하지 못할 수 있으며, 꿈꾸던 일을 하지 못할 수도 있다. 거기에는 많은 원인과 조건이 작용한다. 어떤 것은 유전일 수 있고 환경적 요인일 수도 있다.

우리는 자기 존재에 대해 일부만 책임이 있다. 이를 알게 되면 자신을 그저 토닥거리는 것이 아닌, 실제로 자기연민과 이해가 생겨난다. 셋째, 서로와 환경이 얼마나 상호의존적인지를 생각하는 데 도움이 된다. 샴푸에 사용되는 미세 플라스틱은 하수 시스템을 거쳐 바다와 강으로, 물고기로, 그리고 우리 몸으로 돌아온다. 내가 퇴비에 넣으려고 생각했던 살충제가 뿌려진 오렌지 껍질은 채소밭에 들어가서 내 딸이 먹는 이듬해의 당근이 될 것이다. 이처럼 세상이 모두 연결되어 있음을 알면 지혜는 물론 사람, 동물, 식물, 광물 등 모든 존재를 배려하는 에너지까지 얻을 수 있다.

사람들이 가르침을 듣고 어려움에 빠질 수 있는 부분은 '무아(無我)' 사상이다. '나'라는 것이 존재하지 않는다고 하는 가르침이다. 틱낫한 스님(Nhat Hanh 1998)은 무아의 원리를 가르칠 때 '개별적 자아의 공성'과 '상호의존성'을 강조했다. 나는 그 접근법이 명확할 뿐만 아니라 혼란의 위험도 줄인다는 것을 알았다. '태어남도 죽음도 없음'과 '모든 것이 변한다'라는 가르침처럼 개별적 자아는 공(空)하다. 그리고 중요하게도 우리에게는 개별적 자아가 있다. 우리를 둘러싸고 있는 피부로 된 자루가 있고 그 안에 몸과 마음이 있다. 무아와 개별적 자아는 둘 다 진실이다. 이것들은 단지 우리가 진실을 더 깊이 이해하도록 하기 위한 말일 뿐이다. 이 두 가지 진실을 동시에, 둘 중 하나에만 집착하지 않고 받아들일 수 있을까? 그 사이 어딘가에서 풍요로움 속의 진정한 자아가 강하게 발현될 것이다.

4장. 온전함에 깨어 있기

중국의 선 스승인 청원유신(靑原惟信)은 다음과 같은 유명한 말을 남겼다. "30년 동안 선학을 공부하기 전에, 나는 산을 산으로 물을 물로 보았다. 좀 더 깊은 앎에 도달했을 때, 나는 산은 산이 아니며 물은 물이 아니라는 것을 알게 되었다. 하지만 이제 온전함으로써 참된 실재를 알고 나니 안정을 찾았다. 이는 단지 내가 산을 다시 산으로 물을 다시 물로 보기 때문이다(Watts 1951)." 이러한 가르침으로 우리는 탄생, 죽음, 변화, 자아라는 짐을 풀 수 있다. 우리는 개별적인 요소를 보고 여전히 그것들을 무엇이라고 부를 필요가 있다. 그래서 그것들을 출생, 죽음, 변화, 자아라고 부를 수 있지만 다만 심각하게 받아들이지 않고, 그것들에 대해 더 큰 지혜를 가지며, 그 과정에서 자신을 단순히 존재하는 그대로 받아들일 수 있게 된다. 이것을 깨달음으로써 자기 본연의 모습과 주변 세상이 어떻게 돌아가는지를 볼 수 있다.

　　이것들은 온전함에 깨어 있는 데 도움이 되는 영역의 몇 가지 사례일 뿐이다. 그렇지 않을 수도 있다. 내 생각에 당신은 자신의 내면에 관해 가장 큰 지혜를 가지고 있다. 당신의 삶에서 어떤 수행이 열림을 만들어 내는지 생각해 보길 바란다. 마하트마 간디는 『간디 자서전』에서 자신이 어떻게 삶을 일련의 실험처럼 살았는지 잘 보여 주었다. 간디는 효과적인 것은 지속하되 효과가 없는 것은 놓아 버렸다. 나는 당신의 삶에서 스스로 깨닫는 데 어떤 수련 또는 행동이 효과적일지 일련의 실험을 해 보길 권한다. 위에서 말한 명상을 정기적으로 해 볼 수도 있고, 특정한 기도나 자기 돌봄 수행을 할 수도 있다. 무엇이 효과적인 수행인지 알게 되면, 효과적이지 않은 것은 내려놓고 효과적인 명상들을 삶에서 실천하길 바란다.

낡은 습관 내려놓기

『호흡마음챙김경』
열여섯 번째 단계

16. 숨이 들어올 때, 내려놓음을 관찰한다.
   숨이 나갈 때, 내려놓음을 관찰한다.

이 명상으로 우리는 불필요하게 고통을 만드는 것이라면 무엇이든 내려놓는다. 예를 들어 행동(담배를 피우거나 사랑하는 사람 앞에서 소리를 지르는 것), 사고방식(인종편견이나 비판), 물질적인 것들(친척이 준 엄청나게 크고 못생긴 옷), 어울리지 않는 연애 상대, 유망한 직업들이 그것이다. 내려놓음은 어려울 수 있지만 자기 알아차림, 주의 조절, 감정 다스리기에 대한 마음챙김 훈련의 힘으로 해낼 수 있다.

4장. 온전함에 깨어 있기

신경 가소성은 스스로를 제한하는 습관을 버리고, 성공하고, 행복을 증진하고, 원하는 삶을 만들 수 있는 새로운 행동들로 바꿔 나가도록 우리를 돕는다.

만약 소들이 노니는 들판을 본 적이 있다면, 당신은 아마도 소들이 늘 다니는 길에서 발자국을 보았을 것이다. 우리 뇌의 신경망은 소들이 다니는 길과 같다. 우리는 자연스럽게 제2의 천성이 되는 생각의 '통로'를 만든다. 때때로 이러한 사고 습관은 어릴때, 뇌가 완전히 발달하기 전에 형성된다. 이러한 사고 패턴은 행동으로 이어진다. 예를 들어 고모가 없을 때 아버지가 고모를 흉보는 걸 보았을 수 있다. 그러면 우리도 형제자매가 없을 때 그들을 흉보기 시작한다. 이러한 패턴의 행동이 좋은 방식이 아니어도 두뇌가 충분히 발달되기 전에 심지어 알지도 못하는 사이에 습관이 되어 버린다.

놀라운 점은 마음챙김이 자기 알아차림을 길러 주고(우리는 알아차린다. 내가 지금 자매들을 흉보고 있구나. 내가 왜 이러고 있지?), 주의를 조절하게 만든다는 것이다(내가 왜 여동생을 비난하는지 명상하면서 깊이 들여다보는 시간을 좀 가져 볼까?). 그렇게 우리는 알아차림과 주의 조절 사이를 오가면서(후, 아빠가 고모들을 흉보는 걸 봤지만 나는 이제 어른이야. 더 좋은 방법을 찾아야지), 낡은 습관을 벗어 버리고 새로운 습관을 만들기 시작한다(나는 누이를 불쌍히 여길 거야. 다음에 누이를 보면, 내가 늘 누이를 위해 함께 있다는 걸 알려 줘야지).

새로운 습관은 새로운 신경회로를 만들어 내고 이전의 신경회로, 습관, 생각 방식과 길은 버린다. 마치 소가 새 풀밭과 물을 찾았을 때 새로운 길을 내는 것과 같다. 옛 습관이 여전히 남아 있는 어떤 부분에서는 여전히 옛날 방식으로 생각하기도 할 테지만, 점차 사용하지 않으면서 그 길은 메워진다. 마음챙김의 자기 알아차림과 주의 조절을 사용해 새로운 길로 옮겨 갈 수 있다.

뇌 생리학에서 가장 설득력 있는 과학적 발견 중 하나는 마음챙김 명상이 뇌의 특정 영역을 변화시킬 뿐만 아니라 뇌 영역 간의 연결성을 향상한다는 것이다(Gotink et al. 2016). 마음챙김 명상 수행으로 뇌에 새로운 경로를 만들어 낼 수 있음을 보여 주는 기능적 자기공명영상(fMRI) 증거가 있다. 마음챙김은 현명한 의사결정을 향상하고 뇌의 다양한 영역을 계발하고 궁극적으로 더 큰 지혜를 끌어낸다.

브라운대학교 다이빙 선수인 트와일라는 경기 중에 자신이 어떻게 마음챙김과 내려놓음의 개념을 사용했는지 알려 주었다. "다이빙할 때마다 두려움이 많았는데 마음챙김이 감정적, 육체적 고통을 다루는 데 도움이 되었어요. 결국 마음챙김으로 그것을 극복했어요." 그녀는 경기 중에 공중 다이빙을 하다가 다이빙 보드에 손을 부딪쳤다. 당시를 회상하면서 '그래, 잠시 통증을 지켜보면서 어떤 일이 일어나는지 알아차려 보자'라고 생각할 수 있었다고 말했다. "저는 먼저 육체적인 통증을 보려고 했어요. 그랬더니 정서적인 고통에 도움이 되었어요. 이전에는 일상생활이나 다이빙을 할 때 통증에 대한 두려움과 그에 대한 반응을 느껴 보려

4장. 온전함에 깨어 있기

고 잠깐의 시간조차 내본 적이 없었어요. 항상 통증에 대한 반응만 있었죠. 육체적인 통증을 앉아서 바라볼 수 있게 되니까 그러한 반응이 녹아 없어져 버렸어요. 마음챙김은 내가 정신적·육체적 고통에 다가가 그것을 보살필 수 있게 해 주었고, 통증과 반응에 빠져드는 대신 다음 다이빙을 위해 100% 현재에 머물게 해 주었어요."

특별히 벗어나고 싶은 생각이나 습관이 있는가? 아래에 그것을 위한 명상이 있다.

내려놓기 명상

이 명상의 의도는 마음과 몸에 주의를 기울이고 스스로 자기 제한적인 행동이나 패턴을 가지고 있는지 탐구하는 것이다. 자기 제한적인 패턴에서 얻는 이득과 해로움에 대한 더 나은 이해를 통해, 그 패턴이나 행동이 자신에게 부정적인 영향을 미친다면 신중하게 내려놓음을 결정할 수 있다. 주의 조절, 자기 알아차림, 감정 조절을 개선함으로써 우리는 스스로 제한적인 행동이나 패턴을 자기 자신과 다른 사람들에게 이익을 제공하는 새로운 것으로 대체할 수 있다.

명상을 위해 잠시 시간을 내어 봅니다. 닻을 내리기 위해 호흡, 몸, 소리를 찾아갈 때는 눈을 감은 상태를 유지합니다.

생각, 감정, 신체적 감각을 일어나는 대로 알아차립니다. 그것들을 알아차리면서, 다시 마음챙김 대상으로 돌아가 몸과 마음에 집중하고 그 중심에 머뭅니다.

잠시 시간을 내어 생각과 감정을 확인합니다. 여기 이것은 무엇인가요? 가슴과 마음이 열려 있나요? 생각이나 감정에 붙잡혀 있거나 흔들리고 있나요? 만약 그렇다면 그것에 주의를 기울여 어떤 요소가 가슴이나 마음을 닫히게 하고, 구속하고, 흔들리게 하는지 지켜봅니다.

자신을 안락함이나 성장의 영역에 머물게 합니다. 만약 위축되어 있다면, 언제든지 수행을 멈추거나 닻을 내린 곳에 다시 연결하거나 기분을 전환할 수 있습니다.

감정과 생각에 동요를 일으키는 요소를 살펴봅니다. 조금 차분해지면 친절과 호기심, 비판단으로 감정과 생각이 흔들리는 원인을 지켜볼 수 있게 됩니다. '나와 다른 사람들이 이 사고 유형이나 행동으로 어떤 이익을 얻을 수 있을까?' 하고 자문해 보는 것도 좋습니다. 아마 이 사고방식이나 행동으로 지금이나 과거에 어떤 식으로든 이익을 얻었을 겁니다. 그렇지 않다면 그렇게 할 수 있을까요?

이제 질문해 봅니다. "이런 생각 패턴이나 행동이 나와 다른 사람들에게 얼마나 해로울까? 진짜 이익은 무엇일까?" 솔직하게 자문해 봅니다. 그런 다음 자신의 한계를 인정하고, 그 습관이나 사고 유형을 충분히 받아들입니다. 그것들은 그대로 놔두면서 자신과 다른 사람들에게 더 도움이 되는 방식으

4장. 온전함에 깨어 있기

로 바꿔 나가 봅니다.

명상을 마치며 호흡, 몸, 소리에 닻을 내린 지점으로 돌아옵니다.

명상으로 숙달된 자기 알아차림 기술을 사용해 진정한 자기 자신이 되는 길을 가로막고 있는 생각이나 행동을 확인할 수 있다. 심지어 진정한 자아가 무엇인지도 확인할 수 있다. 그러고 나서 주의 조절 훈련으로 우리를 약하게 하는 방식을 더 쉽게 버리고, 저드슨 브루어가 『불안이라는 중독』 책에서 말하는 '더 크고 더 나은 제안'이 될 생각이나 행동으로 대체할 수 있다. 우리는 보상이 따르는 일을 하기 쉽기 때문이다. 나에게 종종 더 크고 나은 제안이란 더 큰 행복과 안녕이고, 어떤 생각이나 행동을 버리고 더 능숙한 것으로 바꿔서 가족, 친구, 동료들에게 덜 해를 끼치고 있음을 보는 것이다. 당신에게 그것은 무엇인가?

어디로든 길은 열려 있다

온전함에 깨어 있는 방법에는 여러 가지가 있으며, 오랜 세월을 견뎌 온 존경받는 지혜의 전통은 대부분 이를 위한 기술을 개발했다. 온전함(본성)에 깨어 있고 더 높은 힘과 연결하면 자신의 길에서 벗어나지 않는 데 도움이 된다. 당신이 기독교, 이슬람교, 유대교, 수피즘, 힌두교, 불교, 미국 원주민의 영성, 또는 어떠한 지혜의 전통에 속해 있든지 간에 그 전통에서 수행하고 있다면 그것을 잘 활용해서 온전함에 깨어 있어 보길 권한다. '예수님이라면 어떻게 하시겠어요?'라고 쓰인 자동차 범퍼 스티커를 떠올려 보라. 그 간단한 질문에 상당한 지혜가 담겨 있다('예수' 대신 각자 의지하는 지혜나 높은 힘의 원천인 정신적 전통을 가리키는 말을 넣고 생각해 보라).

자신을 벗어나 한 걸음 물러서서, 현명한 사람이라면 그 상황에서 가장 적절한 다음 단계가 무엇이라고 생각할지 물어보라. 여러모로 볼 때 '방(온전함에 깨어 있기)'은 하나이지만 그 방으로 통하는 문은 여러 개이다. 당신에게는 어떤 문이 가장 적합한가? 나는 당신이 자신의 정신적 뿌리를 존중하면서, 그것들과 이 장에서 배운 것들을 연계해 실천해 보길 권한다.

온전함에 깨어 있기 명상

이 명상의 의도는 우선 몸과 가슴, 마음에 자리 잡은 다음 온전함에 깨어 있기를 탐색하는 것이다. 그렇게 해서 충만한 지혜가 매 순간 삶에 스며들게 하고, 모든 행동에서 자신을 충분히 표현하고 현명하게 하는 것이다.

잠시 닻을 내린 곳을 살펴봅니다. 아마도 호흡, 몸, 소리일 겁니다.

몸으로 확인하면서 몸의 열림을 확인하고, 또는 무엇이 몸을 닫히게 하는지 알아봅니다.

그러고 나서 때가 되면 가슴이 열려 있는지, 그렇지 않다면 왜 그런지 자문하며 가슴을 열어 봅니다.

이제 마음으로 이동해 마음이 열려 있는지, 닫혀 있다면 원인이 무엇인지 알아봅니다. 마음이 열리지 않게 하는 매듭을 풀기 위해 닫힘의 원인을 다룰 수 있는지 살펴봅니다. 조금이라도 매듭을 풀어서 몸, 가슴, 마음을 더 많이 열 수 있나요?

이제 온전함으로 옮겨 갑니다. 온전함에 열려 있는 느낌인가요? 아니라면 왜 그런가요? 온전함을 닫게 만드는 것들을 온화한 주의와 명료한 앎으로 부드럽게 알아차려 봅니다. 그러면 닫힘의 원인을 이해하고, 치유하게 하고, 나아가 온전함에 깨어 있도록 도와주는 적합한 다음 과정이 무엇일지 알게 됩니다. 아마도 당신이 이 책에서 배운 접근 방식을 고려한다면, 『호흡마음챙김경』의 가르침이나 온전함에 깨어 있도록 도와주는 또 다른 지혜의 전통을 떠올려 볼 수 있을 겁니다.

여기에 무엇이 있나요? 무엇이 전달되고 있나요? 그 안에 지혜가 있나요? 당신의 정체성에 울림이 있나요? 스마트폰이나 일지에 적어 봅니다.

명상을 마치며 호흡, 몸, 소리 등 닻을 내린 곳으로 다시 돌아와 다른 일과를 하기 전까지 원하는 만큼 거기에 머뭅니다. 이 명상에서 배운 것들을 되새겨 봅니다.

우리의 가슴, 마음, 몸, 정신에는 큰 지혜가 있다. 잠깐일지라도 그것들을 받아들이면 지혜가 분명해지고, 그 지혜로 자신뿐만 아니라 주변을 이롭게 할 수 있다. 다음 장에서는 이러한 열림을 직업, 성과 그리고 더 많은 것들에 적용할 수 있는 실질적인 방법을 알아볼 것이다.

집에서 연습하기

1. 이 장 또는 당신에게 와닿는 지혜 전통에서 무엇이 당신을 온전함에 깨어 있게 하는가? 이번 주 내내 이 작업을 해 보길 바란다.

2. 이번 주에는 이 장에 있는 『호흡마음챙김경』의 마지막 항목을 가지고 몇 차례 수행해 보라. 세션마다 먼저 닻을 내린 곳(호흡·몸·소리)에서 중심을 잡는 명상으로 가볍게 시작한다. 이후 신체 감각(첫 번째 네 단계 명상), 감정(두 번째 네 단계 명상), 마음(세 번째 네 단계 명상)으로 연결해서 수행해 본다. 이렇게 기초가 닦이면 무상과 같은 새로운 명상(네 번째 네 단계 명상)을 숙고하기 시작하라. '부록 2'에 열여섯 단계 명상이 모두 나열되어 있으므로 한 곳에서 볼 수 있다.

　　　　　　　　　　　　　　4장. 온전함에 깨어 있기

3. 이번 주에도 몸, 가슴, 마음을 열고 온전함에 깨어 있는 명상을 자주 해 보라. 먼저 호흡, 몸, 소리 외 자신이 닻을 내린 곳에 머물며 스스로에게 묻는다. '내 몸은 열려 있는가? 그렇지 않다면 왜 그럴까?' 언제든 닻을 내린 곳으로 돌아올 수 있음을 기억하면서 가슴, 마음을 열고 온전함에 깨어 있는 것과 유사한 자기 성찰적 질문을 계속하라. 명상이 당신에게 제기하는 것은 무엇인가? 떠오르는 적합한 방법대로 실천할 수 있겠는가?

5장

일과 삶에서
한 단계 도약하기

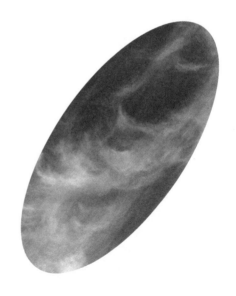

이 장에서는 지금 이 순간에 몸, 가슴, 마음을 열고 온전함에 깨어 있기를 어떻게 적용할 것인가를 알아본다. 삶으로 들어가 보자. 당신이 어디에 있든, 신발의 고무 밑창이 도로에 닿아 있는 바로 그 곳이다. 이 장은 일상생활에 마음챙김을 적용하는 것에 관한 것이다.

뇌 속 깊은 곳에는 '디폴트 모드 네트워크(Default Mode Network)'라고 불리는 신경회로가 있다. 이것은 내측 전전두엽 피질과 전두엽 피질을 연결하며, 당신이 '태만 상태'에 있음을 느끼는 것을 담당한다. 이미 다녀온 여행에 대해 공상하는 것일 수도 있고, 왜 누군가가 그런 불쾌한 말을 했는지에 대해 곰곰이 생각하는 것일 수도 있다. 이 상태를 가리키는 용어는 '자기 참조 과정(Self-referential Processing)'이다. 이것은 자신과 관련된 무언가를 끊임없이 되새김질하는 것이다. 마음챙김 신경과학의 지속적이고 반복적인 연구 결과에 따르면, 명상이 이 경로를 진정시키는 것으로 보인다 (Brewer et al. 2011). 명상은 미래나 과거로 방황하면서 그 상황들이 우리와 어떤 관계가 있는지 생각하는 대신 지금 이 자리에 존재하게 해 준다.

나는 지난 장에서 명상이 뇌의 다른 영역들 사이의 신경 네트워크 형성을 촉진한다고 말했다. 그것은 명상이 두뇌 전체가 서로 협력하도록 도울 수 있음을 암시하는 중요한 발견 중 하나이다. 한 부분(편도체의 투쟁-도피 센터처럼)이 지배적인 영향력을 행사하는 대신 서로 소통함으로써 더 나은 결정으로 이어진다. 뇌의 다른 영역들은 믿을 수 없을 정도로 강력하며, 각자 서로 다른 역할을 한다. 그들이 모두 서로 조화롭게 일할 때, 우리는 결코 가능할지 몰랐던 능력을 발현하게 된다.

당신이 알고 있거나 본 적이 있는 몸매 좋은 사람을 떠올려 보라. 그 몸이 우연히 만들어진 것일까? 물론 그렇지 않다. 그들은 열심히 노력했고 그 결과 그런 근육들이 생겨난 것이다. 당신이 아는 현명한 사람을 떠올려 보라. 우연히 그렇게 된 것일까? 아니다. 그들 또한 노력한 것이다. 비폭력과 사회적 평등을 위해 몇 주 동안 금식했던 마하트마 간디, 23세 때 변장하고 히말라야를 넘어 북인도로 탈출해서 티베트인들의 정치적·정신적 지도자로 활동하며 친구와 동료들이 살해되는 것을 목격한 달라이 라마, 여성이라는 이유로 차별받으면서도 낮은 계급 중에서도 가장 낮은 사람들과 함께 일하며 삶을 헌신한 테레사 수녀, 인종 박해에 직면해 친절과 강한 공동체 의식을 가지고 다른 사람들의 목소리가 되어 준 마틴 루터 킹 주니어, 이들을 생각해 보라. 이 사람들은 우리

시대의 가장 큰 고통 중 일부에 눈을 돌렸고, 그로부터 배우고 그 것을 삶의 다른 영역에 적용했다. 결과적으로 그들의 지혜는 세계 적으로 인정받았고, 모두 노벨 평화상 후보에 올랐으며, 그중 세 명이 노벨상을 받았다. 그들이 다른 사람들에게 보여 준 모범과 가르침은 깊은 경험과 지혜에서 길러진 것이다.

지혜와 운동처럼 두뇌를 바꾸는 일은 하루아침에 되는 것이 아니다. 큰 결과를 원한다면 가급적 숙련된 지도자와 공동체 안에 서 거의 매일 마음챙김을 수행해야 한다. 그러면 심신이 뇌의 영 역을 변화시키는 네트워크를 구축할 수 있다. 예를 들어 디폴트 모드 네트워크를 가라앉히고, 해마가 기억을 강화하고, 전두엽 피 질이 편도체와 더 잘 연결되도록 한다. 그래서 스트레스 요인과 부딪혔을 때 논리적이고 이성적인 빠른 대응이 나오게 된다. 증거 가 이를 뒷받침한다.

43가지 마음챙김 개입 연구를 체계적으로 검토한 결과, 더 많 이 명상을 수행한 참가자가 더 강력한 결과를 얻었음을 확인할 수 있었다(Parsons et al. 2017). 하지만 동시에 이는 자전거를 타는 것과 약간 비슷하다. 일단 한번 터득하면 영원히 그것을 간직하게 된다. 예를 들어 '마음챙김에 기반한 혈압 감소(Mindfulness-Based Blood Pressure, MB-BP)' 임상시험에서, 참가자들이 과정을 마친 다음 얼 마나 많은 시간을 수행했는지와 관계없이 임상 과정 중 참가자들 이 명상을 수행한 빈도로 1년 후 그들의 혈압을 예측했다(Loucks et al. 2019). 연구 결과 임상 과정이 끝난 후에 마음챙김을 수행했을 때보다 과정 중에 이루어진 연습 자체가 1년 후의 혈압을 더 잘 예측하는 것으로 나타났다. 건강 결과는 수행의 질과 양의 조합일 가능성이 크며, 그 양이 어느 정도든 상관없이 통찰이 일어나 우리를 변화시킨 것에 의해 오랫동안 도움을 받을 수 있다.

이것은 우리가 잠깐이라도 고요한 방에서 방석 위에 앉아 몸, 가슴, 마음을 열고 온전함에 깨어 있기 위해 노력하면 그날의 나머지 시간 내내 효과가 이어질 수 있음을 의미한다. 수행은 신경망을 만들어 낸다. 규칙적으로 운동하는 누군가가 소파를 옮길 만한 근육을 가지고 있는 것처럼 명상하며 보내는 시간은 자기 알아차림, 주의 조절, 사랑-친절, 감정 조절의 힘을 길러 주어 필요할 때 우리가 그 기술들을 갖추고 있도록 한다.

아래에 마음챙김 수행의 몇 가지 적용 사례를 소개한다. 마음챙김의 응용에 관한 책이 나올 수도 있고 이미 있을 수도 있으므로, 나의 목표는 단지 시간이 되면 싹을 틔울 수 있는 씨앗을 심는 것이다.

최적의 진로 찾기

내가 브라운대학교 공중보건 학부생들에게 대학 학위를 마무리하는 시니어 세미나 과정을 가르칠 때 보여 준 것 중 하나가 〈그림 6〉이다. 나는 학생들에게 이 질문들을 되돌아볼 시간을 주었다.

(1) 이 세상에서 중요한 것은 무엇인가?

(2) 당신이 타고난 기술과 배운 기술은 무엇인가?

(3) 당신이 자연스럽게 생각하길 좋아하는 것은 무엇인가?

(4) 그 분야에서 할 수 있는 일(직업)은 무엇인가?

그런 다음 나는 학생들에게 네 가지 질문에 비슷한 대답을 할 수 있는 직업적 최적 지점을 찾으라고 권유했다. 또 수업 과정의 일부로 최적 지점에 해당하는 직업을 가진 두 사람을 인터뷰해 관련 업무에 대한 실제적인 느낌을 얻도록 했다. 이 장 뒷부분에 이에 관한 유도 명상이 있다.

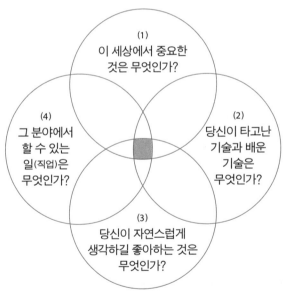

그림 6. 성공적인 진로 탐색을 위한 네 가지 자기 참조 질문.
네 개의 원이 겹치는 최적의 조합을 찾아본다.

5장. 일과 삶에서 한 단계 도약하기

자기 직업에서 행복했고 성공한 사람들은 자신을 향한 사회적 기대, 부모의 기대, 스스로의 지나친 기대로부터 벗어났다. 그들은 자신을 잘 알게 되었고, 세상을 잘 알게 되었고, 본래의 자신과 자기가 하고 싶은 직업이 일치함을 발견했다.

　　내 학생인 녹은 10일간의 명상 수련회를 절반쯤 마치고 있었는데, 내내 다리를 꼬고 앉아 있었기 때문에 다리에 심한 통증을 겪고 있었다. 최근에 녹은 의대에 두 번째로 지원했는데 원하는 대로 되지 않았다. 또한 의학이 사회적으로 존경받는 직업임에도 불구하고 삶에서 하고 싶은 일이 무엇인지 확신하지 못했다. 녹은 다리 통증을 지켜보았고 놀랍게도 통증이 사라지는 걸 알아차렸다. 그 순간 그녀는 자신에게 독립심이 결여되어 있다는 느낌(4장에서 다룬 내용)과 고통을 붙잡을 필요가 없음을 알게 되었다. 그 순간 자기 자신이 누구인지, 지금 자신은 (의사처럼) 어떤 사람이 되기위해 '필요한' 많은 생각을 가지고 있음을 알게 되었다. 감정적이고 육체적인 고통에서 무엇을 놓을 수 있는지, 진짜 자신이 누구인지에 대한 많은 통찰을 얻었다.

　　명상 후 그녀는 이렇게 자신의 체험을 말했다. "그 체험이 내가 누구인지에 대한 큰 그림으로 바뀌었어요. 내가 생각했던 나는 내가 아니었어요. 나는 나 이상이에요. 더 깊은 곳으로부터 진짜 내가 누구이고 내가 정말 아끼는 것, 즉 도움·관계·사람들에 대한 깊은 진실에 접근할 수 있었어요. 그것이 저를 사회사업으로 이끌었고 아주 아주 만족해요. 사실은 의학 쪽으로 진로를 삼고 싶지 않았음을 알게 되었어요. 나는 사회적 지지, 사회 정의, 정신적 충격과 소외된 사람들에게 직접적으로 봉사하는 것에 많은 관심이 있고, 그것을 전면에 내세우는 분야에 있고 싶었어요."

틱낫한 스님은 강한 감정을 처리하는 수행을 가르친다. 그는 부모가 우는 아이를 돌보듯 감정을 대하라고 제안한다. 그리고 감정을 연민과 친절, 부드러운 방식으로 보살핀 후에 그것의 뿌리를 깊이 들여다보라고 말한다. 녹이 그랬듯이 일단 그 뿌리를 이해하게 되면 명확한 길이 열린다. 그것이 진로가 될 수도 있고 직무 성과를 향상하는 길이 될 수도 있다.

다음은 당신이 도전해 볼 만한 진로에 초점을 맞춘 명상이다.

진로 찾기 명상

이 명상의 의도는 우선 몸, 가슴, 마음, 온전함에 연결되고 난 후에 질문들에 답하면서 자신에게 최적의 진로가 무엇일지 확인하는 것이다. 최적의 진로란, 세상에서 중요한 일일 뿐 아니라 자신이 자연스럽게 자주 생각하는 분야이며, 타고난 기술과 학습된 기술을 활용할 수 있고, 할 수 있는 일(직업)이 있는 곳이다.

필기장, 종이, 노트북, 스마트폰같이 쓰거나 입력할 수 있는 것을 가져옵니다. 그 물건을 옆에 놓고 명상할 준비를 합니다. 눈을 감는 것이 편하다면 명상하는 동안 눈을 감아도 좋습니다. 물론 이 명상 안내문을 읽을 때는 예외입니다.

호흡, 몸의 일부(손바닥이나 발바닥), 소리에 닻을 내립니다. 닻을 내린 곳에 주의를 집중하고 머물면서, 마음이 방황할 때면 부드럽게 그것을 닻을 내린 곳으로 돌아오게 합니다.

신체적 감각을 알아차립니다. 지금 이 순간 몸이 열려 있나요? 아니라면 왜 그런가요?

가슴과 감정을 확인해 봅니다. 가슴이 열려 있나요? 아니라면 왜 그런가요? 감정은 어떤가요?

이어서 마음과 정신을 살펴봅니다. 마음이 열려 있나요? 아니라면 왜 그런가요? 정신은 어떤가요? 만약 닫혀 있다면 그것들을 돌보면서 조금씩 열어 봅니다.

〈그림6〉과 연결 지어 다음과 같은 질문들을 생각해 봅니다. 역사상 지금 이 시기에 세계를 위해 중요한 것은 무엇일까요? 무엇이 필요할까요? 앞서 적은 것 옆에 자신의 반응을 적습니다.

이제 열린 몸, 가슴, 마음, 온전함을 가지고 생각해 봅니다. 당신이 타고난 기술과 배운 기술은 무엇인가요? 원한다면 이러한 강점 영역들을 적어도 좋습니다. 그런 다음 스스로에게 묻습니다. 나는 무엇에 대해 생각하길 좋아하지? 길을 헤매거나 샤워를 할 때, 내 마음은 어디로 가지? 만약 당신의 생각이 자연스럽게 흘러가는 곳에서 진로를 찾을 수 있다면, 예상외로 당신의 휴식 시간은 일을 위한 생산적인 시간이 됩니다.

이제 자기 성찰로 넘어갑니다. 그 분야에서 할 수 있는 일이 무엇인가요? 예를 들어 그것들은 현재 많은 수의 일자리가 있거나 상당한 월급을 받는 직업일 수 있습니다. 이것은 당신이 희망하는 진로가 달성 가능한지 확인하기 위한 현실적인 질문입니다.

이제 〈그림6〉에서 원들이 겹치는 최적의 진로를 찾아봅니다. 세상에 중요한 일이며, 스스로 자연스럽게 자주 생각하고, 타고난 능력과 배운 기술을 활용할 수 있고, 그 분야에서 할 수 있는 일이 있는 곳은 어디일까요? 이 영역에서 무슨 일이 일어나고 있나요? 그 분야의 사람들과 대화하고, 자신의 연구를 통해 답하고 싶은 어떤 질문이 있나요?

명상을 마치며 닻을 내렸던 호흡, 몸, 소리로 돌아와 하루의 나머지 일정을 계속하기 전에 안정을 위해 잠시 시간을 가져봅니다.

업무 집중도 높이기

연구 컨설턴트인 카밀은 "마음챙김은 지금 이 순간에 집중하는 데 매우 도움이 돼요. 과거에 저는 해야 할 모든 일에 집중할 수 없었어요. 마음챙김으로 그렇게 되는 것을 멈출 수 있었죠. 이제는 내가 해야 할 일이란 지금 하고 있는 일 외에는 없다는 걸 잘 알아요. 명상은 내 전문적인 삶을 관리하는 데 큰 도움이 되었어요. 예를 들어 저는 글을 많이 씁니다. 글을 써 본 적이 없는 사람이 무언가를 써야 할 때 시작이 매우 어려울 수 있어요. 마음챙김은 바로 이러한 글쓰기에서 '이 한 단어'와 '이 한 문장'으로 글을 정리하는 데 도움이 됩니다. 마음챙김이 내 글쓰기 능력을 변화시켰어요. 더 빨라졌고 표현력이 풍부해졌어요. 나는 글쓰기를 좋아하지만, 이전에는 글쓰기에 대한 불안감이 컸어요. 지금은 그 정도가 훨씬 줄어들었어요."

또한 카밀은 마음챙김 수행이 시간 관리에 도움이 된다는 걸 알게 되었다. "마음챙김은 몸과 체험 속으로 들어가 스스로를 점검하도록 의도적인 시간을 내는 데 도움이 되었어요. 아침에 일어날 때, 점심 식사 전후, 잠자리에 들기 전, 이렇게 하루에 적어도 세 번의 점검 시간을 가지려고 노력했어요. 이때 짧은 산책을 하거나, 짧은 시간의 명상을 하거나, 약간의 요가를 할 수도 있어요. 낮에 이러한 작은 접점을 가짐으로써 더 생산적이 되고, 우선적인 일에 집중하며, 속도를 줄이고 반복적으로 점검을 하는 데 도움이 되었어요. 이것은 직접적인 시간 관리는 아니지만 나를 돌보는 여유를 찾는 데 도움이 되었고, 또한 삶의 다른 영역에도 도움이 되었어요. 마음챙김은 미루는 습관을 멈추고 일을 시작하는 데 아주 큰 도움이 되었어요. 일단 시작하면, 시작하기 전에 보이던 것만큼 그 일이 벅차지 않았어요."

많은 사람이 마음챙김이 어떻게 미루는 습관을 줄이고 중요한 일과 삶의 우선순위에 더 집중할 수 있게 하는지 이야기했다. 예를 들어 한번은 조앤 프라이데이 선생님에게 직면하고 있는 모든 업무에서 스트레스를 받을 때, 이를 어떻게 관리해야 하는지 물었다. 그녀는 가장 중요한 일을 우선시하고 그것을 한다고 이야기했다. 그러고 나서 다음으로 무엇이 가장 중요한지를 보고 그 일을 마친다고 했고, 그 외에도 여러 가지를 말해 주었다. 안 되는 일은 무슨 수를 써도 안 된다. 하지만 적어도 가장 중요한 일은 처리하자. 이는 쉽지 않지만 매우 간단하고, 사실 우리가 할 수 있는 것은 이것뿐이다.

마음챙김은 가장 중요한 일이 무엇인지 분별하는 자기 알아차림을 키워 주고 몸, 가슴, 마음, 온전함에 귀 기울이는 법을 가르쳐 준다. 게다가 매우 중요한 일을 앞두고 일어날 수 있는 강한 흥분과 두려움을 다스리는 감정 조절도 도와준다. 우리는 당면한 과제와 관련된 감정 상태를 알아차리고, 감정을 보살피며, 심지어 중요한 과제를 완성하기 위해 감정의 에너지를 이용할 수 있다. 마지막으로 마음챙김은 중요한 일에 집중하고, 그것을 위해 (부정적인 감정이 사라지게 해서) 온전히 거기에 머물며, 그것을 효율적이고 질 높게 완성하도록 하는 주의 조절과 함께 우리에게 도움을 줄 수 있다.

전반적으로 마음챙김은 우리가 진로에 무엇이 필요한지 볼 수 있도록 도와주고, 최선의 길이 아닌 것에 대한 애착과 어렵거나 불미스러운 요소에 대한 혐오를 버리게 해 준다. 그렇게 함으로써 우리가 누구인지 알려 주고, 우리가 세상이 필요로 하는 것에 가장 잘 들어맞는 일을 하도록 돕는다. 열린 몸, 가슴, 마음, 온전함을 북돋움으로써 자기 자신과 다른 사람들을 돌보면서 이러한 직업상의 업무를 계속할 수 있다. 다음은 당신이 시도해 볼 만한 업무 성과를 높여 주는 명상이다.

성과 높이기 명상

이 명상의 의도는 우선 몸, 가슴, 마음, 온전함에 중심을 둔 후에 자신의 업무 성과를 제한하거나 강화할 수 있는 요소들을 숙고하는 것이다. 호기심과 부드러움으로 근본 원인을 탐색하고 이해함으로써 현명한 다음 단계로 나아가 일과 실제 삶에서 개선된 성과를 만들어 낼 수 있다.

> 닻을 내리고 몸, 가슴, 마음을 열고 온전함에 깨어 있기 위한 탐색을 해 봅니다.
> 당신이 일하면서 느끼는 감정은 무엇인가요? 무엇 때문에 고군분투하고 있나요? 이름을 붙여 봅니다. 예를 들어 그것은 미루는 버릇, 제도적 인종차별, 소득 불안정, 과로, 탈진, 동료와의 갈등일 수 있습니다. 무슨 일이 일어나든, 그것이 강한 감정이라면 부모가 우는 아이를 안아 주듯이 그것을 안아 주세요. 감정을 가라앉힙니다.
> 그 강한 감정에 근본적인 원인이 있나요? 근본 원인에 기반

을 두고 볼 때, 적절한 다음 단계는 무엇인가요? 다음 단계가 강한 감정을 불러일으킨다면 그 감정들을 끌어안고서 뿌리를 찾습니다.

시간이 지남에 따라 서서히 (때로는 갑자기) 통찰이 일어날 수 있습니다. 비록 어렵더라도 주의 조절, 자기 알아차림, 감정 조절 기술을 사용해 중요한 다음 단계에 참여할 수 있습니다. 때때로 대단히 어려워 보이는 길이지만 일단 시작하면 예상과 달리 매우 쉽습니다.

당신은 이와 비슷한 명상을 할 수도 있지만, 직업에서 어려움을 살펴보는 대신 감사할 만한 자기 성찰적 질문을 할 수도 있습니다. 예를 들어 이런 질문들입니다.

지금 직장에서 나에게 가장 만족스러운 것은 무엇인가? 어떤 일이 나에게 가장 행복한가? 어떤 활동이 나의 커뮤니티에 가장 큰 긍정적 특징을 가지는가? 직장에서의 즐거움, 성취감, 효과를 늘리기 위해 무엇을 할 수 있을지 고려할 때 생각, 감정, 신체적 감각에서 무엇이 나타나는가?

이 질문에서 어떤 통찰이 일어나는지, 그리고 이 질문들이 지금 이 순간 당신의 업무에서 우선 과제에 어떻게 적용될 수 있는지 지켜봅니다.

보람과 성취감 느끼기

서문에서 언급했듯이 트래비스는 석사과정을 마친 후 교수가 되는 것을 목표로 박사과정을 밟을지, 아니면 자신의 창의적인 삶을 중요시할지 결정해야 했다. 트래비스는 마음챙김 훈련이 어떻게 어려움을 체감하게 하고, 사회적 압력을 차단하고, 더 온전하다고 느끼도록 해 주었는지 말했다.

"죽음에 관한 책을 몇 권 읽고 나니 궁금해지기 시작했어요. 내가 죽을 때 인생에서 했던 일들에 대해 무슨 생각을 할까? 그 선택에 만족할까? 스스로에게 물었어요. '노력했으나 실패해도 괜찮은 일이 무엇일까?' 저는 박사학위를 받고 교수가 되겠다는 목표를 포기했어요. 공허하게 느껴지는 목표였거든요. 대신 미술을 가르치기로 했습니다. 저는 지금 어린이집에서 일하면서 오후에 5학년과 12학년을 지도하고 있어요. 그리고 인생의 많은 부분을 창의적인 음악과 비디오를 만드는 데 바치고 있죠. 제가 했던 수행이, 내가 아이들을 가르치고 즉흥적인 음악과 창의적인 비디오를 만드는 것을 좋아하는 사람임을 알게 해 주었다고 생각해요."

마음챙김은 트래비스가 본래 자신이 누구인지 알게 해 주었고, 사회의 규범과 압박으로 인해 인식한 것을 끊을 수 있는 용기와 기술을 갖게 해 주었다. 또한 자신의 기술과 열정에 들어맞는 삶을 살 수 있도록 도왔다. 그는 생각했던 것만큼 많은 돈을 벌지는 못하지만 그가 돌보는 아이들처럼 행복하다.

자기 삶과 가고 싶은 길에 대해 생각할 때, 당신을 채워 주는 것은 무엇인가? 우정, 도자기, 멋진 문학작품 읽기, 음악 만들기, 아이들 돌보기, 춤, 그 밖에 무엇이든 될 수 있다. 우리의 아름다움은 우리가 저마다 독특하다는 점에 있다. 마음챙김은 자신을 더 잘 이해하도록 자기 알아차림을 키워 주고, 온전한 기쁨과 행복을 무엇으로 채워야 할지 식별하도록 도와준다. 당신에게 성취감이란 무엇인가? 아래는 각자가 그것을 탐색해 볼 수 있도록 안내하는 명상이다. 이 명상은 '마음챙김에 기반한 인지치료(Mindfulness-Based Cognitive Therapy, MBCT)'에서 사용하는 수행에서 차용한 것이다(Segal et al. 2012).

충만감 명상

이 마음챙김 수행의 의도는 무엇이 당신을 충만하게 하고 무엇이 당신을 고갈시키는지 돌아보고 나서, 삶을 행복과 웰빙으로 이끄는 것들은 챙기고 그렇지 않은 것들은 놓아 버리는 데 있다.

> 호흡, 몸, 소리에 닻을 내리고 자신을 안정시키는 시간을 갖습니다. 그리고 나서 준비가 되면 스스로에게 다음과 같은 질문을 던져 봅니다(나중에 다시 보고 참고할 수 있도록 종이에 답변을 적어 보관합니다).
> 무엇이 나를 풍요롭게 할까?
> 인생에서 무엇을 해야 내 건강과 행복이 풍요로워질까?

229

무엇을 해야 잘 살고 있다고 느껴질까?

이익이 되거나 즐거워서 할 수 있는 게 무엇일까?

어떻게 하면 내 삶을 더 풍요롭게 할 수 있을까?

나를 풍요롭게 하는 활동으로, 이번 주에 매일 할 수 있는 게 무엇일까?

나를 풍요롭게 하는 활동으로, 이번 주에 한 번 할 수 있는 게 무엇일까?

무엇이 나를 지치게 할까?

무엇을 할 때 건강과 행복이 고갈될까?

괴롭다고 생각하는 것 중 줄일 수 있는 일은 무엇일까?

어떻게 하면 탈진을 막을 수 있을까?

이번 주 내내 피할 수 있는 건전하지 못한 행동은 무엇일까?

이번 주에 한 번쯤 피할 수 있는 건전하지 못한 행동은 무엇일까?

이 질문에 우리는 서로 다른 답을 가지고 있을 것이다. 나의 경우 삶에 친밀한 인간관계, 신체활동, 건강, 맛있는 음식, 자연생활, 만돌린 연주, 정원 가꾸기, 목공과 같은 창의적인 활동, 명상 시간, 그리고 의미 있는 사회봉사 활동이 포함된다면 좋을 것이다. 실제로 이런 활동을 할 때 내 일의 양과 질이 더 높아진다. 당신에게 어떤 요소가 있든 간에, 그것들은 지혜와 경험에 바탕을 두고 있기에 당신에게 좋은 일이다.

한 단계 더 성장하기

브루마지와 그로스(Brumage and Gross 2015)는 마음챙김이 어떻게 스포츠 성과에 도움을 줄 수 있는지 설명했는데, 이를 통해 선수들은 어려운 상황에서 반발하는 대신 능숙하게 대처하는 법을 선택할 수 있다. 예를 들어 축구 선수들은 자주 공을 빼앗기거나 패스를 놓치는 실수를 한다. 앞서 일어난 일에 사로잡혀 머릿속에서 이를 떨쳐 버리지 못하면, 다른 선수를 밀치거나 게임의 다음 플레이를 놓쳐서 페널티킥이나 추가 실수를 초래할 수 있다. 대신에 몸과 마음에서 경기에 방해가 되는 요소를 알아차리고 분별한 다음, 어떤 생각들이 떠오르는지 지켜보면서 경기에 임하면 실수에 효과적으로 대응함으로써 당면한 과제에 집중할 수 있다. 이것은 춤 공연, 음악 공연, 예술작품의 창작에도 비슷하게 적용될 수 있다. 목표는 주어진 상황에서 아름다운 무언가를 창조하는 것, 그게 아니라면 얼마든지 다시 시작해도 좋으며 그것이 최선임을 깨닫는 것이다. 이제 명상을 해 보자.

선택과 몰입 명상

이 명상의 의도는 성과를 향상하고 싶은 삶의 특정 영역을 탐구하는 것이다. 당신의 열린 몸-가슴-마음-온전함 복합체를 자기 알아차림, 주의 조절, 감정 조절과 함께 실시간으로 자신이 하는 일에서의 기술에 적용하면 완전히 현존하면서 성과를 향상하고자 하는 기술에 지혜를 활용하고 집중할 수 있다.

삶에서 더 잘하고 싶은 영역을 떠올려 봅니다. 가능한 한 구체적으로 떠올립니다.

그것은 학문적으로 더 잘하고 싶은 특정한 수업인가요? 그래픽 디자인이나 금속 공예와 같은 특정한 예술 분야인가요? 아니면 운동 경기, 대중연설, 요리인가요? 당신이 더 잘하고 싶은 것이라면 무엇이든 마음에 떠올려 봅니다.

그 안에서 성장의 기회는 무엇인가요? 당신이 그것을 떠올릴 때 신체적 감각, 감정, 성과를 향상하고자 하는 영역과 관련된 생각들을 알아차립니다. 그런 행동을 하는 자신을 상상하거나 가급적 실제로 그런 행동을 하는 것이 좋습니다.

좋은 성과를 낼 수 있는 비결 중 하나는 하고 있는 일에 온전히 집중하는 것입니다. 지금 이 순간, 당신이 선택한 활동을 수행하는 동안 몸·가슴·마음·온전함과 함께 경험하고 느끼는 것은 무엇인가요?

이러한 탐색으로 온전한 자아를 드러내고, 성과를 내고 싶은 영역으로 들어가며, 각자 특화된 기술과 시각이 드러날 수 있도록 합니다. 이때 주의력이 필요합니다. 몸, 가슴, 마음을 열고 온전함에 깨어 있는 상태를 유지하면서 이 순간 그 분야로 주의를 집중합니다.

집중의 또 다른 요소는 지금 이 순간, 여기에 머물면서 성과를 향상하고자 하는 작업에만 몰두하는 것입니다. 다른 것은 놔두고 지금 여기 머뭅니다.

감정 조절 영역을 탐색할 때, 우리가 무엇을 하고 싶은지에 대한 감정 상태가 중요합니다. 우리가 정말로 신경 쓰는 것이라면 흥분, 염려, 판단에 대한 두려움 등 강한 감정이 있을 수 있습니다. 감정적인 상태와 접촉해 여기에 무엇이 있는지 살펴봅니다. 여기에 있는 것을 보살피고, 만약 필요하다면 불필요한 생각을 놓아 버리고 명상의 대상으로 돌아옵니다. 이 경우에는 성과를 향상하고자 하는 영역에서 다음 단계를 수행하는 것입니다.

실행하고자 하는 영역에서 다음의 두 가지 축을 지침으로 삼아 작업을 계속합니다.

(1) 몸, 가슴, 마음을 열고 온전함에 깨어 있으면서 거기에서 오는 메시지를 현재 성과 향상을 원하는 분야로 가져옵니다.

(2) 주의 조절, 자기 알아차림 및 감정 조절 기술을 사용해 자신과 주변에서 일어나는 일을 인식할 뿐 아니라 이 영역에서 자신만이 할 수 있는 방식으로, 다른 사람과 구별되는 방식으로, 아름답게 자신을 펼칠 수 있는 방식으로 나아갑니다.

위에서 언급한 트래비스는 즉흥 음악을 만든다. 그는 합성기와 드럼 머신을 비롯한 기술 장비를 사용해 자신을 표현한다. 회로를 따라 문제가 생길 수 있는 많은 전선과 접점들이 있어서 문제가 발생할 수 있고 어려움에 부닥칠 수도 있다. 내가 그에게 몸과 마음이 잘 연결되었는지 물었을 때 그는 이렇게 답했다. "몸과 마음이 연결된 상태에 있을 때 아무런 저항이 없는 것처럼 느껴져요. 시스템이 조화롭게 작동하는 것처럼요. 비유하면 총이나 활을 쏘는 것과 같아요. 표적이 있고, 저는 그 표적을 계속 맞히고 있어요. 의도와 그 의도의 실현이 조화를 이루고 있어요." 자신을 알아차리고 그 알아차림을 능숙하게 활용함으로써 트래비스는 어떻게 하면 자신을 열린 상태로, 표현력 있게, 창의적인 상태로 이끌 수 있는지를 배웠다. 더불어 창의성을 있는 그대로 표현하는 데 필요한 것들을 배웠다.

마음챙김으로 성과를 높이는 여러 가지 방법이 있다. 이 분야에 대한 연구는 이제 막 진행되고 있다. 당신도 스스로를 위해 마음챙김이 성과에 미치는 영향을 탐구해 보길 바란다. 자기 알아차림의 렌즈를 통해 몸과 마음이 알려 주는 것을 듣고, 마음챙김을 활용해 진정한 자아가 드러나게 하고, 주의 집중을 조절해 활동에 100% 몰입할 수 있도록 노력해 보라. 감정 조절 능력을 활용해 성과 분야가 당신에게 무엇을 불러일으키는지 관찰하고, 마치 선원이 바람을 이용하듯이 그 에너지를 끌어내 보라. 동시에 강한 감정을 보살피면서 계속해서 나아가고 더 높은 수준의 성과를 유지해 보라.

디지털 기기와 소셜 미디어 활용하기

우리는 모두 소셜 미디어와 스크린 사용의 문제점에 관한 연구와 경험적 증거를 보아 왔다. 둘 다 의도적으로 중독되도록 고안되었다. 사브리나는 말했다. "내 삶에서 소셜 미디어와 기술의 영향을 알아차렸어요. 결국 인스타그램 계정을 삭제했어요. 저희 세대는 건강하지 못한 지경까지 극도로 마른 여성을 높이 평가하고 찬양합니다. 그것은 소셜 미디어에서 메아리처럼 울려 퍼져요. 내가 아는 모든 여성은 먹는 것에 문제가 있어요. 모두 체중, 식사, 신체이미지와 관련해서 왜곡된 사고를 가지고 있죠. '이상적인 체중'은 건강하지 않지만 많은 소녀가 그 목표를 이루기 위해 극단적인 수치를 달성하려 해요."

카밀은 인터넷과 소셜 미디어에서의 어려움을 말했다. "우리는 자극의 폭격을 받아요. 또한 그것들은 우리의 시간과 에너지를 빨아들이죠. 청소년들이 인터넷과 디지털 기기의 좋은 점을 활용하되, 그것들의 소음과 멈출 수 없는 특성을 벗어나기란 너무 어려워요."

물론 스크린과 소셜 미디어는 사회를 긍정적인 방향으로도 변화시켰다. 예를 들어 두바이, 브라질, 플로리다, 로드아일랜드의 사람들은 모두 같은 화상 회의에 참석해 서로 의미 있는 대화를 나눌 수 있고, 책이 제공할 수 없는 방식으로 깊이 가르칠 수 있다. 손주들은 바다 건너 조부모와 연결될 수 있고, 이야기와 지혜는 영화를 통해 강력하게 전달될 수 있다. 이런 점에서 스크린과 소셜 미디어는 더 나은 삶을 만드는 도구가 될 수 있다. 문제는 상황을 악화하는 요소를 피하는 것이다.

모든 도구와 마찬가지로 우리에게 도움이 되는 것은 유지하고 도움이 되지 않는 것은 놓아 버려야 한다. 우리는 특정한 디지털 도구가 우리의 생각, 감정, 신체적 감각에 대한 신중한 알아차림에 도움이 되는지 아닌지 결정할 수 있다. 호기심을 가지고 편견 없는 태도로 물어볼 수 있다. '이 디지털 도구가 지금 이 순간에 다른 어떤 것보다 도움이 될까?' 만약 그렇다면 좋다. 계속해서 그것을 사용하라. 그렇지 않다면, 지금 당장 그것을 내려놓고 자신과 다른 이들을 돌보기 위해 먼저 해야 할 일을 시작하라.

스크린과 소셜 미디어에 대한 태도는 우리가 술, 설탕, 카페인과 같은 다른 잠재적인 중독성이 있는 상품을 다루는 방법과 다르지 않다. 어떤 사람은 소셜 미디어를 완전히 배척하는 반면, 다른 사람은 그것이 어떻게 자기 기분에 영향을 미치는지를 알아차리고 그에 따라 대응하려고 노력한다. 단 하나의 올바른 접근 방식은 없으며, 무엇이든 자신에게 효과가 있는 것이 가장 좋은 접근 방식이다.

마음챙김 훈련이 소셜 미디어 중독에 미치는 영향에 관한 연구는 많지 않지만, 마음챙김 앱 '헤드스페이스(Headspace)'와 소셜 미디어 사용에 대한 자가 모니터링 및 기분 추적 효과를 평가한 무작위 대조 연구가 있다. 연구 결과, 10일간의 개입이 끝난 후 마음챙김을 한 사람들은 대조군에 비해 스마트폰 주의력 산만 척도가 크게 개선된 것으로 나타났다(Throuvala et al. 2020).

디지털 도구들을 사용하면서 생각, 감정, 감각에 대한 자기 알아차림을 하면 몸과 마음이 디지털 도구에 대해 들려주는 정보를 들을 수 있다. 우리는 주의 조절을 활용해 지금 이 순간 가장 유용한 곳으로 마음을 옮길 수 있다. 동시에 디지털미디어가 몸과 마음에 전해 주는 것을 토대로 감정의 웰빙을 돌볼 수 있다.

디지털미디어 명상

이 명상의 의도는 당신이 경험한 몸, 가슴, 마음의 열림과 온전함에 깨어 있기를 활용해 자기 알아차림, 주의 조절, 감정 조절 능력을 계발하는 데 있다. 당신은 이러한 기술을 디지털미디어에 활용할 수 있다. 이 명상은 소셜 미디어 도구의 유용한 측면, 해로운 측면과의 관계를 개선해 이것들을 더 안정적이고 자유롭게 사용할 수 있도록 고안되었다.

스마트폰, 태블릿, 노트북, 비디오 게임, 콘솔과 같이 당신이 신중하게 탐색해 보고 싶은 디지털미디어를 선택합니다. 기기를 옆에 두고 호흡, 몸, 소리에 닻을 내린 채 명상을 시작합니다.

몸, 가슴, 마음 열기와 온전함에 깨어 있기를 탐색하면서 그 가운데 어떤 부분이 닫혀 있는지 관찰하고, 닫혀 있는 상태의 근본 원인을 살펴봅니다. 그리고 그 근본 원인을 치유하고 변화시켜서 여는 방법이 있는지 알아봅니다.

이제 손에 기기를 들어 봅니다. 전원을 켜지 않고 그냥 들고만 있습니다.

생각, 감정, 신체적 감각에서 무엇이 떠오르나요? 예를 들어 어떠한 갈망이나 혐오가 있나요? 마치 부모가 화난 아이를 안아 주듯이 그러한 경험들을 견딜 수 있나요? 안전한 공간에서 자신의 반응을 그저 살펴보기만 합니다. 너무 힘들다면 언제든지 기기를 내려놓으세요. 여기에 무엇이 있나요?

이제 스크린과 소셜 미디어 같은 기기에 대한 주의 조절과 자기 알아차림을 수행하면서, 다시 기기들을 내려놓습니다.

다시 기기를 들어 올려서 사용을 자제하기 힘든 앱, 프로그램, 게임 중 하나를 열어 봅니다. 실행만 하고 그 이상은 진행하지 않은 채 잠시 멈춥니다. 이때 몸, 가슴, 마음이 어떻게 느껴지나요? 지혜로운 다음 단계는 무엇일까요?

방금 실행한 프로그램을 1분간만 해 보고 그만둡니다. 지금은 명상 중이라는 사실을 기억하면서, 기기를 실행해 둔 채로 마음과 몸을 알아차립니다. 언제든지 멈추거나 방향을 바꿀 수 있습니다. 이것은 명상일 뿐입니다. 도움이 된다면 타이머를 1분 정도 설정해도 좋습니다.

1분 후 다시 한번 자기 알아차림과 주의 조절을 수행한 다음 타이머를 끄고 닻을 내린 곳으로 돌아옵니다. 마음이 어디에 있는지, 어떤 생각이 드는지, 어떤 감정인지 알아차려 봅니다. 마음이 다시 닻을 내린 곳에 머물게 합니다.

이 명상을 하면서 앉아 있는 동안 디지털 도구의 사용에 관한 어떠한 통찰이나 알아차림이 일어났나요? 이 경험에 지혜롭게 대처할 방법은 무엇인가요? 무엇이 덜 지혜로운 방법일까요? 나아가서 이 기기를 사용하거나 실험할 때 특별히 지혜로운 방법이 있나요? 만약 그렇다면 그것들이 무엇인지 알아보고 그에 따라 실천해 봅니다.

이 장에서는 몸, 가슴, 마음을 열고 온전함에 깨어 있기를 자신에게 적용하기 위해 처음 1~4장에서 받은 훈련을 활용했다. 그리고 이를 직업, 직업 외의 삶, 스크린과 소셜 미디어를 다루는 데 적용했다. 다음 장에서는 이러한 열림을 자신에게 적용하는 것에서 확장해 사회적, 정치적, 물리적 환경과의 관계에 적용하는 방향으로 전환할 것이다.

집에서 연습하기

1. 이번 주는 거의 매일 호흡, 몸, 소리에 초점을 맞추고 집중력을 키우는 마음챙김 수행으로 시작하길 바란다. 혹은 몇 가지

마음챙김이 있는 움직임 명상으로 시작한 다음 정지 상태에서 집중 수행을 할 수도 있다. 무엇이든 몸과 마음이 중심을 잡고 열림의 조건을 만들어 주는 것이라면 좋다. 그러고 나서 몸, 가슴, 마음이 열려 있고 온전함에 깨어 있는지 확인하고 그렇지 않다면 왜 그런지 물어본다. 비판단적으로 답을 바라보면서 어떠한 열림도 부자연스럽게 강요하지 않는다(강요할 수 없기 때문이다).

2. 이 책의 끝으로 다가가는 시점에서, 이전 장에서 얻은 지식을 기초로 하되 당신에게 잘 들어맞는 일상 속 마음챙김 수행을 해 볼 것을 권한다. 그것은 주의 집중 명상으로 시작해 신체 활동 명상으로 옮겨 가는 것일 수도 있고, 또는 사랑-친절 명상이 될 수도 있다. 내가 조앤 프라이데이 선생님에게 일상의 수행에 관해 물었을 때, 그녀는 공식적으로 매일 아침 약 1시간 동안 명상과 정신 수행을 하며 그날그날 자신에게 필요한 수행을 한다고 말했다. 이 책의 다양한 수행 경험을 기반으로 자신에게 가장 적합하고, 현재의 독특한 상황에 가장 부합되는 몇 가지 수행법을 구축해 보라. 그리고 매일 자신과 자신이 돌보는 사람들에게 가장 이익이 될 만한 수행을 해 보라.

6장

더 나은
주변 환경 만들기

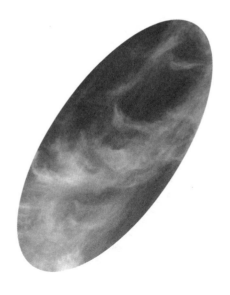

사회적 관계는 멋진 경험을 제공하기도 하고 어려운 경험을 제공하기도 한다. 이 장이 책의 마지막에 있는 데는 이유가 있다. 마음챙김 수행에서 튼튼한 기초가 필요한 것이 있다면 그것은 다른 사람과의 관계이다.

우리의 환경은 많은 면에서 물리적 환경과 비슷하다. 앞으로 자세히 알아보겠지만 자연환경과의 연결이 정신적, 신체적 건강에 도움이 된다는 많은 증거가 있다. 환경파괴, 기후변화, 종의 멸종, 자연계가 직면하고 있는 다른 문제들을 우려하는 사람들이 마음챙김에 기반한 알아차림을 토대로 삼으면 자연환경을 지혜롭게 다루는 데 도움이 된다.

이 장에서는 주의 조절, 자기 알아차림, 감정 조절에 대한 훈련을 하고 이것을 다른 사람과의 관계와 물리적 환경에 어떻게 적용할 수 있는지 설명할 것이다. 목표는 개인의 강점을 활용해 사회와 환경의 필요에 강력하고 진정성 있게 대응하는 것이다. 자신의 기술과 관심을 사회와 지구가 필요로 하는 것에 일치시키고,

다른 사람과의 소통을 강화함으로써 자신을 잘 표현할 수 있다. 이 과정에서 중요한 일을 하면서 자신을 돌볼 수 있게 된다.

사회적 환경 개선하기

마음챙김 강좌를 수강한 여학생 아멜리아가 자신의 경험을 나누어 주었다. "가장 친한 친구인 엘라와 저는 대학교 1학년 때부터 정말 친하게 지냈어요. 제가 명상을 시작하고 대인관계에 더 신경 쓰기 시작했을 때, 비로소 저는 엘라와의 관계에 온전히 감사하지 않았음을 깨달았죠. 우리가 함께 놀 때, 저는 그 시간을 당연하게 생각하고 있었어요. 핸드폰을 보거나 제가 하고 싶은 말만 했어요. 온전히 친구와 함께하고 있지 않았던 거예요. 엘라가 무슨 말을 하고 있는지, 어떻게 느끼고 있는지에 집중하지 않았고, 대화할 때 온전히 함께 있지 않았어요. 그래서 우리의 대화는 늘 답답하기만 했죠. 마음챙김을 통해 이것들을 알아차릴 수 있었어요. 엘라가 나의 가장 친한 친구이고 평생 내 인생에 있을 거라는 걸 깨달았어요. 지금은 당당하게 말할 수 있어요. 그리고 엘라에게 내 마음을 표현하고 엘라가 받을 만한 대우를 해 줘야 한다고 느꼈어요. 저는 계획을 세웠어요. 앞으로 이야기할 때 의도적으로 엘라와 눈을 마주치고, 마음챙김하면서 대화하고, 마음챙김하면서 이야기하고 있는지 알아차리면서 대화하기로요. 만약 내가 다른 생각을 하고 있다면, 그 생각을 알아차리고 즉시 엘라와의 대화로 다시 돌아오기로요. 그 후로 엘라와 저는 훨씬 더 돈독한 관계가 되었어요. 우리의 대화는 깊어졌고 매번 더 좋아져요."

이어서 아멜리아는 마음챙김이 부모와의 관계에 어떤 영향을 미쳤는지도 이야기했다. "엄마와 함께 있을 때 지나치게 반응할 때가 있어요. 보통 때는 그리 삐딱하게 굴지 않는데, 엄마와 이야기할 때만 그래요. 엄마와 이야기할 때는 엄마가 하는 말마다 화가 났어요. 그런데 마음챙김 수행을 하면서 감정 조절과 자기 알아차림이 개선되었어요. 엄마와 무엇인가를 이야기할 때면, 내가 즉각적으로 반응하고 즉시 반항한다는 사실을 알아차릴 수 있었죠. 이제 엄마와 함께 있을 때 내 행동을 좀 더 알아차리고 감정을 객관적으로 느낄 수 있어요. 관계에 대한 알아차림이 엄마와의 관계를 개선해 주었어요. 이제 엄마와 함께 있으면 더 차분해지고 덜 반응하게 돼요."

엘라와 함께 있을 수 있도록 주의력을 조절하고, 다른 사람들과 관계를 맺을 때 자신이 어떻게 느끼는지 알아차리고, 특히 엄마와 이야기할 때 자신의 감정을 좀 더 잘 조절하면서 아멜리아의 관계는 많은 부분에서 개선되었다.

마음챙김은 또 다른 방면에서 인간관계를 돕는다. 마음챙김은 인종, 성별, 나이, 장애 상태, 지적 능력과 관련된 다른 사람들에 대한 편견을 알아차리도록 돕는다. 때때로 우리는 다른 사람에 대한 편견을 가질 때가 있다. 때로는 그 편견이 우리를 향할 때도 있다. 우리 중 누군가는 다른 사람들보다 훨씬 더 많은 차별을 받기도 한다. 예를 들어 나의 학생인 녹은 마음챙김과 명상 훈련이 소외와 트라우마를 받아들이는 데 많은 도움이 되었다고 이야기했다. 마음챙김이 자신의 신체 감각을 더 많이 알아차리고 인종차별적 공격을 식별하는 데 도움을 주었기 때문이다. 그녀는 마음챙김과 명상을 통해 어떤 상황이 불편한지 재빨리 알아차릴 수 있었고, 다른 사람들 앞에서도 편하게 울 수 있게 되었다. 우는 것이 소외와 트라우마를 숨기는 것보다 훨씬 도움이 되었다.

과거에 녹은 사회복지 단체에서 인턴십을 했다. 그녀는 소외된 사람들을 적극적으로 돌보는 부서에서 일했는데, 누구에게 서비스를 제공하는지와 직원의 다양성에 따라 자리 배치가 이루어졌다. 오리엔테이션을 하는 동안 직원들은 그들의 정체성에 관해 이야기했고, 녹은 자신과 다른 한 여성이 유일한 유색인종임을 깨달았다. 두 사람은 인종적 정체성을 공유했지만 백인과는 그러지 못했다. 녹은 두 번째로 상사를 만났을 때, 직원들 간 다양성에 대한 열린 자세와 대화 부족에 대해 불편함을 표현했다. 녹은 불편함이 쌓이고 있음을 알아차렸다. 그것이 바로 그녀가 생각하고 있던 것임을 알아차렸고 그 점을 분명하게 말했다.

마음챙김 수행 덕분에 자신의 기분을 알아차릴 수 있게 된 결과, 녹은 즉시 대화를 시작했다. 그로 인해 녹은 생산적인 느낌이 들었고 행동을 더 잘 취할 수 있었다. 그녀는 다양성과 포용성에 관한 토론 부족이 그 조직에서 처음으로 문제 제기된 것이 아님을 알게 되었다. 결과적으로 조직은 다양성과 포용에 대한 대응 방식을 변경하지 않았지만, 상사는 녹이 보다 보람 있는 인턴십 경험을 얻을 수 있도록 지역사회 단체와 더 많은 홍보활동을 하도록 지원했다.

이 단체에서 일하는 동안 마음챙김 수행은 녹이 갈망과 혐오의 감정을 다루는 데 도움이 되었다. 그녀는 자신이 특정한 경험을 갈망해 왔음을 알게 되었다. 그녀는 자신에게 가장 좋은 장소가 아닌 곳에 배치된 것을 그리 싫어할 필요가 없음을 알아차렸다. 그곳에서 일할 때, 그녀는 마음챙김을 통해 회의하는 내내 몸을 편안하게 하고 자신을 안정시킬 수 있었다. 또한 마음챙김은 그녀가 그곳에서 의미 있는 일에 주의를 기울이도록 했다. 그녀는 앞으로 자신이 선택하게 될 경력에 더 잘 어울리는 조직이 어떤 곳인지 알게 되었다. 인턴십에서 깨달은 바에 따라, 그녀는 곧 인종 다양성과 트라우마에 헌신하는 사회복지 박사과정을 시작할 예정이다.

타인에 대한 편견에 마음챙김을 적용할 때, 우리는 책에서 배운 마음챙김 도구를 사용할 수 있다. 예를 들어 우리가 가진 편견과 그것이 어떻게 표현되는지를 알기 위해 비판단적 자기 알아차림을 사용할 수 있다. 또한 (그림1의 프레임워크에 따라) 감정 조절을 계발해 불편한 상황에서 더 편안해질 수 있다. 예를 들어 인종주의와 성차별주의에 반대하는 훈련을 받고 자신의 소속 단체와 열린 몸, 가슴, 마음, 온전함으로 마주해 차별당하는 사람들과 대화할 수 있다. 결과적으로 다양한 문화와 관점을 삶에 초대함으로써 지혜를 기를 수 있다. 그리고 주의 조절 훈련을 사용해 차별을 감지하면, 무엇이 최선의 실천 방법인지를 알고 그에 따라 표현하거나 반차별적인 방식으로 행동할 수 있다.

사람들과의 관계에서 마음챙김의 활용은 끝이 없다. 삶에서 친밀한 사람들이 충분하지 않다고 느낄 때, 특히 외로움을 느낄 때 마음챙김을 활용할 수 있다. "(팬데믹 이전부터) 제 생각에 큰일 가운데 하나는 고립과 진정한 사회적 연결의 부족이에요"라고 한 라라의 말처럼, 외로움은 요즘 사람들이 경험하는 가장 대표적이고 일상적인 어려움이다. MBC 무작위 대조 실험 결과, 마음챙김을 실천하는 사람들은 유의미하게 외로움이 감소함을 확인할 수 있었다. 다른 대부분의 마음챙김 무작위 대조 실험도 마찬가지로 외로움이 상당히 감소했음을 보여 주었다.

마음챙김 훈련은 몇 가지 면에서 외로움을 줄이는 데 도움이 된다. (1) 대면으로 하는 마음챙김 수행과 그룹 훈련을 하는 경우, 수업을 마치고 자연스럽게 의미 있는 대화와 우정을 나눌 기회가 만들어진다. (2) 혼자 있는 시간에는 좀 더 명상적인 경험(예를 들어 설거지하는 동안 몸, 가슴, 마음, 온전함에 대한 완전한 경험과 함께 머무는 것)을 하기 때문에 많은 사회적 접촉이 없을지라도 외로움의 감정을 가라앉힐 수 있다. (3) 마음챙김 훈련으로 STOP 수행과 같은 친사회적 기술을 기를 수 있다. 이로써 관계를 해치는 방식으로 반응하기 전에 멈출 가능성이 커져서 함께 있는 것을 더 즐겁게 만든다. 만약 시도해 보고 싶다면, 사회적 관계에 적용되는 명상 수행의 예가 아래에 나와 있으니 실천해 보자.

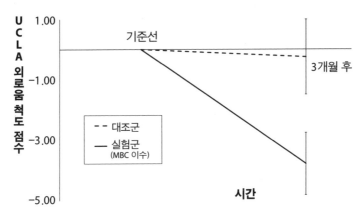

그림 7. 학기 초에서 말까지 학생들의 외로움 수치 변화(UCLA 외로움 척도 점수). 참가자는 MBC 과정을 이수한 그룹(실험군)과 필요한 경우 정신건강 서비스를 받고 다음 학기까지 휴강 중인 그룹(대조군)이다.

의사소통 명상

이 명상의 의도는 자신만이 아니라 다른 사람과 마음챙김으로 의사소통하고 듣기를 수행하는 것이다. 다른 사람과의 의사소통에 마음챙김을 적용하는 것은 어렵지만 중요한 일이다. 이 명상은 다른 사람들과 소통할 때 순간순간 내면의 지혜에 접근하는 능력을 길러 준다.

당신이 충분히 듣고 이해했다고 느꼈던 때가 언제인지 잠시 기억을 떠올려 봅니다. 아마도 누군가가 당신을 완전히 이해해 주었던 순간이었을 겁니다. 어디에 있었는지, 주변이 어땠는지, 누가 함께 있었는지 떠올려 봅니다.

그 시간을 떠올리면서, 그때 몸에서 무슨 일이 일어났는지 알아차려 봅니다. 어떤 몸의 감각이 나타나고 있었나요? 감정은 어땠나요? 당신이 이 사람 또는 사람들의 말을 듣고 이해한다고 느끼는 동안 어떤 감정이 존재했나요? 그러는 동안 마음에 어떤 생각이 스쳐 갔나요? 그때를 돌이켜 볼 때 신체적인 감각, 감정, 생각에서 무엇이 느껴지나요? 당신이 방금 알게 된 것을 되새기며 돌아보는 모습을 상상해 봅니다.

이번 주에 누군가를 데려와 위에서처럼 질문해 봅니다("당신이 정말로 듣고 이해했다고 느꼈던 시간과 그 일이 일어났을 때 마음과 몸에서 무슨 일이 있었는지 말해 주세요"). 아니면 다른 질문을 던져 봅니다. 중간에 끼어들지 말고 그저 듣기만 합니다.

이 대화 자체가 명상입니다. 그 과정에서 당신의 감정과 생각에서 어떤 일이 일어나는지 알아봅니다. 그것은 단지 다른 사람과의 관계일 뿐입니다.

그들이 대답하고 나면, 그들이 말한 것을 되새기며 돌아보고 그 이해가 옳았는지 자문해 봅니다. 그런 다음 그 대화가 당신에게 무엇을 느끼게 하고 무엇을 전해 주었는지 그들과 이야기 나누어 봅니다.

조앤 프라이데이가 말해던 것처럼 '자신의 의견 없이 경청'할 수 있을까요? 우리는 종종 이야기를 들으면서 자신이 다음에 할 말을 생각하거나 상대방의 대화 내용과 관련된 흥미로운 것을 생각합니다.

그냥 듣기만 하려고 노력한 다음 들은 것을 곰곰이 생각해 봅니다. 그렇게 하다 보면 상대방은 정말로 들리고 이해받고 있다는 느낌을 받게 되고, 그 결과 상대방도 마찬가지로 당신의 말에 귀 기울이고 이해하려고 노력할 겁니다. 이것은 타이어가 도로와 만나듯 밀착해서 타인과 의사소통할 때 마음챙김할 수 있는 중요한 방법입니다.

이번 주에는 다른 사람들과 상호작용할 때 열린 몸, 가슴, 마음과 온전함에 깨어 있음을 유지하면서 몸의 감각, 감정, 생각에 주의 깊은 알아차림을 기울여 봅니다. 이것은 큰 도전이기에 편안하고 익숙한 환경이나 (압도되지 않으면서) 잘해 나갈 수 있는 곳에서 자신을 돌보며 진행합니다. 대인관계에서 조금만 더 온전한 현존을 유지하면 관계의 질에 상당한 변화를 가져올 수 있습니다.

정치적 환경 개선하기

마음챙김은 도움이 되지 않는 편견을 명확하게 보고, 그로부터 자유로워지도록 도와주기 때문에 정치적 환경과의 관계 및 지역사회를 지원하는 데도 유용할 수 있다. 마음챙김은 미디어, 특수 이익 단체, 로비스트들이 검토해 달라고 요청하는 것에서 한발 물러서서 필요에 의한 큰 그림으로 문제들을 살펴볼 수 있게 해 준다. 이로써 로비할 힘이나 특권이 없는 사람들을 포함해 모든 사람에게 정책이 어떻게 도움이 될지 찾아내게 한다. 투표와 정치적 행동에도 영향을 줄 수 있다. 심지어 어떤 정당이 '옳다', '틀렸다' 편 가르기 하는 이분법적인 사고방식에서 벗어나 열린 몸, 가슴, 마음과 온전함에 깨어 있음으로 새로운 관점을 갖도록 도와준다.

폴이라는 이름의 청년은 마음챙김 훈련이 적절한 때에 자신을 표현하는 데 도움이 된다고 말했다. "저는 자신의 신념을 그리 심각하게 받아들일 필요가 없다는 것을 배웠어요. 이제는 양쪽으로 강하게 치우쳐 있는 사람들 사이에서도 어느 정도 합리적인 정치적 대화를 나눌 수 있어요. 이것은 의사소통할 때 마음챙김이 어떻게 작용하는지 잘 보여 줍니다. 특정한 시각에 너무 강하게 집착하지 않는 것이 중요해요. 저는 좀 더 대화에 몰입하고 경청하면서 스스로에게 질문합니다. '이 사람은 어디서 왔을까? 어떤 경험을 했길래 지금 이렇게 말하는 것일까?'"

정치환경을 다룰 때는 강렬한 감정과 생각이 일어날 수 있다. 마음챙김 훈련은 우리가 그것을 더 잘 알아차리게 할 뿐 아니라 현명한 방법으로 돌볼 수 있게 한다. 그리고 자신에게 일어나는 일을 알아차리고 현명한 다음 단계를 선택하게 한다. 예를 들어 우리는 정치 대표들을 사랑과 친절로 대할 수 있고 그것을 행동으로 표현할 수 있다. 조앤 프라이데이는 정치 대표들에게 '사랑의 편지'를 자주 쓰고, 그들의 서비스에 감사하며, 필요한 통치 시스템에 대한 견해를 공유하고, 정치 대표들이 인구 문제를 어떻게 관리할 계획인지 명확한 질문을 하곤 했다. 편지로 하든 전화로 하든 정치적 시위에 참여하든 간에 열린 태도로 행동을 취하면서 안정된 상태를 유지하는 것이 그녀의 수행이었다.

정치적 영역에서 취할 수 있는 마음챙김에 기반한 행동으로는 많은 예시가 있다. 미국에서 가장 좋은 예 중 하나는 오하이오주 하원의원 팀 라이언이다. 그는 『미국 치유하기(Healing America)』라는 책을 썼으며, 하원 웰빙 사무실(House Well-Being Office)에 마음챙김 훈련을 도입했고, 이를 미국 전역의 학교에서 사용하도록 지원했다.

제이미 브리스토우는 영국의 정책기관이자 싱크탱크인 '마음챙김 제안(Mindfulness Initiative)'을 이끌고 있다. 이들은 과학과 정책의 공통 사안에서 일하는 모든 정당 의회 그룹을 지원하며, 영국 대중들에게 마음챙김에 기반한 인지치료와 같은 증거 기반의 마음챙김 프로그램을 소개한다. 마음챙김 프로그램은 모든 정당 구성원들에게 개방되어 정치인들의 신체적, 정신적 건강을 지

6장. 더 나은 주변 환경 만들기

원한다.

아래는 정치환경에 적용되는 마음챙김 수행이다.

정치-관계 명상

이 명상의 의도는 자신과 타인에게 사랑과 친절을 베풀고, 특히 탐욕스럽고 미숙한 사고방식으로부터 자신을 해방하고, 정치에 종사하는 사람들에게 사랑과 친절을 베풀고, 필요할 때 지혜롭게 행동하도록 하는 것이다.

먼저 명상을 위한 편안한 자세를 찾고 호흡, 몸, 소리에 닻을 내립니다. 현재 순간에 주의가 머물게 하면서 몸과 마음에 연결되면 아래의 명상을 시작합니다.

이 몸과 마음이 건강하기를.
이 몸과 마음이 매일 내 안에서 기쁨을 키우는 법을 알기를.
이 몸과 마음이 애착과 혐오에서 벗어나되 무관심하지 않기를.
이 몸과 마음이 미숙한 행동이나 고정관념에서 벗어나기를.

자신과 세상에 지혜롭고 친절한 방식이 무엇인지 배울 때, 그것이 필요한 곳에서 행동을 취할 수 있습니다.
이제 당신이 존경하고 감사하는 정치인을 떠올려 봅니다.
그들에게 다음과 같이 기원합니다.

이분의 몸과 마음이 건강하기를.

이분이 매일 자기 안에서 기쁨을 키우는 법을 알기를.

이분이 애착과 혐오에서 벗어나되 무관심하지 않기를.

이분이 미숙한 행동이나 고정관념에서 벗어나기를.

당신이 기원하는 동안 몸의 감각, 감정, 생각에서 일어나는 것을 알아차리면서 특별한 감정 없이 중립적이라고 느끼는 정치인에게 사랑과 친절을 계속해서 보냅니다.

이번에는 당신과 의견이 맞지 않는 정치인을 떠올려 봅니다. 계속해서 자신을 돌보면서 위에서 했던 사랑-친절 명상을 그들에게 보냅니다.

이것은 때때로 이해하기 어려운 사람들에게 사랑과 친절을 보낼 때 도움이 될 수 있습니다. 예를 들어 도전적인 정치인을 일곱 살짜리 어린이로 상상해 보세요. 그 사람의 성장 과정이 어땠을지 상상해 보고, 부모나 주변 사회에서 어떤 영향을 받았을지 생각해 보는 것도 좋습니다. 우리는 공개적으로 비난받고, 어려운 일이지만 쉽게 감사받지 못하는 일을 하며, 지역사회에 봉사하는 정치인들에게 연민을 키울 수 있습니다.

이제 연민의 마음을 모든 사람, 모든 존재로 확장합니다. 잠시 시간을 내어 자신이 속한 지역사회나 국가의 상황을 더 나은 방향으로 변화시킬 방법에 대해 생각해 봅니다. 국가는 가치의 집합체이며, 정치적 과정에 많이 관여하는 사람들은 그러한 가치를 듣고 행동으로 옮길 가능성이 큽니다. 아마도 당신은 학교, 이웃, 마을, 도시, 국가, 대륙에 도움이 되는 가치를 가지고 있을 겁니다. 무엇이 지혜로운 다음 단계일까요? 기꺼이 받아들여 봅니다.

명상을 마치며 나머지 일정으로 넘어가기 전에 호흡, 몸, 소리에 닻을 내린 지점으로 돌아와 잠시 머물러 봅니다.

물리적 환경 개선하기

물리적 환경은 집, 회사, 이웃, 마을, 도시, 나라와 같은 장소를 포함한다. 물리적 환경과의 관계에 마음챙김을 도입한다면 확실히 다룰 수 있는 것이 많다. 이 책에서는 가정환경과 자연환경에 초점을 맞추겠지만, 여기에서 얻은 교훈을 다른 환경으로도 확장할 수도 있다.

가정환경에 관한 7가지 미학 원리

주거 공간은 여러 면에서 창의성을 발휘하고 개인적인 수행과 선호의 미묘한 차이를 탐구할 수 있는 완벽한 장소다. 이것은 침실만 있거나 딸들과 함께 방을 사용하느라 침실 한쪽 구석만 사용할 수 있어도 그렇다. 우리가 시간을 보내는 물리적 환경은 우리의 행복과 생각에 영향을 미친다. 우리는 어떻게 스스로의 행복과 건강을 돕고, 최우선 과제로 여기는 것을 성공적으로 성취하고, 원하는 삶을 만들 수 있도록 환경을 조성하는지 알아보기 위해 주의 깊은 알아차림을 사용할 수 있다.

철학자이자 선불교 학자였던 히사마쓰 신이치(1982)는 건강과 행복을 증진하는 방식으로 가정환경과 마음챙김을 엮을 수 있는 미학적 원리를 제안했다. 히사마쓰의 원리는 미술을 위해 설계되었지만 2차원 예술, 가구, 정원, 저녁 식사 때 식탁을 차리는 방식 등 가정환경의 미학에 적용할 수 있다. 팀 로마스 교수는 이러한 선(禪) 미학적 원리를 웰빙과 연결했다(Lomas et al. 2017). 신체적 감각, 감정, 생각에 대한 자기 알아차림의 마음챙김 기술을 사용해 각각의 원리가 잘 들어맞는지 살펴보고 자신에게 잘 어울리는 것을 알아보라. 만약 적합한 것이 있다면 주거 환경에 그러한 원리들을 추가하길 권한다. 많은 원리는 종종 돈을 쓰지 않고도 추가할 수 있다. 아래 목록을 살펴보라.

1. 단순함

이것은 드문드문하고 어수선하지 않은 것의 아름다움이다. 그것은 필수적이지 않은 것의 생략이다. 명상은 종종 잘 정돈된 마음을 일으킨다. 어수선한 마음은 어수선한 집을 만들고 그 반대도 마찬가지다. 예를 들어 당신이 누군가에게 받은 선물을 볼 때 그 선물을 사랑의 표시로 받아들이고 고마워할 수도 있지만, 어쩌면 그것이 썩 마음에 내키지 않을 수도 있다. 당신은 그것을 가지면 더 고마워할 만한 누군가에게 주기로 마음먹을 수 있다. 집안의 지저분하고 불필요한 물건을 버리면 해방감을 느낄 수 있고, 기분을 가라앉게 하는 시각적 요소로부터 자유로워지는 동시에 기분을 고양하는 시각적 요소를 위한 공간을 확보할 수 있다. 또한 이것은 물질적인 물건에 대한 갈망을 다루는 한 방법이기도 하다. 물질적인 것들이 정말로 행복을 가져다주는지 확인할 수 있기 때문이다. 이를 통해 우리는 행복과 웰빙을 촉진할 뿐만 아니라 돈을 절약해 행복을 가져다줄 것들에 사용할 수 있다.

2. 비대칭성

이 개념은 뒤틀림, 불규칙, 곡선과 같은 특징을 장려한다. 우리는 누구나 불규칙하며, 그것이 우리를 독특하고 우리답게 만든다. 세상이 비대칭적인 것은 말할 것도 없다. 이것은 세상을 있는 그대로 우리 집으로 가져올 수 있고, 있는 그대로의 세상과 연결될 수 있는 기회이다. 예를 들어 내가 쌍둥이 딸들의 침실로 들어서면 방의 한쪽에는 창문에 매달려 있는 아름다운 식물이 있고, 다른 한쪽에는 아늑한 창 앞에 독서대가 있으며, 쿠션 주위에 담요가 있다. 그들이 만들어 낸 비대칭성은 거의 자연과 같은 편안하고 진실한 느낌을 주고 나는 그것에 끌린다. 당신의 환경에도 비대칭이 있는지, 만약 있다면 그것이 당신에게 어떤 느낌인지 알아차려 보라. 당신의 행복이나 웰빙을 증진할 수 있는 더 많은 기회가 있는가?

3. 검소한 고결함

이 개념은 '고상한 무미건조(명백히)'라고도 불린다. 이것은 노화, 노련함, 균열의 특성을 가지며 실제로 바람에 건조됨, 부패, 풍화에 적용된다. 당신의 집에 조상으로부터 물려받은 물건이 있는가? 최상의 아름다움은 아니지만 그것을 간직하는 이유가 있는가? 그것은 단지 감상적인 가치만이 아니라 집이나 마당에 오래된 물건들을 가지고 있으면 기분이 좋아지기 때문일 수 있다. 해변이나 숲에서 발견한 오래되고 뒤틀린 나무토막을 집으로 가져오는 데는 아무런 비용이 들지 않지만, 그렇게 함으로써 집에 검소한 고결함의 요소를 더할 수 있다. 검소한 고결함의 개념은 우리가 비영속성이나 노화에 익숙함을 암시한다. 우리는 사랑하는 사람들처럼 늙고 죽는다. 물질적인 것들은 대개 낡고 풍화된다. 집에 오래된 물건들을 가지고 있으면 자연을 받아들이고 포용하게 되며 나이 듦과 풍토의 특성을 감상할 수 있다.

4. 자연스러움

이 개념은 결과를 만들 때 노력과 의도가 없음을 나타낸다. 이것은 창조의 과정과 완전히 동조되어 의도적인 노력이 필요하지 않을 때 일어난다. 이것은 몰입 상태에 있는 것과 유사하다. 집이나 정원을 만들 때, 자신을 통해 자연스럽게 나오는 것은 무엇인가? 2년 전이나 미래의 모습이 아니라 지금 여기서 자신과 동료의 삶에 필요하고 바라는 모습으로 집을 꾸미기 위해 어떻게 자연스럽게 표현하고 몰입할 수 있는가? '자연스러움'이라는 용어가 자연에서 온 물건을 가리키는 것처럼 들릴지 모르지만, 이는 당신의 미학을 표현하기 위한 자연스러움을 말한다. 말하자면 자신과 자신의 가치를 자연스럽게 표현하는 미학을 창조하면서, 진정한 자아를 집에 담아낼 수 있는가?

5. 집착으로부터의 자유

이것은 우리를 습관으로부터 해방하고 틀에 얽매이지 않게 한다. 우리는 종종 사물에 애착을 가지는데, 집에 있는 건강에 좋지 않은 물건에도 애착을 가질 수 있다. 예를 들어 알코올 중독에 시달리고 있는데 집에 술이 진열된 선반이 있다고 하자. 그 선반은 당신에게 건강에 좋지 않은 습관을 떠올릴 수 있기에 건강을 증진하는 다른 무언가로 바꾸기로 결심할 수 있다. 어쩌면 그것은 특별한 사람에게 사랑의 글을 써서 그들이 볼 수 있도록 아침 식탁 위에 놓는 일일지 모른다. 혹은 추운 겨울 아침 불을 지피는 일일 수도 있다. 또는 내 친구 데미안처럼 뒷마당에 여러 종류의 좌석이 있는 3미터 높이의 텐트를 치고 손으로 짠 밧줄로 나무에 거대한 거미줄 같은 해먹을 만드는 일일 수도 있다. 지금 당장 집이나 마당에 새로운 무언가를 설치해서 습관적인 패턴이나 애착에서 자유롭게 하는 마음챙김을 체화할 방법이 있는가?

6. 평온

이 개념은 조용하고 침착하며 내면에 집중하는 일과 관련이 있다. 만약 평온해지거나 또는 혼란스러운 감정으로부터 자유로워지는 것이 당신에게 가치 있는 일이라면, 그것들을 활성화하는 물건들을 집과 마당에 설치할 수 있다. 어쩌면 그것은 하루를 시작할 때 아침에 연주하는 음악의 종류이거나 벽에 거는 예술품 종류일 것이다. 당신이 선택한 식물일 수도 있다. 주의 깊은 알아차림을 가지고 주거 공간의 물리적 환경이 어떻게 느껴지는지 알아차려 본다. 만약 더 많이 평온해지길 원한다면, 평화와 웰빙의 감정을 기르기 위해 어떤 물건들을 없애거나 가져다 놓아야 할지 생각해 본다.

7. 섬세한 통찰 또는 깊은 침묵

이것은 존재의 깊이와 그것이 지적인 이해를 넘어서는 방법을 나타내는 요소라고 할 수 있다. 이 개념을 설득력 있게 설명하는 선불교 공안(公案)은 '규정할 수 없고 지적으로도 알 수 없는 이것은 무엇인가?'이다. 어떻게 이것을 집에 깃들게 할 수 있을까? 어쩌면 그것은 당신의 종교를 대표하는 인물이나 현명한 사람의 사진일 수 있다. 로마스가 말하듯 그것은 "명확한 이유를 알지 못한 채 자기 존재의 핵심으로 옮겨지는 요소"를 나타낸다(Lomas et al. 2017). 만약 집이나 마당에 이미 그런 게 있다면 무엇인가? 효과가 있는 무언가를 찾을 수 있는가? 삶에 미치는 영향을 발견하고 결정하며 주목하는 것은 당신이 할 일이다.

우리는 장기적으로 우리를 더 행복하게 해 주지 않는 정보(이걸 사세요, 그것을 소비하세요)를 자주 접한다. 그것은 설렘을 가져다줄지언정 행복은 가져다주지 않는다. 이 7가지 미학적 원리는 많은 지혜를 담고 있지만 아직 서양에는 깊이 파고들지 못했다. 이런 삶의 태도는 장기적인 행복을 가져다주며, 행복을 가져다주지 않는 사회적·물리적 환경에 걸려 있는 많은 낚싯바늘을 물지 않음으로써 삶을 능숙하게 항해할 수 있게 해 준다. 히사마쓰에 따르면 이것들은 7세기에서 15세기 동안 주로 중국, 한국, 일본에서 집중적으로 나타났다. 아래 명상을 연습해 보고, 무엇이 내 삶의 행복과 웰빙을 가져다주는지를 찾아서 그것을 실천해 보라.

주거 환경 명상

이 명상의 의도는 7가지 미학적 원리가 신체 감각, 감정, 생각에 미치는 영향을 스스로 알아차리고, 이 가운데 어떤 것이 우리의 웰빙과 행복에 긍정적인 영향을 미치는지 알아보는 것이다.

잠시 시간을 내어 호흡, 몸, 소리와 같이 중심을 잡아 줄 대상에 주의를 집중합니다. 그런 다음 준비가 되면 몸, 가슴, 마음, 정신을 점검합니다. 그것들이 열려 있나요? 만약 그렇지 않다면 왜 그런지 알아봅니다.

현재에 머물면서 몸, 생각, 감정을 알아차립니다. 7가지 미학적 원리를 떠올려 보고, 그중 가장 공감이 가는 원리를 살펴봅니다. 집 안 분위기에 가장 보태고 싶은 원리가 무엇인지 스스로 묻습니다. 알다시피 그 원리들은 다음과 같습니다.

단순함
비대칭성
검소한 고결함
자연스러움
집착으로부터의 자유
평온
섬세한 통찰

이러한 원리를 당신이 사는 집에 어떻게 적용할지 생각할 때 감정, 생각, 신체적 감각에서 어떤 변화가 일어나나요?

만약 집에 있다면 (신체적 또는 정신적으로 그것을 마음에 떠올리면서) 마음챙김하면서 집 주변을 걸어 봅니다. 시각, 청각, 후각, 촉각을 통해 지금 여기에 무엇이 있는지 알아차려 봅니다. 어떤 느낌인가요?

이 물리적 환경을 고려할 때 당신의 감정과 생각의 특성은 무엇인가요? 그것은 어떻게 당신의 몸, 마음, 가슴, 정신의 행복을 유지하나요? 생각 중인 것 가운데 실천하고 싶은 행동이 있나요?

어쩌면 그것은 당신을 우울하게 만드는 무언가를 집에서 없애거나 기분 좋게 하는 무언가를 설치하는 일일 겁니다. 혹은 7가지 요소 중 하나 또는 그 이상을 당신의 공간에 가져다 놓고 싶은 생각이 들 수도 있습니다. 앞으로 몇 분, 몇 시간, 며칠 내에 주거 환경에 변화를 주어 봅니다.

명상을 마치며 오늘 남은 시간 또는 저녁 일과를 하기에 앞서 잠시 온전함에 깨어서 몸, 가슴, 마음에 닻을 내린 지점으로 돌아와 시간을 가져 봅니다.

나는 히사마쓰의 7가지 원칙을 감사하게 받아들여 우리 집에 사회적 연결, 음식, 따뜻함, 아늑함이라는 몇 가지 요소를 추가하고 싶다. 이 모든 것이 '휘게(Hygge)'라는 개념에 잘 어울린다. 덴마크 코펜하겐에 있는 행복 연구소의 CEO인 마이크 비킹은 뉴욕타임스 베스트셀러 『휘게 라이프, 편안하게 함께 따뜻하게』를 썼다. 휘게는 만족감과 행복감을 주는 아늑함과 편안함의 특징을 가지고 있다. 그것은 친구나 가족, 편안한 음식과 음료, 따뜻함, 부드러운 조명, 아늑한 옷, 조화, 지금 이 순간에 대한 알아차림과 같은 단순한 즐거움으로부터 오는 만족을 포함한다.

휴식에 도움이 되는 많은 요소가 있다. 촛불을 켜 두거나, 친구들과 함께하거나, 야생의 자연 속에 있다가 따뜻한 수프 한 그릇을 먹으러 집으로 돌아오는 것일 수 있다. 또는 담요나 집에서 만든 양말을 신는 것, 핫초코나 다른 간식을 먹는 것 등일 수 있다. 특히 바깥에는 폭풍우가 몰아치는 가운데 집 안에서 차를 마시며 사랑하는 사람이나 친구와 영화를 보는 것을 최고로 꼽는 사람이 많다. 여름에 집에서 음식과 음료를 만들어서 소풍 가는 것도 휴식에 도움이 될 수 있다.

휴식에서 '지금 이 순간 여기에 존재하기'는 아주 중요하다. 휴식의 많은 부분은 실제로 추가 비용이 들지 않는다. 그것은 단지 삶에서 휴식을 중요하게 여기거나 적어도 한 번은 시도해 보고, 그것이 어떻게 느껴지는가를 살펴보는 일이다. 당신은 기숙사 방, 원룸, 어쩌면 부모님의 지하실에 있을 수도 있지만 행복을 증진하기 위해 추가할 수 있는 요소를 얼마든지 생각해 볼 수 있다. 마음챙김과 휴식의 공통점은 집 안에 안락함과 행복을 조성함으로써 이 순간 '여기'에 더 집중하도록 하는 것이다.

이어서 행복과 건강을 촉진할 수 있는 집 밖의 환경, 특히 자연환경을 탐구해 보자.

자연환경에 관한 '주의회복이론'

내가 20대 때, 아버지는 나에게 캐나다 브리티시 컬럼비아주의 피스리버 지역에 있는 사람이 거의 살지 않는 로키산맥 기슭으로 여행을 가자고 제안했다. 우리는 ATV를 타고 험한 오솔길을 따라 몇 킬로미터를 달려서 마침내 말 몇 필이 있는 작은 집에 도착했다. 다음 날은 가이드와 함께 계곡에서 계곡으로 이어지는 낮게 깔린 관목 덤불을 지나 능선을 넘고, 우리가 지나온 길 외에는 사람의 흔적을 전혀 보지 못한 채 며칠 동안 말을 탔다. 오후에 야영하기 위해 계곡으로 들어갔을 때 큰 동물들이 계곡에서 빠져나가는 것을 보았다. 저녁에는 종종 혼자서 쌍안경을 들고 산등성이까지 걸어가 반대편 계곡을 들여다보곤 했다.

나는 순록, 고라니, 무스, 들소를 보았다. 어느 날 아침 캠프 장비를 정리하고 있을 때, 수백 미터 떨어진 곳에 있는 회색곰 한 마리가 달리는 것을 보았다. 회색곰의 털 아래에서 근육이 물결치고 있었다. 우리 캠프 뒤에 있는 나무숲으로 회색곰이 달려가는 모습은 아름다운 광경이었다. 나는 캠프를 정리할 때 뒤에 있는 나무를 주시하고 있었기에 '지금 이 순간의 알아차림'을 하기 위해 따로 커피가 필요하지 않았다.

황야에서 보낸 며칠간의 경험은 지금 이 순간에 온전히 존재하는 법을 알려 주었다. 또한 한 걸음 물러서서 삶을 바라볼 수 있는 공간을 주었다. 내 삶의 여정에서 어디로 가고 싶은지를 알아차리는 시간이었다. 당시 나는 유치원 때부터 쉬지 않고 학교를 다녀서 대학원에 진학한 후 7년째 고군분투하고 있었다. 내 가슴과 마음은 박사학위를 따기 위해 공부해 온 동물약리학 연구를 평생 하고 싶지는 않다는 걸 알았다. 친한 친구들이 있었고, 나에게 어울리지 않는 여자친구도 있었으며, 나에게 적합한 직업을 찾아야 한다는 압박감도 있었다.

일주일 동안 그 압박감에서 벗어나 아버지 그리고 다른 사람들과 함께 경외감을 느낄 정도로 아름다운 자연에 둘러싸여 있었다. 이것은 내가 해결해야 할 많은 것을 처리하기 위한 정확한 처방이었다. 그동안 나는 성장하고 있음을, 나는 삶을 통제할 수 있고 원하는 대로 만들 수 있음을 알았다. 결국 진로를 바꾸고 여자친구와 헤어졌다. 시간이 지나 지금까지 오랫동안 로맨틱한 배우자로 살아온 벳시를 만났고 우리는 서로 몸, 가슴, 마음, 정신이 잘 맞는다는 걸 알게 되었다. 자연 속에 있으면서 내 몸과 마음에 필요한 회복을 얻었고 더 나은 삶을 꿈꾸고 더 좋은 선택을 할 수 있었다.

실제로 '주의회복이론(Attention Restoration Theory, Bratman et al. 2012)'은 자연에서 경험되는 심리적 회복에 기여하는 네 가지 요소를 권장한다. 당신에게 적당한 것이 있으면 시도해 보고, 어떤 것이 마음을 쉬고 회복시키는 데 도움이 되는지 살펴보라. 아마 당신의 하루 또는 몇 주 동안에 활기를 불어넣어 줄 것이다.

　　　　　　　　6장. 더 나은 주변 환경 만들기

주의회복이론의 네 가지 요소

'주의회복이론'은 자연에서 보내는 시간이 즐거움을 가져다주고, 집중력을 길러 주며, 다음 네 가지 요소를 통해 몰입할 수 있는 능력을 향상시킨다고 말한다.

1. 공간감

    도시에서 자연경관에 완전히 몰입하는 것은 대자연 여행에서보다 훨씬 더 어렵다. 하지만 충분히 가능하고 많은 사람이 그것을 더 쉽게 만들기 위해 노력하고 있다. 프레드릭 로 옴스테드를 예로 들어 보자. 옴스테드는 뉴욕의 센트럴 파크를 포함해 미국에서 호평을 받은 많은 도시공원을 설계했으며 자연을 볼 수 있는 지역을 만들기 위해 노력했다. 당신은 자연과 함께 놀 수 있는 방법을 찾을 수 있다. 심지어 스크린에서 자연의 이미지를 보거나(연구에서 긍정적인 도움이 된다고 밝혀졌다, Bratman et al. 2012) 집이나 사무실에 식물을 키우는 것처럼 미시적인 수준에서도 적용할 수 있다. 또는 거시적 차원에서 자연과 함께하기 위해서 정기적으로 도시공원에 갈 수 있고, 더 많은 대자연을 경험하고 싶을 때 하이킹을 떠날 수도 있다.

2. 벗어남

    이것은 일상적인 경험과 관심에서 벗어나는 것이다. 창밖을 내다

보는 것과 같은 작은 경험이든, 며칠 동안의 야생 경험이든 상관
없이 적용될 수 있다. 앞서 내 이야기가 보여 주듯이 현실의 삶에
서 잠시 떨어져 있는 것만으로 큰 변화를 만들 수 있다. 하지만 더
짧은 시간에도 효과가 있다. 예를 들어 브랫만과 동료들(2015)은
참가자들을 무작위로 할당해 자연환경 또는 도시환경에서 거의
한 시간 동안 걷도록 했다. 그 결과 자연환경에서 걸은 참가자들
은 도시환경에서 걸은 참가자들에 비해 긍정적인 기분과 작업 기
억력이 향상되었으며 불안감, 반추, 부정적인 기분은 감소한 것으
로 나타났다.

3. 매혹감

매혹감은 의도적인 노력 없이 자연스럽게 우리의 주의를 사로잡
는 것이다. 어떤 사람들은 경외감이라고 부르는 이것은 우리가 활
짝 핀 꽃, 푸른 하늘을 가로지르는 제비, 멀리 있는 산, 삶의 아름
다움에서 영감을 받고 휴식을 취할 수 있게 해 준다.

4. 적합성

적합성이란 자연 경험이 실제로 우리가 자연에서 좋아하는 것과
얼마나 잘 맞는지를 나타낸다. 예를 들어 어떤 사람은 채소밭, 해
변, 산을 선호하고 또 어떤 사람은 식물 진열대에 있는 난초 앞에
서 커피 마시기를 선호할 수 있다. 이 밖에도 문화적 적합성과 안
전성을 고려해야 하며, 자연과 함께함으로써 누리고자 하는 게 무

엇인지도 고려해야 한다.

이 네 가지 요소를 극대화하는 방법을 찾음으로써 자기 자신에게
좋은 휴식과 관점을 제공할 수 있다.

자연 체험의 영향에 관한 연구가 크게 증가하고 있다. 젊은
사람들, 특히 학생들이 학교 수업 중 녹색 공간을 볼 때 주의력 향
상과 스트레스 회복에서 더 나은 성과를 보인 것으로 나타났다
(Li and Sullivan 2016). 거의 3,000명의 참가자를 대상으로 한 25개
의 자연 기반 마음챙김 개입을 체계적으로 검토하고 분석한 결과,
심리·생리·대인관계가 상당히 개선된 것으로 나타났다. 자연 체
험의 유형은 정원이나 공원 같은 환경보다 숲이나 야생자연 같은
환경이 더 큰 영향을 미치는 것으로 보인다(Djernis et al. 2019). 많은
연구가 자연 체험이 몸과 마음에 긍정적이라는 증거를 보여 준다.
　도시로의 이동이 증가함에 따라 많은 사람이 우리 행동이 자
연환경에 미치는 영향을 항상 고려하지 않는다. 자연과의 연결이
단절되어 기후변화와 같은 문제가 초래되고 있다. 마음챙김은 우
리의 행동과 그 영향을 더 잘 인식하게 해 준다. 우리가 환경을 돌
보는 행동에 주의를 기울이게 하고, 기후변화의 영향력 확대와 같
은 환경문제에 직면했을 때 감정적으로 조절하는 데 도움을 준다.
　MBC를 수료한 로렌은 기후변화와 관련된 재난 동안 자신

을 보살피기 위해 어떻게 마음챙김을 사용했는지 이야기했다. "루이지애나에 있을 때 개인적으로 겪은 경험이에요. 매시간 축구장 크기만 한 공간이 사라지고 있었어요. 내 고향은 올해(2020년) 두 번의 허리케인으로 파괴되었어요. 허리케인 '로라'는 MBC 강좌가 시작될 때 레이크찰스를 강타했는데, 저는 구호 활동을 위해 그곳에 갔어요. 차마 보기 힘든 모습이었고 많은 트라우마를 경험했어요. MBC 과정에서 배운 기술이 그 트라우마를 극복하는 데 큰 도움이 되었어요."

자연환경과의 관계는 세상에 있는 사람들 수만큼 다양한 방법으로 일어날 수 있다. 단지 지구의 일부라는 이유만으로도 우리는 자연환경과 관련되어 있다. 나는 우리가 자연을 이해하고, 자연에 의해 길러지고 있음을 인식하길 바란다. 더불어 우리가 배운 기술이 자연을 유지하고 돌보며, 기후변화에 대처하는 데 기여하고, 우리가 자연에 미치는 영향을 줄이는 데 도움이 되기를 바란다. 아래는 자연에 대한 주의 깊은 알아차림을 일깨워 주는 몇 가지 자기 성찰이다.

자연 체험 명상

이 명상의 의도는 주의회복이론의 네 가지 요소를 경험하기 위해 생각, 감정, 신체적 감각을 주의 깊게 알아차리면서 그것들이 정말로 당신에게 행복을 가져다주는지 확인하는 것이다. 또한 그것들을 더 많이 삶에 통합하거나, 이미 그렇게 하고 있다면 감사하

면서 통찰이 일어나는지 관찰하는 것이다.

호흡, 몸, 소리에 닻을 내린 지점에서 시작합니다.

준비가 되면 돌, 실내 식물, 인터넷에서 찾은 자연의 그림 같은 자연의 요소들을 눈에 보이도록 가져다 놓습니다. 가능하다면 뒷마당이나 공원 같은 물리적 자연으로 직접 들어가는 것도 좋습니다.

자연을 바라보면서 생각, 감정, 몸의 감각을 알아차릴 수 있나요? 만약 알아차렸다면 어떻게 느껴지나요? 특정한 사물이나 공간이 다른 것보다 더 긍정적인 생각, 감정, 몸의 감각을 느끼게 하나요? 그것은 무엇인가요? 그것은 좋은 정보입니다. 아래 네 가지 요소를 활용해 봅니다.

공간감: 자연을 주위로 가져올 수 있나요? (집 화분에 가까이 다가가거나 숲이나 바다로 더 깊이 들어갈 수 있습니다).

벗어남: 지금 이 순간 일상적인 경험과 걱정거리에서 벗어나 자연을 체험해 보세요.

매혹감: 주변 환경이 자연스럽게 당신의 관심을 끌고, 노력 없이 당신을 매료시킬 수 있게 합니다.

적합성: 지금 이 순간 함께할 수 있는 자연환경을 찾는 것은 몸의 감각, 감정, 생각을 알아차리면서 자신과 잘 어울리는 환경을 만드는 일입니다.

이 자연 체험 안에서 일어나는 생각, 감정, 몸의 감각을 알아 차리면서 자신의 삶이나 다른 사람의 삶에서 더 많은 자연을 경험하게 만드는 다음 단계가 무엇일지 생각해 봅니다.
자연과의 관계에서 새롭게 일어난 일이 있나요? 만약 그렇다 면 앞으로 며칠, 몇 주, 몇 달 동안 당신의 삶에 더 많은 의미 있는 요소들을 가져올 수 있도록 메모하길 바랍니다.

이 장은 열린 몸, 가슴, 마음, 온전함과 결합한 자기 알아차림, 주의 조절, 감정 조절 기술을 사회적·정치적·물리적·자연적 환 경과의 관계에 적용해 보는 데 중점을 두었다. 그렇게 함으로써 그 들과의 관계에 주의를 기울일 뿐만 아니라 우리가 누구인지 표현 하는 현명한 행동을 취하도록 장려하고자 했다. 이를 통해 우리는 지구에 존재하는 짧은 시간 동안 환경의 관리인이 되어 그것들이 제공하는 놀라움을 즐기고, 미래와 그 이후 7세대가 행복하고 건 강한 삶을 영위할 수 있도록 도울 수 있다. 마지막 장에서는 이러 한 가르침을 종합할 것이다. 나는 당신에게 성공하고, 행복을 증진 하고, 원하는 삶을 만들 수 있는 도구 상자를 보내줄 것이다.

집에서 연습하기

1. 지난 장과 비슷하게 이번 주는 거의 매일 호흡, 몸, 소리에 집
중하면서 집중력을 기르는 마음챙김 수행으로 시작한다. 또
는 마음챙김이 있는 움직임으로 시작한 다음 고요한 집중 수
행을 진행해도 좋다. 몸과 마음에 적합하고, 집중을 돕고, 몸
과 마음을 여는 좋은 조건이라면 무엇이든 해 보라. 그런 다
음 몸·가슴·마음이 열려 있고 온전함에 깨어 있는지 확인하고,
그렇지 않다면 왜 그런지 확인해 보라. 판단을 내리지 않고
무리하게 개방을 강요하지 않고 반응을 살펴본다. 이어서 자
기 알아차림이 사회와 환경과의 관계로 향하게 한다. 여기에
는 동네 친구, 반 친구, 직장관계, 가족관계, 정치적 환경, 주
거 환경(예를 들어 히사마쓰의 미학적 원리 또는 휴식 원칙)과 같은 사
회적 환경뿐만 아니라 앞마당, 이웃, 마을, 도시, 지역, 국가까
지 포함된다.

   당신의 주의 조절을 사회적, 정치적, 물리적, 자연적 환경의
중요한 요소들과 함께하기 위해 사용할 수 있는가? 신선한
눈, 열린 마음, 열린 가슴, 온전함에 깨어 있음으로 마치 처음
보듯 자기 알아차림을 이용해 그것을 탐구할 수 있는가? 호
기심, 비판단, 자기 친절이라는 마음챙김의 특성을 사용해 그
일을 할 수 있는가? 어떤 일이 발생했을 때 당신이 사회적·
정치적·자연적·물리적 환경 요소에서 겪는 어려움의 원인

은 무엇이며, 그 환경적 영향이 당신의 삶 각 영역에 가져다 주는 기쁨과 행복의 원인은 무엇인가? 그 뿌리에 대한 이해를 통해 모든 생명체에게 도움이 되는 현명한 다음 단계 또는 일련의 단계를 계획할 수 있는가?

2. 자신에게 잘 맞추어진 일상 수행을 계속 개발하자. 이 책 바깥에 있는 당신 삶의 다른 영역에서, 수행함으로써 개선할 수 있는 것은 무엇인가? 예를 들어 여기서는 언급되지 않았지만, 당신이 알고 있는 영적 전통이나 자기 관리 수행 등이 포함될 수 있다. 이 책과 책 밖에서 배운 것을 엮어서 하루를 멋지게 시작하고, 더 건강하고 행복한 삶을 위한 일상적인 개인 수행 방법을 만들어 보자.

7장

지혜의
조각 모으기

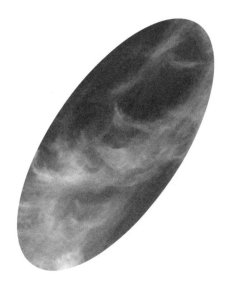

인간들은 수천 년을 살아오면서 건강하고 행복하게 사는 방법들을 찾아냈다. 다만 역사적으로 지금은 여러 가지 면에서 독특하다(디지털미디어, 가공식품, 신종 전염병, 기후변화에 대한 대응). 우리는 새로운 상황을 맞이하고 있으며, 마음챙김은 그 모든 문제에 대해 도움이 되는 기본 도구라고 믿는다. 앞의 장들에서 자기 알아차림, 주의 조절, 감정 조절 능력을 지원하는 마음챙김 수행법을 찾아내고 그것을 삶의 가장 중요한 우선순위에 적용할 수 있길 바란다.

폴은 "저는 직업 선택이나 운동 종목 선택, 그 외에 무엇을 하든지 하나 같이 마음챙김을 적용해요"라고 말했다. 폴은 고등학교를 중퇴한 뒤 정신과 병동을 드나들었고, 여러 차례 자살을 시도했으며, 19살에 이른바 '거물들의 감옥'에 갇히게 되었다. 폴은 마음챙김과 명상이 이런 문제에서 벗어나는 길임을 알게 되었다. 한 비구니 스님이 교도소에 와서 명상과 마음챙김 훈련을 가르쳤는데, 독방에서 지내는 동안 그는 규칙적으로 마음챙김 훈련을 했다.

폴은 석방된 다음에도 다양한 명상과 마음챙김 모임에 참석해서 수행을 이어 갔다. "저는 잠깐씩 멈추기를 잘하게 되었고 알아차리기에 익숙해졌어요. 어떤 면에서는 내가 원하는 사람이 되기 위해 마음챙김하는 일이 성가셨지만, 자동적으로 사회 규범에 따라 행동하는 것에는 더 큰 고통이 따랐어요." 폴은 미술대학에 지원하기 위해 그래픽 디자인을 전공하고자 지역 전문대학에 다니기 시작했다. 그는 아주 높은 잠재력을 보여 주어 여러 장학금 제안을 받았는데, 그중 하나는 미국 최고의 예술학교 장학금이었다. 그는 기회를 잡기로 했다.

폴은 말했다. "많은 마음챙김 수행이 '착한 소년이 되어야 하고 건강한 씨앗에 물을 주어야 한다'라는 사고방식을 자제하는 것처럼 보일 수 있어요. 마음챙김 수행은 그러한 헛소리와 도움이 되지 않는 것들을 내려놓고, 중요한 것을 받아들이면서 그 주변에 머물 수 있게 해 줘요. 저는 미술학교에 가서도 이 일을 계속하기로 결심했습니다. 벌써 12년 전 일이에요. 미술학교를 졸업한 뒤 저는 가치관이 비슷한 사람을 만나 결혼했어요. 창조적인 시각화 연습은 우리 두 사람의 영혼을 살찌게 해 주었고 지금도 우리는 그것을 위한 시간을 냅니다. 세상 사람들은 이런 일들을 지지하지 않는 것 같아요. 정말로 세상은 성찰하고 마음챙김하면서 삶에 임하는 것을 지지하지 않아요. 그러나 가끔씩은 브레이크를 세게 밟을 필요가 있어요. 멈추어서 자신에게 물어봐야 해요. 내가 도대체 뭘 하고 있지? 이 모든 것의 요점은 무엇일까? 약간 거칠게 들릴지 모르지만 그것은 능숙한 무례함입니다."

폴은 계속해서 말했다. "괴로움은 계속 일어나요. 슬픔과 상실은 없앨 수 없고 없애서도 안 돼요. 다만 그 자리에 현존할 수 있다면 그것은 그다지 아프지 않습니다. 그것들은 여전히 존재하고 있어요. 시끄럽고 조용하지도 않아요. 마음챙김에서 제가 가장 맘에 들었던 건 모든 것을 품을 수 있다는 점이에요. 슬퍼할 필요가 없어요. 슬프지만 동시에 충만해요. 좌절하기도 하지만 동시에 만족해요. 그렇게 깨닫기까지 많은 연습이 필요했어요. '그래, 내 피가 끓고 있어. 좋은 것도 나쁜 것도 있어. 그것들 둘 다 여기에 있어'라고 받아들이기까지요."

폴의 가족은 대부분 사회복지 연금으로 살았고, 부모는 이혼했으며, 그 자신은 정신건강상의 어려움을 겪었다. 어려웠던 삶의 시작이었지만, 그는 이제 마음챙김 실천가이자 MBC 및 MBSR 지도자가 되려고 훈련하고 있다. 그는 체계적으로 몸, 가슴, 마음, 온전함 모두에 깨어 있어서 자신의 직업, 삶의 흔적, 소셜 미디어, 정치, 주변 사람들과의 관계를 조화롭게 엮어 내고 있다. 이것이 이 장의 내용이다. 스웨터를 만들 때는 앞, 뒤, 소매 부분을 따로 뜨개질하고 나서 그 부분들을 결합해 입을 수 있는 온전한 옷을 만든다. 그런 다음 우리는 그 옷을 입고 따뜻하게 보호받으면서 세상에 나가 필요한 일을 한다.

이 장은 앞의 장들과 연결되어서, 당신에게 유기적인 이해와 그 이해에 따라 어떻게 행동할 것인지에 대한 영감을 주도록 고안되었다. 〈그림8〉과 같이 이 책은 몸, 가슴(감정), 마음(생각), 온전함(실체의 본성) 등 각기 다른 부분들을 열어 초점을 맞추면서 집중과 자기 알아차림 수행을 할 수 있게 이끈다. 그런 다음 훈련은 이러한 열기를 삶(경력, 인생 경로, 성과, 스크린과 소셜 미디어와의 관계 등)과 주위(사회적 환경, 정치적 환경, 물리적 환경 등)에 적용하도록 해 준다. 이 장은 그것들을 함께 엮어서 당신과 당신 주위 사람들의 삶에 행복을 키워 줄 유기적인 틀, 곧 탄력을 주는 '스웨터'를 입혀 줄 것이다.

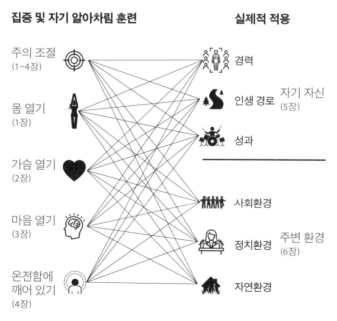

그림 8. 집중 및 자기 알아차림 훈련과 그것의 실제적 적용.

MBC의 첫 번째와 마지막 수업에서는 마음챙김을 통해 행복으로 가는 길을 안내하는 지도인 〈그림1〉을 보여 준다. 이 책은 그 그림을 잘 설명한다. 정말 이렇게 간단할 수 있을까? 그렇다. 하지만 간단함이 쉬움을 뜻하는 건 아니다. 경험의 흐름을 놓치지 않기 위해 판단하지 않는 알아차림을 사용하길 권한다. 이는 명상을 통해 계발된 주의 조절(집중)과 감정 조절을 이용해 자신에게 일어난 일에 초점을 맞추고, 삶에서 생겨나는 어려움을 관리하고 성장하기 위함이다. 그러면 당신은 이 세 가지 자기 조절 기술(주의 조절, 자기 알아차림, 감정 조절)을 신체활동·식이법·사회적 관계·수면·스트레스와 같이 자기 삶이나 사회적·정치적·물리적 환경에서 발생하는, 행복에 영향을 줄 수 있는 그 어떤 것에도 적용할 수 있게 된다.

　　사람마다 행복에 이르는 길은 다르다. 자신에게 가장 잘 맞고 자신이 속한 환경에 훌륭하게 대응할 수 있는 인생길을 찾길 바란다. 서문에서 언급한 마음챙김의 정의를 생각해 볼 때 마음챙김이란 지금 이 순간 여기에서 자신의 몸, 가슴, 마음, 온전함을 알아차려 즉각 훌륭한 표현을 할 수 있는 화살과도 같은 게 아닐까?

　　이 순간을 생각해 본다. 이 순간의 삶에 이 틀을 적용하는 방법이 있을까? 당신이 직면하고 있는 큰 어려움이나 기회는 무엇인가? 몸 열기, 가슴 열기, 마음 열기, 온전함에 깨어 있기의 가르침을 지금 바로 그 특정한 어려움이나 기회에 적용할 수 있는가? 만약 공감이 된다면, 그 어려움과 기회를 잘 다루기 위해서 『호흡

마음챙김경』에 나오는 마음 해방하기(열두 번째 단계), 무상(열세 번째 단계), 내려놓기(열여섯 번째 단계)와 같은 열여섯 단계 명상을 활용해 볼 수 있다. 지금 바로 멈추고 잠시 생각해 보라.

대개는 지금 배워서 내일 써 보겠다고 생각하기 쉬운데, 지금 바로 적용할 수 있는가? 우리가 가질 수 있는 시간은 오직 지금뿐이다. 과거는 이미 지나갔고 미래는 아직 오지 않았다.

만약 지금 이 순간이 더 현명해 보인다면, 스스로 온전하다는 것을 알면, 지금 있는 그대로 자신을 내버려 둘 수 있는가? 당신이 이 순간 이 상태로 있기까지 많은 원인과 조건이 작용했다. 잠시 멈추고 이 경험과 몸과 마음에 열린 채로 그대로 두고 볼 수 있는가? 어떠한 노력이나 애를 쓸 필요가 없다. 이 책의 앞부분에서 공유했듯이 마음챙김이란 노력하지 않는 것, 즉 무언가를 갈망함으로써 우리를 이 순간에서 멀어지게 하는 것이 아니다. 이 책은 여러 가지 면에서 당신의 자연스러운 자아가 드러날 수 있도록 있는 그대로의 자신이 되라고 권유한다. 지금 이 순간 그저 자신으로 존재하는 것만으로도 충분하고 정말로 멋진 일이다.

조각가 미켈란젤로는 대리석 덩어리를 조각하기 전에 작품이 이미 완성되어 있다는 느낌을 받았다고 말했다. 그는 단지 불필요한 부분을 깎아 내기만 하면 되었다. 이 책에서도 그렇다. 당신이 배운 것은 자신이 아닌 것을 버리고 자신의 본질을 드러내는 법이다. 그렇게 할 수 있는가? 그렇게 한다면 자신의 역량을 최대한 발휘하고 사회에 능숙하게 봉사할 수 있을 것이다.

통합 명상

이 명상의 의도는 한 걸음 물러서서 당신이 처음 가졌던 의도와 이 책을 읽기 시작했을 때의 바람, 이 책을 읽는 동안 경험한 것들, 그리고 이제 당신이 가야 할 방향을 반추하게 하는 것이다.

잠시 멈추고, 눈을 감은 채 자신에게 물어봅니다.

나는 처음에 왜 이 책을 읽기 시작했는가?

내가 바랐던 것은 무엇이었는가?

이 책을 읽는 동안에 나는 무엇을 경험했는가?

내가 배우고 알아낸 것이 있다면 그것은 무엇인가?

이 책을 읽는 동안에 내가 겪었던 어려움은 무엇이고, 그것을 어떻게 해결해 나갈 수 있었는가?

이 책을 읽고 난 다음에도 마음챙김 훈련을 계속할 생각이라면 어떻게 수행할 계획인가?

불만족스러운 응답을 포함한 모든 반응을 있는 그대로 환영할 수 있는지 살펴봅니다. 이런 방식으로 당신은 지금 경험하고 있는 것과 함께 여기에 머물 수 있는 공간을 창조하고, 모든 것이 변하듯이 변화를 통해 자신을 도울 수 있는 발판을 만들게 됩니다.

서문에서 당신은 자신의 정신적, 신체적 건강 상태와 목표에 관한 질문에 답하도록 요청받았다. 다시 처음으로 돌아가서 물어

보길 바란다. 이 책을 읽고 수련한 결과로서 상황이 어떻게 바뀌었는가? 변화가 있다고 생각된다면, 그것이 긍정적이든 부정적이든 변화를 만든 주요 원동력은 무엇인가? 반대로 변화가 없었다면 그 주요 원인은 무엇인가? 이 책을 읽으면서 당신의 인생 여정이 어디에서 왔으며, 다음에는 어디로 가고 싶은지 이야기할 때 공감을 일으킨 부분이 있다면 무엇인가? 어떤 통찰이 생겨나더라도 그것을 기록하는 일은 미래의 자신을 위해 아주 좋은 시간이 된다.

MBC나 MBSR을 하면서 무엇이 자신에게 어떤 통찰을 주었는지, 무엇을 배웠는지, 혹은 무엇을 기억하고 싶은지 반추하면서 미래의 자신에게 편지를 써 보길 권한다. 또는 몇 가지 단기적(몇 주나 몇 달 안에 끝낼 수 있는 것), 장기적(몇 년 후)인 목표나 계획을 세울 수도 있다. 이러한 계획에 방해가 될 만한 것은 무엇이며, 어떻게 그것들에 대응해 나갈 것인지도 써 보았으면 한다.

우리는 개인 수업에서 학생들에게 봉투를 나누어 주고 주소를 쓰게 한다. 그런 다음 강사가 미래의 어떤 시점에 그것을 학생들에게 보낸다(보통 6개월에서 12개월 사이). 온라인 수업으로 진행될 경우에는 학생들이 자신에게 이메일로 편지를 쓰고 6~12개월 후에 발송되도록 예약을 걸어 두게 한다. 손편지를 써서 책상 서랍속 깊은 곳 어딘가에 두었다가 먼 훗날 언젠가 다시 찾아낼 수 있게 하는 것도 방법이다. 자기 자신에게 손편지를 써 보라.

이 편지 쓰기는 뒷날 자료가 되는데, 이러한 방법은 환자들과 상담할 때 세운 목표를 독려하기 위한 행동의학 접근법에서도 사용되고 있다. 그들은 목표에 다가가기 위해 얼마나 열정과 자신감을 가지고 있는지, 그 열정과 성취감을 향상하기 위해 무엇을 할 수 있는지, 목표를 달성하는 데 방해물은 없는지, 있다면 어떻게 할 것인지를 고려한 다음 목표를 누군가에게 말한다. 자기 자신에게 편지 쓰기는 삶의 우선순위, 가치관, 꿈들에 대한 성찰을 상기해 주려고 미래의 자신과 연결되어 보는 방법이다.

성장에 도움이 되는 자원들

빠르고 좋은 학습을 위해서는 세 가지 요소가 필요하다. 이 세 가지가 있다면 배움은 놀랄 만큼 발전한다. (1) 교사, (2) 가르침(책이나 악보), (3) 함께 훈련하는 공동체가 그것이다. 피아노든 스포츠든 수학이든 자신이 배운 것을 생각해 보라. 세 가지 모두를 가지고 있었는가? 예를 들어 사람들이 1년에 수만 달러를 기꺼이 지불하고도 다니려는 대학교는 교사(교수진), 가르침(교재나 시청각 수업), 같이 훈련할 수 있는 공동체(교직원·조교·학생·연구실 그룹·공부 모임·학과·과외활동 그룹)를 제공한다. 나는 만돌린을 배울 때 선생님, 가르침(악보), 배우려고 모인 친구들이 있어서 빠르고 심도 있게 배울 수 있었다. 명상과 마음챙김도 비슷하다. 자신에 대한 여행을 계

287

속하고 싶다면, 세 가지 요소에 관한 자료로 다음의 것들을 추천한다.

마음챙김 스승들

달라이 라마, 페마 초드론, 존 카밧진, 샤론 샐즈버그, 조셉 골드스타인, 반테 구나라타나, 스즈키 순류, 틱낫한, 아잔 차, 에크하르트 톨레, 이 외에도 많은 훌륭한 마음챙김·명상 스승이 있다(이분들의 책은 어디서든 쉽게 만나 볼 수 있다). 나에게 더 배우고 싶다면 MBC 앱과 이 책의 웹사이트(www.newharbinger.com/49135)에서 안내 음성과 강좌에 접속할 수 있다. 오메가 연구소(www.eomega.org)에서 제공하는 'Mindful College Student'라는 강좌를 통해 자기 진도에 맞춰 이 책을 보완하는 공부를 할 수도 있다. 나는 자주 라이브 수련회를 이끌고 유튜브에 자유토론 영상을 올린다. 앤디 퍼디컴과 저드슨 브루어 같은 수준 높은 교사들과 '헤드스페이스(Headspace)'나 '불안 풀기(Unwinding Anxiety)' 같은 마음챙김 앱들이 있다. 당신 주위에도 훌륭한 스승이 있을 것이다. 신뢰하고 존경하는 스승, 친밀한 관계를 맺을 수 있는 스승, 나를 알아 가고 성장에 대해 배울 수 있는 스승, 그들 없이는 결코 알지 못했을 것을 알려 주는 스승과의 만남은 무한한 가치가 있다. 최근에 작고한 나의 스승 조앤 프라이데이 선생님의 지도가 없었다면 나는 지금의 내가 되지 못했을 것이다.

마음챙김 가르침들

앞서 언급된 분들이 쓴 아주 놀라운 마음챙김 가르침이 여러 책과 앱에 실려 있다. 내가 젊은 시절에 좋아했던 책으로는 틱낫한 스님의 『모든 발걸음마다 평화』, 라마 수리야 다스의 『내 안의 붓다 일깨우기(Awakening the Buddha Within)』, 달라이 라마의 『한 원자 속의 우주』 등이 있다. 젊은이들에게 많이 읽히는 마음챙김 추천 도서로는 마크 윌리엄스와 대니 펜맨의 『8주 나를 비우는 시간』, 홀리 로저스의 『하루 10분 마음챙김으로 나를 바꾸는 법』이 있다.

마음챙김 공동체들

마음챙김 공동체에 속하는 일은 영감, 아이디어, 우정을 기르고 우울할 때 나를 격려해 줄 사람들의 도움을 받을 수 있는 놀라운 원천이 된다. 그것은 가장 진실한 나 자신이 되어서 사회적 압력에 맞서게 해 준다. 만약 어느 날 공동체가 모임에 당신을 초대한다면, 그곳에 가서 개인적으로 도움을 받을 수 있다. 그 그룹에서 지도자 역할을 맡게 된다면, 명상 지도 연습의 기회가 될 수 있다. 나는 마음챙김을 실천하는 공동체를 충분히 다 추천할 수 없다. 그것들은 교회이거나 당신의 믿음 체계와 엮인 영성 단체일 수 있다. 나는 유대교의 신앙 공동체에서 지역적으로 마음챙김을 한다고 알고 있다. 어쩌면 이 책이나 다른 책에서 배운 것을 바탕으로 공동체를 만들어 보고 싶을 수도 있다. 브라운대학교의 마음챙김센터(brown.edu/mindfulnesscenter)는 매주 온라인 마음챙김 프로그램과 공동체 형성의 기반이 될 장소를 무료로 제공하고 있다. 이외에도 많은 선택지가 있으니 직접 혹은 온라인상에서 자신의 성향과 잘 맞는 마음챙김 커뮤니티를 찾아보길 바란다.

이 책에 소개된 훈련은 기타를 배우려면 누구나 현과 프렛 같은 것을 배워 이해해야 하는 것처럼 전체적인 틀을 배우는 것이다. 당신은 이 책에서 일련의 도구 사용법을 배웠을 것이다. 기타를 배우는 모든 사람, 심지어 기타에 숙달한 사람이라 하더라도 저마다 다르게 기타를 연주한다. 그것은 개성을 통해 우러나오는 독특한 소리가 된다. 나는 당신이 이 책에 나오는 도구들을 사용해 이미 정확히 있었던 그대로의 자신이 되어서 자신만의 노래를 해 보길 바란다.

집에서 연습하기

이제 책을 마치지만, 이것은 끝인 동시에 당신 인생 여정의 새로운 출발점이라고 할 수 있다. 당신은 이 책에 소개된 수행을 하면서 그것을 자신의 것으로 만들라고 권유받았다. 당신에게 가장 잘 맞는 방법은 무엇인가? 가장 편한 것이 가장 효과가 좋은 것은 아니지만 때로는 그렇기도 하다. 어떤 수행이 당신의 삶에 긍정적인 변화를 가져왔는가? 지금 가장 도움이 되는 수행법이 언제나 그렇지는 않을 수 있음을 기억하라.

이제 당신은 앞으로 나아갈 때 사용할 수 있는 도구 상자를 갖게 되었다. 이 책에서의 수행과 배움을 다른 곳에서 배운 방법과 함께 엮어 보라. 심지어 종교적·영적 전통을 가지고 있어서 그것이 이미 삶의 일부분이 되었다면, 그러한 안팎의 지혜를 결합하는 자신만의 고유한 지지대를 만들어 보길 바란다. 그렇게 함으로써 자기 자신과 자신이 영향을 미치는 사람들의 건강과 행복을 크든 작든 분명히 증진할 수 있을 것이다.

우리가 죽을 때 남기는 것은 우리 행동의 결과일 뿐이다. 당신은 무엇을 남기고 싶은가?

감사의 말

이 책을 시작하기 전에 나는 하우데노사우니(이로쿼이)가 자신들의 행동이 미래의 7세대에 미칠 영향을 고려한다는 점을 언급했다. 나는 가족, 선생님, 자연계의 과거 7세대(그 이상)를 돌아보면서 이 책을 쓸 수 있게 해 준 모든 것에 감사한다. 또한 이 책의 중요성을 이해하고 지지와 공간, 시간, 영감, 정서적 지원을 아끼지 않은 아내 벳시와 열한 살 쌍둥이 딸 모니카와 스텔라를 비롯해 나를 둘러싼 현세대에게도 감사한다.

영적인 삶과 윤리의 가치를 보여 준 어머니 던, 내가 훌륭한 방법으로 세상에 기여할 수도 그러지 못할 수도 있음을 알려 준 아버지 배리에게 감사한다. 조부모님 앤드류와 베티 길레스피는 유머, 지혜, 지성, 문화, 친구와 가족을 소중히 여기고 삶의 풍요로움을 잃을 위험에 처할 정도로 일하지 않는 삶의 본보기가 되어 주었다. 조부모님 로라와 해롤드 룩스는 미리 계획하고, 열심히 일하고, 회복탄력성을 가지고 사는 삶과 자연·친구·가족·여행의 중요성을 가르쳐 주었다.

나는 불교와 마음챙김을 가르치는 선생님들, 특히 틱낫한 스님, 조앤 프라이데이, 존 카밧진에게 큰 빚을 지고 있으며 그분들의 지혜가 이 글에서 잘 공유되어 청년들에게 도움이 되기를 바란다. 내가 대학에서 마음챙김을 연구하고 가르치는 이유 중 하나는 전 세계 마음챙김 학계에 훌륭한 동료들이 있기 때문이다. 일일이 열거하기에 너무 많지만 몇몇을 소개한다. 윌렘 쿠이켄·사라 쇼(옥스퍼드대학교), 저드슨 브루어·윌로비 브리튼·리사 웨베래커·브랜든 가우디아노·제프 프루·슈팡 선·재러드 린달·엘레나 살모이라고-블로처·매기 불리츠·해롤드 로스(브라운대학교), 제프 슈만-올리비에·칼 풀윌러·사라 라자르(하버드대학교), 베카 크레인(뱅거대학교), 진 킹(우스터폴리테크닉대학교), 리즈 호그(조지타운대학교), 론 욜백(아우후스대학교), 재이슨 스파스(로드아일랜드대학), 데이브 바고(밴더빌트대학교 및 라운드글라스) 등이다.

또 브라운대학교 마음챙김센터의 MBSR 교사-트레이너 및 직원들(린 코어벨·플로렌스 멜로마이어·에오원 알스트롬·패티 홀랜드·에린 우·밥 스탈·조나단 칼론·콜린 머피·다이앤 호건·빌 나르디·프란시스 사데 등)과 전 세계에 고품질의 확장 가능한 MBSR 교사 교육을 제공하고 있는 글로벌 마음챙김 협업의 멤버들이 있다. 이들은 모두 이 책에 영감을 주었을 뿐만 아니라 다양성과 포용에 중점을 둔 커뮤니티에 연구를 적용하는 것이 얼마나 중요한지 보여 주었다. 브라운대학교는 이 연구의 기반이 되는 훌륭한 기관이며, 이 시기에 중요한 사회적 이슈에 대한 열정과 엄격한 연구에 중점을 두고 학제 간 융합을 강조하는 곳으로 MBC 프로그램과 '명상, 마음챙김,

건강' 강좌의 개발을 지원했다. 아마 브라운대학교의 지원이 없었다면 이 책은 쓰이지 못했을 것이다.

나의 문학 에이전트(린다 코너), 편집자(칼렙 벡위드·엘리자베스 홀리스-한센·카렌 체르냐예프·그레텔 하칸슨), '뉴 하빈저' 출판사를 비롯해 이 책이 결실을 맺는 데 도움을 준 문학전문가 커뮤니티에 감사를 표한다. 마지막으로 MBC와 '명상, 마음챙김, 건강' 강좌를 지금의 형태로 발전시킬 수 있도록 격려해 준 청년들과 대학생들, 나를 믿고 이 책에서 자신의 이야기를 공유해 준 모든 청년에게도 감사의 마음을 전한다.

4장에서 우주 전체가 벳시와 나의 나무 책장에 스며 있다고 언급했듯이, 이 책에도 우주 전체가 담겨 있다. 종이의 재료가 되어 준 나무와 자원을 제공해 준 지구의 도움으로 만들어진 이 책이 그만큼의 가치 있는 결과물이길 바란다.

감사의 말

부록1.

건강한 생활을 위한 권장 사항

과일과 채소

미국 보건복지부와 미국 농무부가 제작한 '2015~2020 미국인을 위한 식이 지침'은 하루 2,000칼로리 식단을 기준으로 하루에 2.5 컵에 해당하는 채소를 섭취하고, 두 컵 분량의 과일을 섭취하고, 접시의 절반을 과일과 채소로 채우라고 권장한다(몸 크기에 따라 조금씩 다름).

신체활동

미국 보건복지부(US Department of Health and Human Services 2018)는 국립보건원 및 질병통제센터와 협력해 성인이 매주 최소 2시간 30분가량 중간 강도의 유산소 활동 또는 1시간 15분간의 격렬한 유산소운동, 최소 주 2회 이상 강도 높은 유산소 활동과 근육 강화 활동을 할 것을 권장한다.

스크린 사용 시간

미국 성인의 평균 스크린 사용 시간은 하루 약 9시간이다(The

Nielsen Company 2018). 높은 수준의 스크린 사용 시간은 우울증 및 불안을 포함한 다양한 심리 사회적 영향의 위험과 관련이 있다 (Oswald et al. 2020). 또한 당뇨병 및 비만과 같은 신체적 건강과도 관련이 있다(Wu et al. 2016; Hu et al. 2003). 나는 이 책에서 해로움을 끼치는 스크린 사용 시간이 어느 정도인지에 대한 정보를 제공하지 않았다. 이 분야가 아직 연구 중이기 때문에 정확한 수치를 제공하기가 힘들기 때문이다. 그럼에도 스크린 사용 시간은 우리의 웰빙에 미치는 영향을 평가하는 데 중요하다.

수면

미국 수면의학회와 수면연구학회는 성인이 하루 최소 7시간의 잠을 자도록 권장한다(Watson et al. 2015).

알코올

미국 보건복지부(US Department of Health and Human Services 2018)가 국립보건원 및 질병통제센터와 공동으로 발표한 '2015~2020년 식이 지침'은 어떤 이유로든 음주를 하거나 많이 마시는 것을 권장하지 않는다. 알코올을 섭취하는 경우 법정 음주 가능 연령인 성인만 적당량(여성의 경우 하루 최대 한 잔, 남성의 경우 하루 최대 두 잔)을 섭취해야 한다.

흡연

2020년 금연에 대한 보건총감의 보고서에 따르면, 흡연은 미국에서 예방 가능한 주요 사망 및 질병의 원인이며 금연하거나 흡연량을 줄일 것이 권장된다(Office of the Surgeon General 2020). 전자 담배는 또 다른 문제다. 이 책이 집필된 시점에서 전자 담배는 아직 시장에 출시된 지 얼마 되지 않았는데, 증거에 따르면 전자 담배 증기에는 일반 담배 연기보다 독성 물질이 적지만 니코틴, 프로필렌 글리콜, 글리세린 및 금속 오염 물질(Bozier et al. 2020) 등 여전히 많은 독성 물질이 포함되어 있다. 앞으로 더 높은 수준의 연구가 발표됨에 따라 전자 담배가 건강에 미치는 영향을 더 잘 이해할 수 있을 것이다.

부록2.

『호흡마음챙김경』의 16단계 호흡관법

– 참고: 이 책을 위해 명상 단계의 일부를 수정했다.

1. 숨이 들어오면, 숨이 들어온다고 알아차린다.
   숨이 나가면, 숨이 나간다고 알아차린다.

2. 들숨이 길면 길다고 알아차린다.
   들숨이 짧으면 짧다고 알아차린다.
   날숨이 길면 길다고 알아차린다.
   날숨이 짧으면 짧다고 알아차린다.

3. 숨이 들어올 때, 온몸을 알아차린다.
   숨이 나갈 때, 온몸을 알아차린다.

4. 숨이 들어올 때, 몸을 고요하게 한다.
   숨이 나갈 때, 몸을 편안히 한다.

5. 숨이 들어올 때, 기쁨을 느낀다.
   숨이 나갈 때, 기쁨을 느낀다.

6. 숨이 들어올 때, 행복을 느낀다.
    숨이 나갈 때, 행복을 느낀다.

7. 숨이 들어올 때, 감정을 알아차린다.
    숨이 나갈 때, 감정을 알아차린다.

8. 숨이 들어올 때, 감정이 가라앉게 한다.
    숨이 나갈 때, 감정을 편안히 한다.

9. 숨이 들어올 때, 마음을 알아차린다.
    숨이 나갈 때, 마음을 알아차린다.

10. 숨이 들어올 때, 마음을 기쁘게 한다.
    숨이 나갈 때, 마음을 기쁘게 한다.

11. 숨이 들어올 때, 마음에 집중한다.
    숨이 나갈 때, 마음에 집중한다.

12. 숨이 들어올 때, 마음을 자유롭게 한다.
    숨이 나갈 때, 마음을 자유롭게 한다.

13. 숨이 들어올 때, 모든 현상의 변화하는 특성을 관찰한다.

숨이 나갈 때, 모든 현상의 변화하는 특성을 관찰한다.

14. 숨이 들어올 때, 애쓰지 않음을 관찰한다.
   숨이 나갈 때, 애쓰지 않음을 관찰한다.

15. 숨이 들어올 때, 사라짐을 관찰한다.
   숨이 나갈 때, 사라짐을 관찰한다.

16. 숨이 들어올 때, 내려놓음을 관찰한다.
   숨이 나갈 때, 내려놓음을 관찰한다.

Analāyo, Bhikkhu. 2019. *Mindfulness of Breathing*. Cambridge, UK: Windhorse Publications. 한국어판 『호흡 마음챙김 명상』(지식과 감성, 2021).

Anderson, N. B., C. D. Belar, S. J. Breckler, K. C. Nordal, D. W. Ballard, L. F. Bufka, L. Bossolo, S. Bethune, A. Brownawell, and K. Wiggins. 2014. "Stress in America: Are Teens Adopting Adults' Stress Habits?" February 14. http://stressinamerica.org.

Baer, R., C. Crane, E. Miller, and W. Kuyken. 2019. "Doing No Harm in Mindfulness-Based Programs: Conceptual Issues and Empirical Findings." *Clinical Psychology Review* 71: 101 – 114. https://doi.org/10.1016/j.cpr.2019.01.001.

Bozier, J., E. K. Chivers, D. G. Chapman, A. N. Larcombe, N. A. Bastian, J. A. Masso-Silva, M. K. Byun, C. F. McDonald, L. E. Crotty Alexander, and M. P. Ween. 2020. "The Evolving Landscape of e-Cigarettes: A Systematic Review of Recent Evidence." Chest 157 (5): 1362 – 1390. https://doi.org/10.1016/j.chest.2019.12.042.

Bratman, G. N., J. P. Hamilton, and G. C. Daily. 2012. "The Impacts of
Nature Experience on Human Cognitive Function and Mental
Health." *Annals of New York Academy of Sciences* 1249: 118 –
136. https://doi.org/10.1111/j.1749-6632.2011.06400.x.

Brewer, J. A., P. D Worhunsky, J. R Gray, Y. Y. Tang, J. Weber,
and H. Kober. 2011. "Meditation Experience Is Associated
with Differences in Default Mode Network Activity and
Connectivity." *Proceedings of the National Academy of
Sciences of the United States of America* 108, no. 50: 20254 –
20259. https://doi.org/10.1073/pnas.1112029108.

Brumage, M., and M. Gross. 2015. "In the Moment." *Training and
Conditioning*. December.

Buddhadāsa Bhikkhu. 1987. "Using *Ānāpānasati-Bhāvanā* for Daily
Life," translated by Santikaro Bhikkhu. October 10. http://www.
bia.or.th/en/index.php/teachings-by-buddhadasa-bhikkhu/
transcripts/suan-mokkh-retreats-1987/send/22-1987/247-
using-anapanasati-bhavana-for-daily-life.
——. 1988. *Mindfulness With Breathing: A Manual for Serious
Beginners*. Somerville, MA: Wisdom Publications. 한국어판『마
음으로 숨 쉬는 붓다』(한길, 2005).

Buysse, D. J., C. F. Reynolds III, T. H. Monk, S. R. Berman, and D.
J. Kupfer. 1989. "The Pittsburgh Sleep Quality Index: A New
Instrument for Psychiatric Practice and Research." *Psychiatry
Research* 28, no. 2: 193 –213. http://www.ncbi.nlm.nih.gov/
pubmed/2748771.

Center for Collegiate Mental Health. 2021. "2020 Annual Report
(Publication No. STA 21-045)."

Christakis, N. A., and J. H. Fowler. 2007. "The Spread of Obesity in a
Large Social Network over 32 Years." *New England Journal of
Medicine* 357, no. 4: 370 -379. http://www.ncbi.nlm.nih.gov/
entrez/query.fcgi?cmd=Retrieve&db=PubMed&dopt=Citation
&list_uids=17652652.
———. 2008. "The Collective Dynamics of Smoking in a Large Social
Network." *New England Journal of Medicine* 358, no. 21:
2249 -2258. https://doi.org/10.1056/NEJMsa0706154. https://
www.ncbi.nlm.nih.gov/pubmed/18499567.

Cohen, S., T. Kamarck, and R. Mermelstein. 1983. "A Global Measure
of Perceived Stress." *Journal of Health and Social Behavior*
24, no. 4: 385 -396. http://www.ncbi.nlm.nih.gov/entrez/
query.fcgi?cmd=Retrieve&db=PubMed&dopt=Citation&list_
uids=6668417.

Craig, C. L., A. L. Marshall, M. Sjöström, A. E. Bauman, M. L. Booth,
B. E. Ainsworth, M. Pratt, U. Ekelund, A. Yngve, J. F. Sallis, and
P. Oja. 2003. "International Physical Activity Questionnaire:
12-Country Reliability and Validity." *Medicine and Science
in Sports and Exercise* 35, no. 8: 1381 -1395. https://doi.
org/10.1249/01.MSS.0000078924.61453.FB.

Cullen, B., K. Eichel, J. R. Lindahl, H. Rahrig, N. Kini, J. Flahive, and W.
B. Britton. 2021. "The Contributions of Focused Attention and

Open Monitoring in Mindfulness-Based Cognitive Therapy for Affective Disturbances: A 3-Armed Randomized Dismantling Trial." *PLOS ONE* 16, no. 1: e0244838. https://doi.org/10.1371/journal.pone.0244838.

Dawson, A. F., W. W. Brown, J. Anderson, B. Datta, J. N. Donald, K. Hong, S. Allan, T. B. Mole, P. B. Jones, and J. Galante. 2019. "Mindfulness-Based Interventions for University Students: A Systematic Review and Meta-Analysis of Randomised Controlled Trials." *Applied Psychology: Health and Well-Being*. https://doi.org/10.1111/aphw.12188.

de Vibe, M., A. Bjørndal, S. Fattah, G. M. Dyrdal, E. Halland, and E. E. Tanner-Smitth. 2017. "Mindfulness-Based Stress Reduction(MBSR) for Improving Health, Quality of Life and Social Functioning in Adults: A Systematic Review and Meta-Analysis." *Campbell Systematic Reviews* 13, no. 1: 1 -264.

Djernis, D., I. Lerstrup, D., Poulsen, U. Stigsdotter, J. Dahlgaard, and M. O'Toole. 2019. "A Systematic Review and Meta-Analysis of Nature-Based Mindfulness: Effects of Moving Mindfulness Training into an Outdoor Natural Setting." *International Journal of Environmental Research and Public Health* 16, no. 17. https://doi.org/10.3390/ijerph16173202.

Feldman, C., and W. Kuyken. 2019. *Mindfulness: Ancient Wisdom Meets Modern Psychology.* New York: The Guilford Press.

Fowler, J. H., and N. A. Christakis. 2008. "Dynamic Spread of Happiness in a Large Social Network: Longitudinal Analysis over 20 years in the Framingham Heart Study." *BMJ* 337: a2338. https://doi.org/10.1136/bmj.a2338.

Gaudiano, B. A., S. Ellenberg, B. Ostrove, J. Johnson, K. T. Mueser, M. Furman, and I. W. Miller. 2020. "Feasibility and Preliminary Effects of Implementing Acceptance and Commitment Therapy for Inpatients With Psychotic-Spectrum Disorders in a Clinical Psychiatric Intensive Care Setting." *Journal of Cognitive Psychotherapy* 34, no. 1: 80 – 96. https://doi.org/10.1891/0889-8391.34.1.80.

Gaultney, J. F. 2010. "The Prevalence of Sleep Disorders in College Students: Impact on Academic Performance." *Journal of American College Health* 59, no. 2: 91 – 97. https://doi.org/10.1080/07448481.2010.483708.

Gerritsen, R. J. S., and G. P. H. Band. 2018. "Breath of Life: The Respiratory Vagal Stimulation Model of Contemplative Activity." *Frontiers in Human Neuroscience* 12: 397. https://doi.org/10.3389/fnhum.2018.00397.

Gethin, R. 2015. "Buddhist Conceptualizations of Mindfulness." In *Handbook of Mindfulness* edited by K. W. Brown, J. D. Creswell, and R. M. Ryan. New York: The Guilford Press.

Gilbert, S. F. 2000. *Developmental Biology*, 6th ed. Sunderland, MA: Sinauer Associates.

Gotink, R. A., R. Meijboom, M. W. Vernooij, M. Smits, and M. G. Hunink. 2016. "8-Week Mindfulness-Based Stress Reduction Induces Brain Changes Similar to Traditional Long-Term Meditation Practice—A Systematic Review." *Brain and Cognition* 108: 32 - 41. https://doi.org/10.1016/j.bandc.2016.07.001.

Gu, J., C. Strauss, R. Bond, and K. Cavanagh. 2015. "How Do Mindfulness-Based Cognitive Therapy and Mindfulness-Based Stress Reduction Improve Mental Health and Wellbeing? A Systematic Review and Meta-Analysis of Mediation Studies." *Clinical Psychology Review* 37: 1 - 12. https://doi.org/10.1016/j.cpr.2015.01.006.

Hu, F. B., T. Y. Li, G. A. Colditz, W. C. Willett, and J. E. Manson. 2003. "Television Watching and Other Sedentary Behaviors in Relation to Risk of Obesity and Type 2 diabetes Mellitus in Women." *JAMA* 289, no. 14: 1785 - 1791. https://doi.org/10.1001/jama.289.14.1785.

Incze, M., R. F. Redberg, and A. Gupta. 2018. "I Have Insomnia— What Should I Do?" *JAMA Internal Medicine* 178, no. 11: 1572. https://doi.org/10.1001/jamainternmed.2018.2626.

Kabat-Zinn, J. 2013. *Full Catastrophe Living: Using the Wisdom of your Body and Mind to Face Stress, Pain, and Illness.* New York: Bantam. 한국어판 『마음챙김 명상과 자기치유 (상·하)』(학지사, 2017).

Kabat-Zinn, J. 2021. Personal communication.

Kuyken, W., F. C. Warren, R. S. Taylor, B. Whalley, C. Crane, G. Bondolfi, R. Hayes, M. Huijbers, H. Ma, S. Schweizer, Z. Segal, A. Speckens, J. D. Teasdale, K. Van Heeringen, M. Williams, S. Byford, R. Byng, and T. Dalgleish. 2016. "Efficacy of Mindfulness-Based Cognitive Therapy in Prevention of Depressive Relapse: An Individual Patient Data Meta-analysis From Randomized Trials." *JAMA Psychiatry* 73, no. 6: 565 – 574. https://doi.org/10.1001/jamapsychiatry.2016.0076.

Li, D., and W. C. Sullivan. 2016. "Impact of Views to School Landscapes on Recovery from Stress and Mental Fatigue." *Landscape and Urban Planning* 148: 149 – 158.

Lindahl, J. R., N. E. Fisher, D. J. Cooper, R. K. Rosen, and W. B. Britton. 2017. "The Varieties of Contemplative Experience: A Mixed-Methods Study of Meditation-Related Challenges in Western Buddhists." *PLOS ONE* 12, no. 5: e0176239. https://doi.org/10.1371/journal.pone.0176239.

Lomas, T., N. Etcoff, W. Van Gordon, and E. Shonin. 2017. "Zen and the Art of Living Mindfully: The Health-Enhancing Potential of Zen Aesthetics." *Journal of Religion and Health* 56, no. 5: 1720 – 1739. https://doi.org10.1007/s10943-017-0446-5.

Loucks, E. B., W. R. Nardi, R. Gutman, I. M. Kronish, F. B. Saadeh, Y. Li, et al. 2019. "Mindfulness-Based Blood Pressure Reduction

(MB-BP): Stage 1 Single-Arm Clinical Trial." *PLOS ONE* 14, no. 11: e0223095. https://doi.org/10.1371/journal.pone.0223095.

Loucks, E. B., W. R. Nardi, R. Gutman, F. B. Saadeh, Y. Li, D. R. Vago, L. B. Fiske, J. J. Spas, and A. Harrison. 2021. "Mindfulness-Based College: A Stage 1 Randomized Controlled Trial for University Student Well-Being." *Psychosomatic Medicine* 83, no. 6: 602 – 614. https://doi.org/10.1097/PSY.0000000000000860.

Molendijk, M., P. Molero, F. Ortuno Sánchez-Pedreño, W. Van der Does, and M. Angel Martínez-González. 2018. "Diet Quality and Depression Risk: A Systematic Review and Dose-Response Meta-Analysis of Prospective Studies." *Journal of Affective Disorders* 226: 346 – 354. https://doi.org/10.1016/j.jad.2017.09.022.

Muth, J. J. *Zen Shorts*. 2005. New York: Scholastic Press. 한국어판『달을 줄걸 그랬어』(달리, 2021).

Nardi, W. R., A. Harrison, F. B. Saadeh, J. Webb, A. E. Wentz, and E. B. Loucks. 2020. "Mindfulness and Cardiovascular Health: Qualitative Findings on Mechanisms from the Mindfulness-Based Blood Pressure Peduction (MB-BP) Study." *PLOS ONE* 15, no. 9: e0239533. https://doiorg/10.1371/journal.pone.0239533.

National Institute on Drug Abuse. 2019. "NIDA-Modified ASSIST Questionnaire." http://www.drugabuse.gov/sites/default/files/pdf/nmassist.pdf.

Nielsen Company, The. 2018. "The Nielsen Total Audience Report:
Q1: 2018."

Nhat Hanh, T. 1987. *Old Path, White Clouds: Walking in the
Footsteps of the Buddha.* Berkeley, CA: Parallax Press. 한국어
판 『붓다처럼』(시공사, 2016).
———. 1991. *Peace is Every Step: The Path of Mindfulness in
Everyday Life.* New York: Bantam Books. 한국어판 『모든 발걸
음마다 평화』(불광출판사, 2021).
———. 1998. *In the Heart of the Buddha's Teachings.* New York:
Broadway Books. 한국어판 『틱낫한 불교』(불광출판사, 2019).
———. 2007. *Chanting from the Heart: Buddhist Ceremonies and
Daily Practices* edited by T. N. Hanh. Berkeley, CA: Parallax
Press.
———. 2008. *Breathe, You Are Alive! Sutra on the Full Awareness of
Breathing.* Berkeley, CA: Parallax Press.

Office of the Surgeon General. 2020. "Smoking Cessation: A Report
of the Surgeon General." In Publications and Reports of the
Surgeon General. Washington, DC.

Oswald, T. K., A. R. Rumbold, S. G. E. Kedzior, and V. M. Moore.
2020. "Psychological Impacts of 'Screen Time' and 'Green Time'
for Children and Adolescents: A Systematic Scoping Review."
PLOS ONE 15, no. 9: e0237725. https://doi.org/10.1371/
journal.pone.0237725.

Parsons, C. E., C. Crane, J. L. Parsons, L. O. Fjorback, and W. Kuyken.

참고 자료

2017. "Home Practice in Mindfulness-Based Cognitive Therapy and Mindfulness-Based Stress Reduction: A Systematic Review and Meta-Analysis of Participants' Mindfulness Practice and Its Association with Outcomes." *Behaviour Research and Therapy* 95: 29-41. https://doi.org/10.1016/j.brat.2017.05.004.

Pollan, M. 2007. "Unhappy Meals." *New York Times Magazine*, January 28.

Rosenberg, L. 1998. *Breath by Breath: The Liberating Practice of Insight Meditation.* Boulder, CO: Shambala Publications, Inc. 한국어판 『일상에서의 호흡명상 숨』(한언, 2006).

Salzberg, S. 2002. *Loving-Kindness: The Revolutionary Art of Happiness.* Boulder, CO: Shambala Publications, Inc. 한국어판 『행복을 위한 혁명적 기술 자애』(조계종출판사, 2017).

Segal, Z. V., J. M. G. Williams, and J. D. Teasdale. 2012. *Mindfulness-Based Cognitive Therapy for Depression.* New York: The Guildford Press. 한국어판 『우울증 재발 방지를 위한 마음챙김 기반 인지치료』(학지사, 2018).

Shaw, S. 2006. *Buddhist Meditation: An Anthology of Texts from the Pāli Canon.* Milton Park, England: Routledge.

Smith, P. C., S. M. Schmidt, D. Allensworth-Davies, and R. Saitz. 2010. "A Single-Question Screening Test for Drug Use in Primary Care." *Archives of Internal Medicine* 170, no. 13: 1155-1160. https://doi.org/10.1001/archinternmed.2010.140.

Sotos-Prieto, M., S. N. Bhupathiraju, J. Mattei, T. T. Fung, Y. Li, A. Pan, W. C. Willett, E. B. Rimm, and F. B. Hu. 2017. "Association of Changes in Diet Quality with Total and Cause-Specific Mortality." *New England Journal of Medicine* 377, no. 2: 143 – 153. https://doi.org/10.1056/NEJ Moa1613502.

Subar, A. F., F. E. Thompson, V. Kipnis, D. Midthune, P. Hurwitz, S. McNutt, A. McIntosh, and S. Rosenfeld. 2001. "Comparative Validation of the Block, Willett, and National Cancer Institute Food Frequency Questionnaires: The Eating at America's Table Study." *American Journal of Epidemiology* 154, no. 12: 1089 – 1099. http://www.ncbi.nlm.nih.gov/entrez/query.fcgi?cmd=Retrieve&db=PubMed&dopt=Citation&list_uids=11744511.

Tang, Y. Y., B. K. Hölzel, and M. I. Posner. 2015. "The Neuroscience of Mindfulness Meditation." *Nature Reviews Neuroscience* 16, no. 4: 213 – 225. https://doi.org/10.1038/nrn3916.

Thomas, M. C., T. W. Kamarck, X. Li, K. I. Erickson, and S. B. Manuck. 2019. "Physical Activity Moderates the Effects of Daily Psychosocial Stressors on Ambulatory Blood Pressure." *Health Psychology* 10: 925 – 935. https://doi.org/10.1037/hea0000755.

Throuvala, M. A., M. D. Griffiths, M. Rennoldson, and D. J. Kuss. 2020. "Mind over Matter: Testing the Efficacy of an Online Randomized Controlled Trial to Reduce Distraction from Smartphone Use." *International Journal of Environmental Research and Public Health* 17, no. 13. https://doi.org/10.3390/ijerph17134842.

Treleaven, D. A. 2018. *Trauma-Sensitive Mindfulness: Practices for Safe and Transformative Healing*. New York: W. W. Norton & Company. 한국어판『트라우마에 민감한 마음챙김』(하나의학사, 2023).

Twenge, J. M., B. Gentile, C. N. DeWall, D. Ma, K. Lacefield, and D. R. Schurtz. 2010. "Birth Cohort Increases in Psychopathology among Young Americans, 1938 – 2007: A Cross-Temporal Meta-Analysis of the MMPI." *Clinical Psychology Review* 30, no. 2: 145 – 154. https://doi.org/10.1016/j.cpr.2009.10.005.

US Department of Health and Human Services. 2018. "Physical Activity Guidelines for Americans, 2nd Edition." Washington, DC.

US Department of Health and Human Services, and U.S. Department of Agriculture. 2015. "2015 – 2020 Dietary Guidelines for Americans. 8th Edition."

Vizcaino, M., M. Buman, C. T. DesRoches, and C. Wharton. 2019. "Reliability of a New Measure to Assess Modern Screen Time in Adults." *BMC Public Health* 19, no. 1: 1386. https://doi.org/10.1186/s12889-019-7745-6.

Watson, N. F., M. S. Badr, G. Belenky, D. L. Bliwise, O. M. Buxton, D. Buysse, et al. 2015. "Recommended Amount of Sleep for a Healthy Adult: A Joint Consensus Statement of the American Academy of Sleep Medicine and Sleep Research Society." *Sleep* 38, no. 6: 843 – 844. https://doi.org/10.5665/sleep.4716.

Watts, A. 1951. *The Way of Zen.* New York: Pantheon Books.

White, R. L., M. J. Babic, P. D. Parker, D. R. Lubans, T. Astell-Burt, and C. Lonsdale. 2017. "Domain-Specific Physical Activity and Mental Health: A Meta-Analysis." *American Journal of Preventive Medicine* 52, no. 5: 653 – 666. https://doi. org/10.1016/j.amepre.2016.12.008.

Willett, W. C., L. Sampson, M. J. Stampfer, B. Rosner, C. Bain, J. Witschi, C. H. Hennekens, and F. E. Speizer. 1985. "Reproducibility and Validity of a Semiquantitative Food Frequency Questionnaire." *American Journal of Epidemiology* 122, no. 1: 51 – 65. http://www.ncbi.nlm.nih.gov/entrez/ query.fcgi?cmd=Retrieve&db=PubMed&dopt=Citation&list_ uids=4014201.

World Health Organization. 1948. *Constitution of the World Health Organization.*

Wu, L., S. Sun, Y. He, and B. Jiang. 2016. "The Effect of Interventions Targeting Screen Time Reduction: A Systematic Review and Meta-Analysis." *Medicine* (*Baltimore*) 95, no. 27: e4029. https:// doi.org/10.1097/MD.0000000000004029.

미주

<1> 하버드 식품 빈도(FFQ) 80항목 설문지에서 차용했다. FFQ는 식이의 효과적인 측정 도구이다(Willett et al. 1985; Subar et al. 2001).

<2> 하버드 식품 빈도(FFQ) 80항목 설문지에서 차용했다. FFQ는 식이의 효과적인 측정 도구이다(Willett et al. 1985; Subar et al. 2001).

<3> 국제 신체활동 설문지(IPAQ)에서 차용했다. IPAQ는 신체활동의 효과적인 측정 도구이다(Craig et al. 2003). 다만 신체활동을 정확하게 측정하기란 어려우며, 또 다른 방법으로 동작 기록장치를 권한다.

<4> 비스카이노 스크린 타임 설문지에서 차용했으며, 이 설문지는 효과가 검증되었다(Vizcaino et al. 2019). 정확한 측정을 원하면 전체 설문지를 작성할 것을 권한다. 화면 시간을 직접 측정하는 앱을 사용하는 것이 더 정확할 수 있다.

<5> 피츠버그 수면 질 지수의 효과적인 버전에서 차용했으며, 더 정확한 측정을 원하면 전체 설문지를 작성할 것을 권한다.

<6> 인지된 스트레스 척도(Cohen et al. 1983)에서 차용했으며, 더 정확한 측정을 원하면 전체 설문지를 작성할 것을 권한다.

<7> 국립마약남용연구소의 퀵 스크린 v1.0(Smith et al. 2010; National Institute on Drug Abuse 2019)에서 차용했으며, 더 정확한 측정을 원하면 전체 설문지를 작성할 것을 권한다.

<8> 실험에서 47명의 참가자를 MBC에, 49명을 향상된 일반 치료 대조군에 무작위로 할당했다. 양 그룹 모두가 임상적 수준의 불안, 우울, 자살 징후가 있을 경우 정신과 및 대학 상담사에게 상담받을 것을 제안받았다.

.

숨과 함께하는 온전함으로의 여행

스무 살의 마음 연습

2024년 3월 29일 초판 1쇄 발행

지은이 에릭 B. 룩스 • 옮긴이 김완두, 박용표, 김경희, 김윤희
발행인 박상근(至弘) • 편집인 류지호 • 상무이사 김상기 • 편집이사 양동민
책임편집 양민호 • 편집 김재호, 김소영, 최호승, 하다해, 정유리 • 디자인 쿠담디자인
제작 김명환 • 마케팅 김대현, 김선주, 이선호 • 관리 윤정안
콘텐츠국 유권준, 정승채, 김희준
펴낸 곳 불광출판사 (03169) 서울시 종로구 사직로10길 17 인왕빌딩 301호
　　　　대표전화 02) 420-3200 편집부 02) 420-3300 팩시밀리 02) 420-3400
　　　　출판등록 제300-2009-130호(1979. 10. 10.)

ISBN 979-11-93454-73-2 (03180)

값 20,000원